地名里的广东

文化景观的区域分析

王彬 著

社会科学文献出版社
SOCIAL SCIENCES ACADEMIC PRESS (CHINA)

序

——广东地名的拓荒之作

广东地名是岭南文化的一个组成部分，有自己独特的文化特质和风格，在全国也罕有其匹。作为一种文化载体，广东地名融入了广东地理环境、历史文化、宗教文化、民族文化、移民文化、海外文化，以及社会经济发展和人们的美好意愿等多种元素，凸显了广东既可视又可悟的文化景观，反映了广东的悠久历史，厚重的文化积淀，多元、开放、重商、海洋、务实、创新、娱悦和与时俱进以及不断推陈出新的文化风格，故广东地名作为一种文化资源，除了大量地、每日每时地应用于社会日常生活，具有强烈、直接的实践意义外，还有深层次的理论、学术研究价值，因而对广东地名的研究是继承和弘扬中华民族优秀传统文化，建设社会主义精神文明不可或缺的一项事业。在第二次全国地名普查中，广东成绩斐然。这次地名普查的成果转化工作，亟须广东地名研究成果作为理论指导，以减少盲目性，增加自觉性，在这个背景下付梓的王彬博士的这部著作，可谓恰得其时。

长期以来，广东地名研究的成绩有可圈可点之处，古代有郦道元的《水经注》、李吉甫的《元和郡县图志》、乐史的《太平寰宇记》、王象之的《舆地纪胜》、郭子章的《郡县释名》、屈大均的《广东新语》、顾祖禹的《读史方舆纪要》，近代有徐松石的《徐松石民族学研究著作五种》。现当代的徐俊鸣、黄家教、宋长栋、曾昭璇、刘南威、廖汝忠等人，都在这一领域做了不少研究工作，发表的相关论著对广东地名研究贡献匪浅。问题是，已有的这些研究，限于某一地名领域研究的居多，而未能提供广东地名历史的、整体的、全面的、全息的概念，即从纵向和横向结合上反映广东地名的多维剖面。从这个意义上说，还有不少荒原需要拓荒者来开垦。王彬博士的这部著作，是可以这样定位的。

首先，该著作十分重视地名产生的自然地理环境与人类活动形成的人文地理环境，在论述广东这些地理特征的基础上，指出广东地名产生的自然和社会经济条件，紧扣它们与广东地名的因果关系、内外特征，使地名的可视性和可悟性统一的性质找到了根源，也奠定了广东地名由来最坚实的基础。

其次，该著作着眼于地名的时代特征，从历时性来阐述广东地名的历史演变过程、各阶段特征和发展规律。例如，以地名主人民族成分变化为依据划分，唐代以前，古越人是广东居民的主体，古越语地名占优势，有很多以"那"、"古"、"罗"、"峒"、"步"（埔）、"番"等为起首地名；宋代以降，中原北方居民大量入居，汉语地名成为广东地名主体，于是有了村、里、巷、寺、驿、所、亭、围、基、圩等通用地名，后变成广东地名主体保留至今。近代西风东渐，西方文化大量扩布广东，许多工矿、政府机关、学校、医院、教堂、幼托、交通、商业、建筑等地名应运而生，遍布广东各地，都打上了西方文明的烙印，广东作为中西文化交流中心，这种地名的西方色彩更为显著。自1978年改革开放以来，广东社会经济日新月异，城市化发展高潮迭起，大量充满时代气象的新地名不断涌现，山庄、花园、广场、别墅、中心、大厦、苑、居等通名层出不穷，散布于城镇各个角落，展示广东社会经济突飞猛进，一片兴旺，这些地名成了时代进程的标记。透过它们，可以揭示改革开放给广东带来的翻天覆地的变化及其根源。

再次，地名是一种既可视又可悟的文化景观，这在本书中也做了尽可能多的交代，包括广东地名景观类型，含自然地理、人文事象等众多方面，都备述其详。如由人文事象得名，有政治寓化、嘉名、人名、避讳、传说、谐音、古物、古城等。林林总总，折射了广东地名万紫千红的局面。

此外，该著作特别注重揭示古越语地名，即今属壮侗语族的广西壮语地名在广东的遗址遗存，反映两广在方言、民族、文化方面的血肉关系。

后来大量古越人汉化、他迁，但地名仍作为古越文化层积淀下来。如广州古称番禺，在这里番禺不是汉语而是古越语，译成汉语意为"盐村"或"渔村"，读作"panyu"，而不是"fanyu"。据不完全统计，这类地名在西江地区，占当地地名总数的20%左右，在珠三角也不在少数，在广东北江以西、海南岛等地也很多，但在粤东只有寥寥几个。这种分布格局，对研究古越人的分布、迁徙很有意义，即使是为当今地方命名，也不无参考价值。

还有，该著作对地名的研究，已不限于个别地名，而是划分类型，做群体研究。这样一来，数理统计法、矩阵模型法、地图法等都得到尽可能多的应用，使其结果更具有科学性、精确性，而不仅仅是文字描述，是地名研究运用数学方法的有益尝试。当然，这种方法的运用，尚需进一步探讨，但该著作是开了先河的。

最后，该著作按照广东地名的景观区域差异，比照文化分区原则，划分广东地名文化三大景观区，即粤中—粤西粤方言地名文化景观区、粤东北—粤北客家方言地名文化景观区、粤东闽南方言地名文化景观区，每区又分若干亚区，分别表述它们的地名景观特征，统计它们的通名、数量、常用地名，以及相应分布地图等。这样，广东地名的分布空间格局和区域差异一目了然，也使本书成为一部真正的地理学作品，而不同于研究地名的其他学科著作。

实际上，本书脱胎于中山大学地理科学与规划学院的博士学位论文，论文已经通过答辩，获得颇多好评。经过十多年的积累和修改，更臻完善。这次出版，相信会达到一个更高水平。我作为论文指导教师，以上所言，难免有偏爱之嫌，不一定正确，请读者鉴谅。

是为序。

司徒尚纪

2019 年 12 月 15 日

于中山大学望江斋

前　言

在"文化转向"（Culture Turn）和"空间转向"（Space Turn）研究的热潮下，文化成为各学科解读的对象和"文本"（Text），学者们还试图建立文化体验意义地图（Maps of Meaning）。因此，没有人否定文化是空间的，甚至部分新文化地理学者将文化视为空间过程的媒介。地理学中新的人地关系理论回归人类"文化"概念的"自然"起源①，还将"地"重新整体化为含有人的主体性和能动性作用的复杂社会生态系统，倡导整合自然科学和社会科学的"复杂思维范式"②。地名作为一种重要的文化载体和文化传承媒介，向来受到传统学科研究的青睐。但已有的涉及广东地名的研究成果多立足地名个体或小尺度地名群，考证分析其演变和语源等内涵，尚无从全省角度，运用文化地理学及相关理论和计量方法、现代技术等，探讨全省地名文化景观的空间演变过程、文化内涵及地理分异。本书选取广东作为个案进行研究，通过分析区域复杂、多样的自然、社会、民族、语言、文化等内容，解读全省地名文化形成、发展、演变等过程及特征。以文化解读空间，以空间分析文化，将"文化"和"空间"研究有机结合起来。

文化是环境的产物，环境是文化的载体和媒介。广东复杂多样的地名文化景观无论在空间分布还是特征表现方面，均与区域地理环境有高度的一致性，是适应了全省地理环境的结果。湿热多雨的气候条件和山地、丘陵为主的地貌环境塑造了广东独特的区域自然环境；特殊的区位条件、深

---

① 特瑞·伊格尔顿：《文化的观念》，南京大学出版社，2003，第 1 页。
② 莫兰：《方法：思想观念——生境、生命、习性与组织》，北京大学出版社，2002。

厚的土著文化积淀和历史上长时期的移民文化扩散形成了广东有别于全国其他省区市的具有个性化明显特征的岭南文化，加上土地开发进程和移民空间的差异，全省内部区域差异性异常显著。广东地名文化景观理应是深受此种环境影响和制约，并成为其环境的产物。

在景观特征表现上，全省地名文化景观空间分布呈现多样化特征，地名密度和地名规模分布与全省人口、城镇分布呈正相关关系，表现出明显的空间非均衡性。突出地表现为自然地理实体特征地名分布相对较为普遍，空间范围广，且与全省地貌分布特征相一致；族群或方言地名分布相对集中，且与全省社会历史人类活动区相一致。全省政区名称在命名、时空、通名演变、语言结构等特征方面既表现出岭南区域文化特色，又反映出深受中原王朝影响的汉文化特质。在文化内涵表现上，广东地名不可避免地呈现区域自然、社会、民族、语言等文化内涵，并受到中原汉文化扩散的影响和制约，地名层次明显。在全省地名空间分异方面，客家方言地名区、粤方言地名区和闽南语地名区将全省一分为三，且各自地名文化区具有本族群或方言的区域环境特征，地名区与族群或方言区在空间分布格局上大体一致，折射出移民文化扩散、交融对全省地名文化的巨大影响。在探讨规律和解释现象的前提下，本书将全省具有传统文化价值和丰富文化内涵的部分地名上升到文化遗产的高度来认识和保护，并初步建立全省通名信息库，为今后地名命名提供借鉴。

在突破传统地名研究的理论和方法基础上，本书更多地通过计量化方法，并借助 GIS 技术，运用文化地理学及相关理论，输出全省不同地名群或地名要素景观分布图，更直观地反映出全省地名文化景观分布现状，并进行分区，为今后利用定量化方法和现代技术手段研究类似问题提供借鉴。此外，在数学模型和现代技术条件下，如何将地名的自然地理属性和社会属性融汇在一起探讨地名文化内涵，仍将是今后所面临的课题。本书是对这一方法和技术的初步尝试，目前取得初步效果。然而，对于体现人类思维等方面的社会文化现象能否用量化的方法和技术手段进行运算和科学的解释，还有待更深入地探讨和研究。

目　录

| 第一章 |

导　论

第一节　研究背景

一　文化及文化景观研究的升温

　　第二次世界大战后，随着各国经济的迅猛发展，社会人文问题也在大量滋生。特别是 20 世纪末期，社会人文问题日益多于自然环境问题，人类社会自身的危机凸显在思想家和学者面前，文化因素越来越受到人们重视。在西方，这种人文社会科学中文化研究的热潮，被称为"文化转向"，多种社会科学学科将"文化"作为自己研究的焦点。英国地理学家约翰斯顿，在其著名的当代地理学评述著作《地理学与地理学家》（第五版）中，也将 20 世纪 80 年代以来的人文地理学发展命名为"文化转向"，明确列为一章。由西方文化地理学骁将邓肯等人主编的《文化地理学指南》（*A Companion to Cultural Geography*，2004）中，也列出两章专门研讨"文化转向"。"文化转向"使得本来就相当人文的西方地理学又向社会人文渊薮中深入了一层①。在"文化转向"的影响下，文化和文化景观成为学者们关注的对象、研究的热点。

　　在国内，这种现象也日益得到印证，对文化和文化景观的解读不断升温。对 1994～2005 年学术期刊网所收录的文章进行搜索，以"文化"为

---

① 　唐晓峰：《文化转向与地理学》，《读书》2005 年第 6 期，第 72～79 页。

关键词得到 134197 篇，平均每年约 11183 篇；以"文化景观"为关键词进行搜索，得到 167 篇，平均每年约 14 篇。虽然其中部分文章并非对文化主体和内容的阐释，但也足见人们对文化的重视和关注。

由于各个学科体系的封闭性，人们对文化概念的界定采取了完全不同的态度。这里，笔者并不想去辨别文化有多少种类，但对文化进行深刻理解却是必要的。英国杰出的人类学家、文化史和人类学进化论学派开创者泰勒认为："文化或文明，就其广泛的民族学意义来说，乃是包括知识、信仰、艺术、道德、法律、习俗和任何人作为一名社会成员而获得的能力和习惯在内的复杂整体。"① 美国著名人类学家克莱德·克鲁柯亨在他的《文化概念：一个重要概念的回顾》一文中提出："文化存在于思想、情感和其反映的各种业已模式化了的方式当中，通过各种符号可以获得并传播它，另外，文化构成了人类群体各有特色的成就，这些成就包括他们制造物的各种具体形式；文化基本核心由二部分组成，一是传统（即从历史上得到并选择）的思想，一是与他们有关的价值。"后来，他在《文化研究》的一篇评论中，对"文化"又做了更为具体而精致的定义："文化是历史上所创造的生存式样的系统，既包含显形式样又包含隐形式样；它具有为整个群体共享的倾向，或是在一定时期中为群体的特定部分所共享。"② 中山大学李宗桂教授在《中国文化概论》中对"文化"做了这样的概括：文化，是代表一定民族特点，反映其理论思维水平的精神面貌、心理状态、思维方式和价值取向等精神成果的总和。《现代汉语词典》中对"文化"的解释则是：人类在社会历史发展过程中所创造的物质财富和精神财富的总和，特指精神财富，如文学、艺术、教育、科学等。虽然这几种说法表达方式不尽相同，但从中我们不难领会其所谓"文化"的含义，即人类所拥有的"成果"或"财富"，有精神方面的，如"思维方式""价值取向""社会行为规范""典章制度""风俗习惯""宗教信仰"等，也有物质方面的，如"地理环境""园林建筑"等，是一个相当广泛的复杂的概念③。

---

① 庄锡昌、顾晓鸣、顾云深等编《多维视野中的文化理论》，浙江人民出版社，1987，第 99~100 页。

② 赵家旺：《瑶族文化研究之我见》，《广东民族学院学报》（社会科学版）1991 年第 1 期，第 5~10 页。

③ 郑卓睿：《汉语与汉文化》，汕头大学出版社，2004，第 8 页。

"文化景观"则是借用"地理景观"一词。德国地理学家 A. 洪堡在19 世纪初就已提出，应把景观作为地理学的中心问题，探讨由原始的自然景观变成文化景观的过程。美国的索尔（Sauer）是强烈坚持把对景观的科学研究作为地理学核心的第一人。他重新评述了地理学的研究领域、景观的内容、形态学方法的应用，以及各种景观的形式和功能，把注意力引向"文化景观"概念；在他看来，文化景观是任何特定时间内形成一地基本特征的自然和人文因素的复合体，它因人类的作用而不断变化。因此，文化景观是人类文化与自然景观相互影响、相互作用的结果。在索尔看来，就像历史事实是时间事实，它们之间的关系产生了时代概念一样，地理事实可以看作地点事实，它们之间的关系可用景观概念来表达①。

近年来，对文化和文化景观的理解也出现了新的视角，景观不再是客观的自在情景，而是可以主观"阅读"的"文本"，一切符号意义、文本误读、再创作等问题随之而来。文化景观——人、环境、文化三者的融合体也就成为学者们近年来关注的热点之一。特别是在伯克利学派看来，在这三者的关系上，文化是动力，人是行动者，环境是改造的对象。以一种既定的文化为参照，或以抽取文化特征为第一步基础工作，然后考察人——按照文化原则行动的人——如何改变了自然景观，而创造出相应的文化景观，是伯克利学派文化地理学主要的研究套路②。随着"文化转向"的深入，20 世纪 80 年代以来兴起的新文化地理学的关注范围明显加大，对文化概念进行新的理解，直指文化内涵的焦点——价值观以及相关联的符号意义，其主要表现在对"社会空间"的关注。地理学家考斯格罗夫说："目前人文地理学中的文化转向，引入了新的隐喻和类比，它们更符合对意义而不是功能的强调。"而"空间即是文化"的论述更是直接将文化因素奉为至上，"空间关系即是社会关系"③。另外，新文化地理学的另外一个视角就是对文化景观的关注不再是对景观形态的研究，而是试图将

① 汤茂林、汪涛、金其铭：《文化景观的研究内容》，《南京师大学报》（自然科学版）2000年第 1 期，第 111～115 页。

② 唐晓峰：《文化转向与地理学》，《读书》2005 年第 6 期，第 72～79 页。

③ 李蕾蕾：《当代西方"新文化地理学"知识谱系引论》，《人文地理》2005 年第 2 期，第77～83 页。

景观的概念与其历史发展联系起来，注重分析景观的符号学意义①，从文化的根基上寻求景观形成与发展的动力。

二　地名作用在社会实践中的凸显

地名是指某一地域的名称，英文写作"Place Names"，亦写作"Toponomy"，或者地理名称"Geographical Names"，它是人类历史发展过程中的产物。按照《中国大百科全书》的定义，地名是人们赋予一特定空间位置上自然或人文地理实体的专有名称，地名学是研究地名的由来、语词构成、含义、演变、分布规律、读写标准化和功能，以及地名与自然和社会环境之间关系的学科。因此，从广义来看，地名是人类赋予地表上一切地理实体的具体名称，包括自然地域名称，如大陆、海洋、山岳、河流、湖泊，以及人文地域名称，如城镇、村落、建筑、道路、土木设施等各种专有名称。同时，地名是历史的产物、地理的反映，是一种文化现象。正如谭其骧先生所说，任何时代，都不存在一种全国共同的文化②。照此理论，地名作为文化现象，也同样具有地域性，吸引大批学者、专家涉足此类研究也就不足为奇。而作为语言景观之一的地名景观，除存在空间尺度的差异外，也有时间尺度的不同。这不仅有宏观尺度上的差别，也有微观尺度上的差异；不仅有要素属性上的差异，也有词语结构上的不同；不仅有民族或族群上的差别，也有同一民族内部不同方言间的差异。因此，对地名文化景观的研究，成为包括语言学、民族学、人类学、社会学、历史学、宗教学、地理学、测绘学等各学科关注的焦点。

随着经济、社会等各方面的发展，特别是交通、通信条件的改善，经济全球化和空间一体化及地球村的到来，全球商业贸易、科学考察、旅游活动等跨国界、洲界的交流日益频繁，人们的行为空间被最大限度地扩大，地名发挥的作用也显得越来越重要。一方面它是人们直接或间接的行为空间；另一方面它是物质、信息流通的节点，甚至是起点或终点。所以，地名在日常生活中作为人际沟通及空间定位描述的方式，为我们提供

---

① 周尚意：《英美文化研究与新文化地理学》，《地理学报》2004 年第 51 期，第 162～166 页。
② 谭其骧：《中国文化的时代差异和地区差异》，《复旦学报》（社会科学版）1986 年第 2 期，第 4～13 页。

了最大众化的间接空间参照（Indirect Geo-Referencing）基础。相对于经纬度坐标或门牌号码，地名的空间定位精准度或许不高，但是地名模糊化的特性，正与人类对所处环境空间分布认知模式相符合。地名除了提供空间定位的功能，同时也表现出一个地区的环境背景意涵，反映了一地的自然与人文环境的状况，地名的沿革足以作为族群分布、迁徙、习俗或生活方式的指标，帮助我们了解当地的历史、文化与社会组织等方面的演化。在当今社会中，每一个地区为了各自经济社会的发展，也在不断提高自己所处地区、城市、乡村等的知名度和美誉度，地名通过宣传直接进入了人们的生活，成为人们潜在的行为空间。因此，地名在当今社会实践中成为越来越重要的不可替代的媒介。最后，随着经济社会和城市化的发展加速，城区不断翻新和扩大，新的开发区、居民点（区）、城市基础设施、交通道路等不断涌现，大量地名不断被废除，一批批新地名不断产生。如何对原有地名进行报废、新地名又以什么方式和名称进入人们的社会生活空间，都是当今社会直接面临的亟待解决的现实问题。

三　文化地理学对地名研究的拓展

作为人文地理学分支学科的文化地理学正处在文化转向的社会科学潮流中，人文地理学者十分活跃，而文化地理学更因时而动，成为最具时代精神的地理学分支之一[1]，是一个年轻的学科。文化地理学把文化区、文化扩散、文化生态学、文化的整合、文化景观作为自己的研究内容。在这五个方面中，文化景观是文化时空观发展所产生的结果，通过对客观实物的研究既可以再现其文化发展的历程，也可印证以上四个方面研究的认识。从空间分布现象出发又落回到空间具体的物质现象——文化景观，反映了地理学的空间科学的特点[2]。由此可见文化景观在文化地理学研究中的地位和重要性。学者们对文化景观的关注主要集中在聚落的布局、农田的形状以及建筑物的式样三个方面。但除去这些视觉可以感知的物质文化景观外，受"文化转向"的影响，文化地理学者开始更多地把目光投向反映思想意识文化的非物质文化景观，如音乐、艺术及其他社会现象。这就

① 唐晓峰：《文化转向与地理学》，《读书》2005 年第 6 期，第 72～79 页。
② 王恩涌等编著《文化地理学》，江苏教育出版社，1995，第 41～56 页。

是近年来西方兴起的新文化地理学，它是对传统人文地理学派的批判，是对文化概念的新理解。在这里，新派学者们放弃了"生活方式"这类散漫描述，而直指文化内涵的焦点——价值观以及相关联的符号意义①。在这种影响下，文化地理学者将地名纳入自己的研究视野，成为其研究的一大亮点。如司徒尚纪先生的微观研究《广州壮语地名初探》《广东地名的历史经济地理内涵》《岭南稻作文化起源在地名上的反映》②《广东地名的历史地理研究》③ 等，而《岭南地名文化的区域特色》则是对广东三大族群所产生和形成的地名文化进行宏观研究，提出"岭南地名文化除受制于地名文化的普遍规律外，更由于所在区域的地理环境、土著文化沉淀、移民来源以及经济生活方式等因素的综合作用不同而表现出了较明显的地域特色与差异"④。周尚意等的《地名景观与北京旧水系——浅析以地名景观反推历史原貌的方法》⑤、朱竑的《从地名看开疆文化在海南岛的传播扩散》⑥ 等都对地名的文化内涵进行了阐述。2004 年高等教育出版社出版的《文化地理学》⑦教材也将这些研究列入其中，显示了文化地理学对地名文化研究的新拓展。

四　广东区域地名的独特性

广东地处我国南方边陲，北枕南岭，南临大海，是一个相对独立的地理单元。在交通条件落后的古代，南岭极大地限制了岭南与中原、北方的交通；而南面向大海敞开，则使得该地区又处于南海航运枢纽位置，促进了古越人与海外交流的发展。在其内部，东、北、西三面为山区，地势高，中部和南部为河流冲积地带，地势低，地表被分隔得支离破碎，地貌

① 唐晓峰：《文化转向与地理学》，《读书》2005 年第 6 期，第 72~79 页。

② 以上三篇见司徒尚纪《岭南史地论集》，广东省地图出版社，1994，第 378~392 页。

③ 司徒尚纪：《广东地名的历史地理研究》，《中国历史地理论丛》1992 年第 1 期，第 21~55 页。

④ 司徒尚纪：《岭南地名文化的区域特色》，《岭南文史》1997 年第 3 期，第 4~9 页。

⑤ 周尚意、朱明：《地名景观与北京旧水系——浅析以地名景观反推历史原貌的方法》，《中国方域》2002 年第 5 期，第 33~35 页。

⑥ 朱竑：《从地名看开疆文化在海南岛的传播扩散》，《地理科学》2001 年第 1 期，第 89~93 页。

⑦ 周尚意、朱翔、朱竑编著《文化地理学》，高等教育出版社，2004，第 71~76 页。

类型多样，山区内部山地、丘陵、盆地、河谷、平原交错分布。这样一个相对封闭又开放的地理区位条件，极有利于区域文化的形成和保留。虽然广东在不同历史时期也接受过中原文化的洗礼，但在地名的命名上却保留了自己特有的区域文化特征。正如徐松石所说，"岭南非但在地形上是一个自然的区域，而且在地名和人种上也有一贯的性质"[①]，如岭南地名中绝少有以"阴""阳"命名的，却多以"头""尾""上""下""南""背""后"等方位词命名。宋代以前，岭南生活着大量的古越人，在他们迁移和汉化以后，他们的地名却并没有立刻消失，而是作为"文化遗产"被保存下来。伴随着粤方言的形成，粤语地名在珠江三角洲一带开始沉淀。后来的客家人、潮汕人则聚族而居，形成地名群文化景观。三大族群地名和古越语底层地名现象到了明清时期已基本定型，以后变化不大。此后，广东地名也和全国其他地区地名一样，走过一段曲折发展的道路，留下了不同时期的地名遗迹。改革开放后，广东经济发展如火如荼，城乡建设日新月异，城市化建设步伐大大加快，大量的居民点和城市基础设施如雨后春笋般涌现，传统的地名已满足不了时代要求，地名命名出现单一借用洋地名等危机。所以，对广东地名文化的研究也就应运而生。

第二节　地名文化研究意义

一　理论意义

自从我国第一部具有地名学研究意义的著作——东汉班固的《汉书·地理志》问世以来，地名研究已有近两千年历史，但真正具有现代地名学意义的研究则是近代才有的事情。西汉初年，人们在总结方位地名命名原则时，即已提出"水北为阳，山南为阳"的规律，东汉服虔补充说"水南曰阴"。这一命名规律成为我国大多数地区命名的指南。之后，各个时期几乎都有包括大量地名考证内容的皇皇巨著：南北朝时期有北魏郦道元的《水经注》，唐代有李吉甫的《元和郡县图志》，宋代有乐史的《太平寰宇记》、祝穆的《方舆胜览》和王象之的《舆地纪胜》等，元、明、清时代

---

① 徐松石：《徐松石民族学研究著作五种》（上），广东人民出版社，1993，第202页。

有卷帙浩繁的相应《一统志》。明代还出现了我国地名研究的重要著作，即郭子章的《郡县释名》，明末清初还有顾祖禹的《读史方舆纪要》。可以说，这些著作在地名沿革和考证方面做了大量工作，并总结出了地名命名规律。但这些地名的研究多附属于方志学，更不用说提出什么学科的性质、研究内容和方法了，真正具有地名意义的理论是进入20世纪以后才有的。如曾世英先生在1960年首先提出"地名学应作为一个空白学科来建设……研究地名意义的起源及其词义是地名学的任务，它在苏联已从地理学及语言学分离出来，成为一门独立学科。我们在这方面，直到现在还是一个空白点。为了积极地发展这门目前还是空白的学科，赶上国际水平，我们测量绘图工作者殷切地希望把地名学作为一个空白的学科，迅速建立起来"①。1962年，谭其骧教授在上海史学年会上做了题为《历史地名的史料意义》的报告，希望历史学家、民族学家、人类学家和语言学家共同协作起来建立"中国地名学"这一学科。他认为外国已有这一学科而我国尚未建立起来②。自改革开放以来，我国地名学研究才真正具有生机和活力。特别是随着地名学两大专业刊物（《地名知识》和《地名集刊》）的出现，大量地名研究论文如雨后春笋般涌现。即便如此，地名学的建立时间也并不长，可以说是一门年轻的学科，相关理论还有待进一步深入探讨。如学科的研究对象、性质、研究内容、方法论等依然是学术界关注的焦点。更值得关注的是，关于地名的分布与演变规律至今还未形成或出现较为成熟系统的空间理论。本课题选取广东省这一个案进行研究，力图为全国其他地区进行类似研究提供借鉴，相信在一定程度上可丰富地名学的理论成果。

二　实践意义

地名是人们从事社会交往和经济活动广泛使用的媒介，我们每个人在每天的生活中都离不开地名。在现实生活中，地名命名或地名使用的不科学、不规范带来的麻烦事情是很多的。地名信息是社会基础信息，经济社会的发展和政府对社会的有效管理都需要完整、准确、方便、规范的地名

---

① 曾世英：《曾世英论文选》，中国地图出版社，1989。
② 邹逸麟：《谭其骧论地名学》，载邱洪章主编《地名学研究》（第1集），辽宁人民出版社，1984，第5~7页。

信息服务。早在 2000 多年前孔子就提出"名不正则言不顺，言不顺则事不成"①的论断。孔子循名责实，追求名实一致，原是哲学上的正名说，虽与现代"地名"内涵有相别之处，但一个好的地名，名副其实，就容易为民众接受，为社会广泛使用、流传。因此，中国历代对地名命名都很重视，凡置县、建州（府）和设市、立镇，都要官方行文命名。开村奠基，都要群众推举，士绅头人定名。当前我国处于经济大发展时期，各项建设对地名的需求量越来越大，对快速获得和传递地名信息的要求越来越高。地名正从纯文字记载、应用、传播，转变为包括文字、代号、数字等的综合地名信息储存、输出、交流和使用，并作为"数字地球"（Digital Earth）以及地理信息系统（Geographic Information System，GIS）的重要组成部分，进入信息社会。规范地名信息，创新服务方式，提高应用水平，不仅可以为经济社会发展提供便捷及时规范的服务，为公众参与政治、经济和文化活动创造良好的条件，还可以为日益频繁的国际国内交流创造和谐的社会环境。

地名学的矛盾表面是地与名之间的矛盾，实质是人与地之间的矛盾，地名则是人与地相作用的初级产品。我们从地名产生的过程不难看出，地名学中的主要因子是人，其次是人作用的客观事物，即地理实体，以及二者作用的结果——地名。地名产生过程如图 1-1 所示。

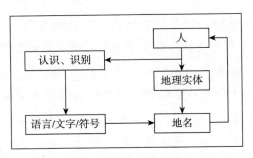

图 1-1 地名产生过程

资料来源：高阁元《姓氏与地名》，《地名知识》1986 年第 2 期。

目前，在许多新开发或建设区，地名命名存在追求高端、洋化，甚至

---

① 《论语·子路》。

追求夸张称呼的现象，如以"别墅""花园""广场"等命名的地名和建筑物名称大量出现，"花园"无花，"广场"无场，名实不符；新开发区的许多建筑物则以"中心""大厦""曼哈顿大厦""蒙地卡罗山庄"等命名，这事实上是一种自夸、自大心理的反映，有些命名甚至违反国家关于地名命名的规定（如不得用外国地名命名我国领土上地名等）。诸如此类，一方面导致地名的名不副实或错位、误导现象大量发生，给信息交流带来巨大障碍；另一方面造成通名的混乱，给今后地名通名产生和出现以及管理带来负面效应。

地名和许多社会事物一样，伴随人类社会实践而产生，因社会发展而发展。而且，地名的发展变化明显带有必然性，有的与当初产生时的样子已完全不同，音形义三要素面目全非，有的则只改变了音，或者形，或者义，出现名不副实的现象。如今日的石家庄市已非昔日的石家庄，淄博市的张店区也非昔日的张店，等等。而人们在使用地名时，又要求其有较长时间的稳定，以利于交流。这种演变与稳定，是地名工作中经常遇到的一种主客观相矛盾的现象。人为地阻止地名的演变是不可能办到的，放任自流也是不行的。为此，加强地名演变机制研究，掌握地名演变规律，因势利导，因循地名演变规律，实现地名标准化①和保持其稳定性等，就显得尤为重要。

地名是文化传承的一种方式，地名文化是国家先进文化的组成部分。2005年3月，民政部地名研究所主导的中国地名文化遗产保护工程项目顺利实施，"地名"作为中华民族文化遗产将受到更加广泛的重视和保护。时任民政部部长的李学举特别强调，作为中国传统文化重要组成部分的地名文化，应受到切实保护，以后任何地方命名、更名都应通过专家的严格论证。联合国地名专家组中国分部主席、民政部地名研究所所长刘保全认

---

① 所谓地名标准化，其基本要求是地名的形、音、义都符合规划，即字形统一，无多地一名、一地多名、一名多写的现象；用字规范，不用繁体字、异体字、自造字等；按普通话读音，用汉语拼音方案作为拼音书写的规范；含义健康。简化字——以1986年10月国家语委重新发表的新版《简化字总表》为准；生僻字——指国家语委、国家新闻出版署于1988年3月发布的《现代汉语通用字表》未收入的字；异体字——参见文化部、中国文字改革委员会于1955年12月发布的《第一批异体字整理表》；自造字（又称土俗字、生造字）——没有全国通用注音、释义而为局部地方通用的字。

为："中国由于缺乏传统地名文化的保护意识，乱更名、乱起名现象屡屡发生。这些改动，就当时的理由来看，有一定的合理性，但将其放到历史长河中看，绝大多数都不甚合理，对地名文化资源造成了严重的破坏。因此，保护研究地名文化遗产、延续地名历史文脉、发展人类文明成果，成为当前一项紧迫的工作。"[①] 地名有人文地理实体和自然地理实体两大组成部分。目前中国仅人文地理实体地名中，千年以上的县名就有 600 个以上，地名内涵丰富的古镇名有上千个，古村落名有近 10 万个。自然地理实体中的传统地名更多。刘保全所长还表示，地名记录了人类探索世界、改造自然和发展自我的辉煌历史，记录了战争、疾病的浩劫与磨难，记录了民族的变迁和融合，记录了自然环境的变化，是社会发展的一面镜子，理应得到应有的重视。该工程还得到侯仁之、郑孝燮、罗哲文等著名世界文化遗产保护专家及国际知名专家爱泼斯坦的支持和指导。

广东作为我国方言地名极复杂和经济极发达的省份之一，地名文化遗产保护工作显得尤为重要和突出。广东作为全国改革开放的前沿，20 世纪80 年代以来经济迅速崛起，区域开发如火如荼，城镇建设日新月异，而近几年来房地产业大规模的开发和建设，也对地名提出迫切要求，所有这些皆需要地名研究走在前头。通过对广东地名文化的研究，找出全省地名特征演变规律，明确哪些地名文化遗产应该得到保护及如何进行保护就显得十分紧迫。

第三节　研究技术路线与方法

一　资料来源和研究过程

本书所做研究大致经历如下过程。

1. 全省地名文献资料的搜集、整理和初步分析

主要通过校图书馆、中山图书馆等渠道对历史上涉及广东的地名文献进行全方位的搜集，包括二十五史和历代地理著作、地名著作、地方志、

---

① 《"地名"被列入中华民族文化遗产保护行列》，新浪网新闻中心，2005 年 3 月 23 日，http://news. sina. com. cn/o/2005 – 03 – 23/11015440177s. shtml。

野史、个人游记、杂记等。尤其是涉及广东省地名的历史地理著作和地名著作成为搜集的重点，如《山海经》《汉书·地理志》《水经注》《元和郡县图志》《元丰九域志》《舆地纪胜》《郡县释名》《广东新语》等，在地名学方面有突出贡献的全国性文献也是搜集的重点，如《禹贡》、"春秋三传"、《说文解字》、《尔雅》、《越绝书》、《岭外代答》等。除历史文献外，另外一个搜集的重点就是中华人民共和国成立后全省各地（市、县）所出版的地名志、地名录、地名词典、方言字（词）典，包括广东省各地地名志、《广东省今古地名词典》等共计近50本。在对全省地名资料进行整理的基础上，笔者进行了资料的初步分析，并对论文结构体系有了较为清晰的思路和想法。

2. 野外地名资料和地名文化调查

由于广东族群和方言的复杂性，全省地名文化也异常复杂。为掌握第一手资料，增强对广东族群、方言、地名文化的感性认识，笔者花费近2个月的时间，先后实地考察了汕尾、潮汕、梅州、惠州、肇庆、湛江等地区，有的地区还深入县、镇或村进行访谈，向当地老人询问具有典型意义或有重大影响的地名来历及其文化内涵，取得了大量极为宝贵的第一手资料。

3. 全省地名数据库建立

为了从定量关系上对全省地名文化景观进行研究和得出较为客观的结论，笔者花费了近3个月的时间，建立了全省地名数据库。地名数据来源于广东省地图出版社于2004年5月出版的《新世纪广东省地图集》。其地名数据资料截至2003年12月。主要步骤如下。首先，将全省143个行政区划单元根据各地所处微地形和行政区划（如处在同一个地理单元内，或不同级别的行政区域之间存在包含关系，或两个区域联系极为密切），将全省划分为86个区域单元，并按顺序编排，即广州市8区、番禺区、花都区、从化市、增城市、深圳市、珠海市、汕头4区、潮阳区和潮南区、南澳县、佛山市区和南海区、顺德区、高明区、三水区、韶关市3区和曲江县、乐昌市、南雄市、仁化县、始兴县、翁源县、新丰县、乳源瑶族自治县、河源市2区、和平县、龙川县、紫金县、连平县、梅州市区和梅县、兴宁市、平远县、蕉岭县、大埔县、丰顺县、五华县、惠州市2区、惠东县、博罗县、龙门县、汕尾市区和海丰县、陆丰市、陆河县、东莞市、中山市、江门市 3 区、台山市、开平市、鹤山市、恩平市、阳江市区和阳东县、阳春市、阳西县、湛江市 4 区、雷州市、廉江市、吴川市、遂溪县、徐闻县、茂名市 2 区、电白县、信宜市、高州市、化州市、肇庆市 2 区、四会市、高要市、广宁县、德庆县、封开县、怀集县、清远市区、英德市、连州市、佛冈县、清新县、连山壮族瑶族自治县和连南瑶族自治县、阳山县、揭阳市区和揭东县、普宁市、揭西县、惠来县、潮州市区和潮安县、饶平县、云浮市区和云安县、罗定市、新兴县、郁南县。接着将全地图册 133 幅地图中的所有市（县、区）行政区划图中的区域地名、聚落地名（含街道办地名）、自然地名、文化地名等类型地名，不包括街道（巷）地名、单位地名及由单位转化的文化地名等，一一输入 SPSS 统计分析软件，共得地名 38021 条。其次，根据广东方言的复杂性，选取具有代表性的 64 个通名（个别有作为专名出现的），即涌（冲、埇）、朗（塱）、沙、排、坪、寮、塘、潭、坡、沥、滘、村、大、龙、南、岗、基、围、下、厝、洋、垄（垅）、田、寨、华、美（尾）、溪、坝、嶂、背、坑、岭、屋、里、畲（輋）、磜、埔、洞（垌、峒）、罗、六（箓、箓、陆）、板（曼、迈、麻）、那（纳）、古（过）、都（多）、云、栏（兰）、圩、径（迳）、横、口、头、竹、山、河、黄、白、水、石、上、仔（小）、新、场、坳、陂等按所划区域单元顺序进行百分比统计，从而建立起广东省地名数据库。所涉图表除注明出处外，其余皆由此地名数据库统计、整理所得，不再一一注明或标出。

在充分占有资料和数据的基础上，笔者优先对全省地名文化景观中最直观和明显的特征部分进行了写作。在对地名数据库进行统计、运算处理后，全省地名文化景观隐性特征也就显现出来。至此，笔者完全投入本书的全面写作过程中。

二　研究方法

地名学的学科属性决定了地名研究并不能采用单一理论和方法。所以，在地名资料搜集过程中，笔者主要采取历史文献法、考证法及统计法等，并将野外调查和访谈相结合。在资料或数据处理过程中，本书主要采用数理统计法（SPSS）、EOF 模型分析法等，对全省地名数据进行处理与分析，并结合语言学、民族学、宗教学、社会学等理论和方法，对全省地名文化进行比较和阐释。在地名空间分布方面，笔者主要采用 GIS 技术的地图制图法，将全省地名文化的空间分布格局通过输出地名专图的形式更直观地呈现出来。此外，文化地理学的理论和思想体系则自始至终贯彻整本书，从全省地名文化产生基础、文化生态到地名文化景观及其空间分布，皆紧扣文化与生态这一主线展开和总结。

三　研究思路和内容

虽然地名文化是涉及多学科的交叉研究内容，但作为区域文化的组成部分之一，地名文化的形成、发展与演变显然与该地区的地理环境密切相关。故本书以文化地理学和地名学的理论和体系为主，在研究过程中兼顾其他学科的理论和内容，并紧紧围绕以下问题展开思索和调查：广东省地名文化是如何形成的？它的形成基础又是什么？它在文化景观上有何自己的特征表现？在广东族群和方言复杂的情况下，它的分布又是怎样的？古越语和北方中原汉语对广东方言地名文化形成又起到什么作用？它们各自之间的继承关系又如何？对地名文化的探讨，对广东今后地名发展究竟有什么重要作用？……诸如此类问题，都是笔者一直在思考和希望解决的问题，笔者也将给予不同程度的阐释或解答。研究内容具体分为以下几个方面。

1. 广东省地名文化景观产生的地理环境基础和历史发展过程

文化是地理环境的产物，文化景观又是人类活动叠加在自然景观基础上的结果，故通过探讨广东省自然和人文地理环境条件，搞清楚全省地名文化景观形成的基础和分布至关重要。地名文化的发展是一个历史的过程，是人类社会发展到一定阶段才产生，同时又随着人类社会的发展而演变的过程。所以，本书在探讨广东省地名文化形成历程的基础上，阐明了全省地名产生、发展和演变的时空过程，力图为后来进一步分析全省地名文化形成机制奠定坚实的基础。

2. 广东省地名文化景观的表现

文化景观是文化各要素的综合体，地名文化景观则是地名各要素及区域文化的综合体现。本书通过对全省地名各要素的解读，如通名、专名、地名构成、语言及地名类型、命名方式、空间分布和地名群等，较为全面地展现了广东地名文化景观的现状，并不同程度地诠释了各自的形成原因。本书还选取全省政区名称进行个案研究，从政区名的时空特征、命名特征、通名演变特征、语言结构特征等方面进行深入的分析和阐释，以期为今后政区命名、更名及现有政区名的存废提供某种借鉴。

3. 广东省地名文化景观的内涵

文化是在一定空间内人类社会活动各个层面的集合，地名又是文化的镜像和载体。所以，地名与文化存在共生和共变关系。在此理论指导下，本书首先探讨了广东省地名文化直接或间接地反映全省地理环境特征；在社会层面，本书从经济基础和上层建筑两个层面论述了地名文化对全省区域文化的影响和印证，如地名的变化印证了历史上全省农业、手工业和交通业等行业的发展；而民族变迁、行政区划制度、人们的宗教信仰或图腾崇拜等发展变化也都在地名上找到了踪迹。笔者还以明清时期西江走廊地带聚落地名为个案进行论证，从宏观到微观的角度阐述了全省地名文化景观内涵，在一定程度上复原了全省部分历史剖面。

4. 广东省地名文化景观形成机制

地名是地理实体的名称，它与人类的认识活动密切相关，故地理环境是地名产生的源泉。笔者首先解读了自然地理环境与广东省地名形成、发展和演变的关系，指出自然地理环境与地名的关系主要体现在两个方面：一是地名直接来源于地理环境，即直接以自然地理实体命名，或在自然地理实体名称前或后增加附加字；二是地名间接来源于地理环境，即通过人类的活动将自然地理实体纳入人类作用的对象而产生地名。

另外，地名又是人类活动的印记，也就是说，历史上不同时期的人类活动都会通过不同的内容或方式落实到地名上，从而对一个地区地名的产生和发展、演变等产生重要影响。本书选取历史上广东人口变迁、经济发展、社会制度建设和其他社会事象等要素，从史料上对全省地名形成、演变进行机制分析和透视，以期更加全面地了解广东省地名文化形成、发展和演变的原因和动力。

5. 广东省地名文化景观分区

在文化区划理论基础上，本书采取"以方言为主，兼顾其他"的原则进行全省地名文化景观区划，将全省划分为三大方言地名文化景观区，即粤方言地名文化景观区、客家方言地名文化景观区和闽南方言地名文化景观区。笔者还对各区地名文化景观从形成因素、地域表现、景观表现等层面进行深入、细致的诠释，基本达到了划分区域、揭示文化的空间差异及地名分布规律的目的。

6. 广东省地名文化遗产保护和地名信息库的建立

地名作为文化的一个组成部分，有其历史沉淀和文化遗存价值。在广东地名文化景观研究的基础上，本书将全省明显带有岭南文化特色的部分地名文化景观提升到地方文化遗产的高度，并提出保护全省地名文化遗产的内容和区间。最后，为了全省地名未来更加有序地发展，也为未来地名命名提供借鉴，本书做了建立全省地名信息（通名）库的尝试。

四　研究中存在的困惑与不足

地名学是一门边缘性、交叉性学科，涉及历史学、民族学、语言学、人类学、宗教学、文化学、社会学、地理学、测绘学等学科，有时地名的更改或存废具有随机性和任意性。所以，仅凭一个人的知识体系、时间和能力很难对全省所有地名进行面面俱到的研究，在研究中难免出现不到位的地方。特别是对古代越语或壮侗语渊源的解释，非语言学或训诂学专业人士不能全悉。但笔者竭尽全力去搜集和挖掘，力争恢复地名的原貌。此外，地名是一种文化现象，虽然笔者采用定量方法，并通过 GIS 技术将广东地名景观直观地落实到地图上，最大限度地反映了广东省地名整体景观风貌和特征，但对体现人类思维的社会文化现象能否用量化的方法和技术手段进行运算和科学解释，还有待更深入地探讨、研究和验证。

| 第二章 |

地名文化研究综述

第一节　国内外地名文化研究综述

一　我国地名研究述评

1. 我国古代地名的记载和研究

地名学成为一门学科，仅有百年多的历史，但我国对地名记载或研究的历史却源远流长。在我国浩如烟海的各种古籍中，有大量关于地名的记载，对这些地名进行的研究和论述，多散见于地理、历史、语言和文学等典籍和地方志中。在我国，"地名"一词最早出现在《周礼》一书中，"原师，掌四方之地名"。原师是周王朝专事地名管理的官员，职责是"辨其丘、陵、坟、衍、原、隰之名"①。即使原师所掌管的"地名"并非现代意义上的地名概念，但至少已包含相当的自然地理实体和人文地理实体。作为先秦时期唯一一部实录性强、科学性显著、以全国最大一级自然地理区为描述对象的地理文献，《禹贡》在中国地名学史上具有举足轻重的地位②。全文共计1193字，分为九州、导山、导水和五服四个部分。因其在对九州疆域划分上采用自然地理实体为界，所以以山、水之名数量较多，而在记述上，通名通常被省略。根据统计，全文记载山、水名93条，泛称地

---

① 《周礼》卷33《夏官司马第四》。
② 华林甫：《中国地名学源流》，湖南人民出版社，2002，第9页。

名 13 处，以及九州、少数民族名和属国名若干。《禹贡》所记地名，自汉代以来，皆有学者引用和研究，在舆地沿革上，对古代中国的地名影响至为深远。到了战国时期，地名数量明显增多，《穀梁传》除提及"眜，地名也""越，盟地之名也"的"地名"术语，还总结了地名命名的规律，即"水北为阳，山南为阳"，如汉阳、江阴等，这成为我国最早的地名命名原则之一。至今，以此原则命名的地名还大量存在。然而，真正意义上的地名研究到汉代才逐渐形成，代表著作是班固的《汉书·地理志》。在全文记载的 4500 多处地名中，有 40 余处做了渊源解释，例如京兆尹之华阴条"太华山在南"，敦煌郡之敦煌县条"生美瓜"等，成为我国地名研究的嚆矢①。而且该文记载前朝政区设置的做法为后世绝大部分正史所继承，保证了我国政区沿革记载的连续性，为研究县级以上政区的名称演变提供了重要的参考资料，亦提供了大量关于区域地名产生和发展的背景材料。东汉末期的史学家和地理学家应劭在《汉书·地理志》的基础上进行注释，阐发其意，著有《汉书集解》。全书对 248 处地名做了注释，对 152处地名做了渊源解释，比《汉书·地理志》的渊源释名多出近 3 倍，大大丰富了《汉书·地理志》的地名学内容。东汉的另一著作《越绝书》也记载了古代吴、越地区的许多地名，并对其中的 30 余处地名做了渊源解释，例如《越绝书》卷 8 "朱余"条云："朱余者，越盐官也，越人谓盐曰余，去县三十五里。"古代越地称"盐"为"余"，这是通过地名渊源解释保留古代方言的很好的例子。发展到魏晋南北朝时期，郦道元的《水经注》成为我国古代地名研究成果最丰富的著作，全书对地名做渊源解释的达2300 余处，又《水经注佚文》中对地名做渊源解释的也达 50 余处，总共约有 2400 处之多。这是《水经注》以前的一切著作所不可比拟的②。因此可以说它是传统地名研究成熟的标志。

地方志作为一地自然和社会历史情况的总汇，对所提及的地名从所处方位、名称含义、命名原因、历史沿革等方面做出了详尽的说明。唐代李吉甫的《元和郡县图志》是流传至今最完整、最古老的全国总志，也是唐代最富于地名研究价值的著作。全书 40 卷，以十道为纲，以州（府）县

---

① 陈桥驿：《〈水经注〉研究》，天津古籍出版社，1985，第 317 页。
② 陈桥驿：《〈水经注〉研究》，天津古籍出版社，1985，第 319 页。

为目，记述政区沿革，附以山川、城邑、关隘、亭障和古迹等，被称为
"地理鼻祖"①。根据华林甫的统计，该书记载了4800多处地名，不仅对地
名命名原则进行归纳、总结，对地名渊源进行解释，而且对地名进行考
证、辨析，以及对地名通名及其他用字和读音进行阐释，成为唐代地名学
的集大成者，极大地推动了中国地名学的发展。宋代以来，全国兴起编志
热潮，乐史所撰《太平寰宇记》无疑是体现宋代地方志更加发达、编撰体
例更为完善的代表作之一。全书共计200卷，以宋初十三道为政治版图，
以府、州为纲，以县为目，叙述了府、州、县治所、建置沿革、山川湖
泽、堤堰、城邑、乡聚、关塞、亭障、道路、桥梁、名胜古迹、祠庙、陵
墓等内容，"沿波讨源，穷本知末"，补充了"贾耽之漏落、吉甫之阙遗"
和五代十国"郡县割据、更名易地"的复杂情况，万里山河、四方险阻
"森然在目"。在地名学成就方面，该书除地名命名原则的延续、总结、增
添以及地名渊源解释外，还对同源地名群进行归纳和解说，是地名学的又
一大进步。如"箬溪在（长兴）县南五十步，一名顾渚口，一名赵凌，注
于太湖。箬溪者，顾野王《舆地志》云'夹溪悉生箭箬，南岸曰上箬，北
岸曰下箬，二箬村名'"；作者又引《陈书·帝纪》云"陈高祖讳霸先，
吴兴长城下箬人也。云县前大溪亦名箬溪，其箬水乡、箬溪里，皆相因为
名"②。历元至明，除《大明一统志》外，还出现了专门对地名进行渊源解
释的著作——郭子章的《郡县释名》。该书第一次把一统志，府、州、县
志和各种官修、私修史书以及碑铭墓志、案牍档册中的零散地名资料搜罗
起来汇为一编，以万历时期两京十三布政使司及其所辖各府、州、县为基
础，进行释名，为我们今天的研究工作提供了丰富的素材。清代，学风上
形成了影响深远的考据学，也称乾嘉学派，对中国先秦以来的文献进行了
大规模的整理和总结，强调"无征不信"的治学方法，开近代实证学风之
先河。在地名学的成就方面，首先，他们以地名方位考证为核心，在地名
读音、地名通名、同名异地、一地多名、地名典籍研究等各个方面全面开
花，硕果累累；其次，他们还在政区地名沿革、水体地名变迁和考证上取
得了长足的发展；最后，乾嘉学派还对从《禹贡》《汉书·地理志》《水

---

① （清）程晋芳撰《〈元和郡县图志〉跋》，载《勉行堂文集》卷5。
② （宋）乐史：《太平寰宇记》卷94湖州长兴县"箬溪"条。

经注》到宋元时的方志，几乎都做了校勘、辑佚、辨伪和疏证，取得了很多超越前人的成就①。所有这一切，既是中国古代地名研究的一个高水平的总结，也是现代地名学发展的一个坚实的基点②。除乾嘉学派对历史古籍进行整理之外，清代还出现了新撰地理类著作，如《大清一统志》、顾祖禹的《读史方舆纪要》和顾炎武的《日知录》《天下郡国利病书》等。其中《大清一统志》和《读史方舆纪要》对地名学贡献较大。《读史方舆纪要》全书130卷，共计287万字，以明两京十三布政使司为纲，分叙其方位里距、建置沿革、名山大川、城邑重险等。其中单列条目的地名30000多个，对绝大多数地名做了定位，并在地名渊源、一地多名、一名多地及地名用字、读音等方面做了一定解释，在一定程度上推动了中国古代地名学的发展③。

此外，古今地名研究的著作，还经常见于类书和丛书中，诸如唐初欧阳询的《艺文类聚》、明永乐年间的《永乐大典》等都收入了一些关于地名研究的文章。中国古代的地名研究大致可分为两类：一是传统语言文字学对地名用字的训释，即语言学上的分析、解释；二是地名有关历史地理方面的列举和说明。那时地名研究还没有形成独立的学科，但作为资料的收集却为现代地名的研究提供了坚实的基础。

2. 我国现代地名研究

近代以来直到"文化大革命"之前，我国地名研究主要集中在总结历史上的研究成果和推动地名的规范化，以及介绍国外地名研究成果和地名学理论与方法等方面，这为我国现代地名学的形成与发展奠定了理论和资料基础。但其研究仍缺乏系统性和综合性，而且地名学理论和方法论的探讨还是一个薄弱环节，从整体上看，其发展已大大落后于西方④。现代地名研究有别于以前地名研究最突出的地方在于现代地名学的形成。作为一门综合性学科，在与历史学、地理学和语言学等学科的相互促进、借鉴下，地名研究进入了理论建构阶段，拥有了固定的研究对象、研究目的和

---

① 谭其骧主编《清人文集地理类汇编》（第1册），浙江人民出版社，1986，"前言"。
② 华林甫：《中国地名学源流》，湖南人民出版社，2002，第330页。
③ 华林甫：《中国地名学源流》，湖南人民出版社，2002，第307~317页。
④ 韩光辉：《论中国地名学发展的三个阶段》，《北京社会科学》1995年第4期，第95~100页。

研究方法，并且涌现了一大批重要的研究成果，由此形成了独立的地名学研究。

我国正式把地名学作为一门科学加以研究始于 1960 年，国家测绘局测绘科学研究所成立了地名室，在基础理论及其应用方面都有开拓性的研究成果。1977 年成立了中国地名委员会，继而开展了全国地名普查和地名标准化工作，建立了地名档案，把地名管理纳入了政府管理工作范畴，组织编纂了大量的地名志书。1988 年，中国地名学研究会成立，各省、区、市地名学术团体、地名期刊纷纷涌现，地名理论研究不断发展。现代地名学研究涉及历史、地理、语言、信息、政治、民俗等多门学科。研究方法也从单学科向多学科综合研究过渡，从个体研究向群体研究转变。地名研究的空间也从小区域到全国再到整个世界，甚至触及其他星球。大量翔实的地图的出现以及空间科学的进步和电子计算机的应用，使得上述研究得到技术上的支持①。中华人民共和国成立后，为顺应国家经济发展和文化建设的需要，有关专家提出建立"中国地名学"的倡议。20 世纪 60 年代，曾世英、谭其骧等已明确提出要建立中国的地名学。"文化大革命"后，中国地名研究得到迅速发展，取得丰硕成果，主要以《地名知识》（1978）、《中国历史地理论丛》（1981）和《地名丛刊》（1984）三大刊物创建为标志，三大刊物各自刊登了全国各地大量地名研究方面的文章。虽然《中国历史地理论丛》并非专门刊登地名类文章的刊物，但却为地名研究的深入开展立下了汗马功劳。从《地名知识》和《地名集刊》两本期刊的发展和所刊登的文章来看，中国现代地名学发展明显分为前后两个阶段，即两期刊更名前的中国现代地名学发展阶段和两期刊更名后的中国现代地名学发展阶段。《地名知识》是 1978 年创刊，到 1992 年底止，从1993 年第 1 期起更名为《中国方域》，刊登地名类文章数量明显减少；《地名丛刊》从 1984 年创刊，至 1990 年底止。从 1991 年第 1 期起更名为《中国地名》，地名类文章数量相应增加，地名趣味或科普文章增多，而地名研究论文相对减少。

自 20 世纪 90 年代以来，国内地名的研究表现出区域地名和应用地名

---

① 广东省地名学研究会编《地名蕴涵新编》，广东省地图出版社，2003，第 1～2 页。

研究增强的趋势。区域地名研究是研究某一区域内地名各个方面的特点和规律，并探索这些特点和规律的形成与该区域内各种自然的和人文的因素之间的关系。它从不同角度对一个地区的地名进行研究，是地名学研究的组成部分。20 世纪 80 年代以来，因人文地理学的复兴，区域发展成为关注对象。在地名学研究方面，主要以北京市社科院尹钧科的《浅谈区域地名研究》为代表。作者首先对区域地名研究的领域和研究的区域进行界定以及对开展区域地名研究的意义进行阐述，继而对区域地名研究的课题，即区域内地名的总体特点、分类、命名的方式和规律、分布特点、发展史、管理以及主要地名含义的阐释、由来、地名价值的挖掘和比较研究等 10 个方面，一一进行阐述，以便得到对区域内地名的较全面深刻的认识和更广泛的应用。此外，作者还简明扼要地对区域地名研究的方法进行介绍，主要有地图法、比较法、文献法、调查法和统计法等①。事实上，早在 1989 年，尹钧科在《要注重地名群的研究》一文中已涉及对区域地名的研究。正如作者所说，"所谓地名群，是指在某一地域内较为集中分布的地名群体，组成这种地名群体的有关地名，大致具有相近的形成年代、相同的成因、相似的结构、相关的内在联系。因此，地名群较之个体地名往往具有更广阔的时代背景，包含更丰富的地理的、历史的、语言的、社会的、民族的、经济的等诸方面的内容，反映更深层次的有关地名的命名、演变、分布、迁移等规律，因而也就具有更高的科学价值"②。由此可以看出，地名群的研究与区域地名研究具有许多相似之处，开展地名群研究可为区域地名研究提供更翔实的基础和条件。从某种程度上来说，地名群研究就是区域地名研究的有机组成部分。

此外，应用地名学研究异军突起。随着我国社会经济的深入发展和城市化进程的加快，大量道路、桥梁及各类建筑物不断涌现，地名规模不断扩大，给地名研究工作带来新的挑战。同时，随着跨地区交流的日益频繁和多样化，人们对地名准确定位的要求也不断提高，在地名标准化和规范化方面也提出了更高的要求。在地名研究上表现为应用地名学发展迅速，此类文章大量出现在各类刊物和报纸上，应用地名学方面的专著也不断问

---

① 尹钧科：《浅谈区域地名研究》，《中国历史地理论丛》2003 年第 3 期，第 68 ~ 72 页。
② 尹钧科：《要注重地名群的研究》，《地名知识》1989 年第 2 期，第 3 ~ 5 页。

世，各地兴起新一轮编撰地名志的高潮，部分地市已着手建立本地区的地名信息库，所有这些都推动了中国地名学的又一次飞跃。

在政区名称研究中，特别是政区命名的研究方面，首推华东师范大学的金祖孟先生。金老于 1943 年发表《中国政区命名之分类研究》，该文高屋建瓴地阐述了地名概述、地名学演变及地名类别等 8 个方面的内容，成为我国近代地名研究的杰作。此后，沿革地理学者和历史地理学者皆对政区命名进行了大量考证，为中国政区地名研究奠定了基础。1985 年，《中国历史地理论丛》（第 2 辑）18 篇论文中有 14 篇是关于地名研究的文章，其中又有 12 篇专论省区古今县名命名规律，涉及河北、山西、浙江、福建、陕西、甘肃、湖南、辽宁、吉林、新疆和台湾，另有史念海先生的《论地名的研究和有关规律的探索》一篇政区理论研究文章。其各自对不同省区市政区命名规律和类别进行了分类和分析，为研究其他省区市政区地名提供了借鉴。此外，史为乐的《谈谈我国县名的命名》一文也在分析历史上县名的不同特点和文化层差异的基础上，对历史上县名的类型进行划分，提出 8 种命名方式①；楼云也曾以浙江省为例探讨行政区划与地名的关系②；等等。针对广东政区地名的研究，见于徐俊鸣、司徒尚纪、叶地等学者对广东 20 世纪 80 年代政区地名进行的分类和渊源列举。

二　国外地名研究综述

在我国，虽然地名研究起步很早，但发展缓慢。国外地名研究大多起始于 19 世纪末 20 世纪初，然其发展相当迅速。特别是二战后，苏联、日本两国地名研究异军突起，把地名学发展引向深入。纵观世界地名研究历程，各国也都经历了从语言学解释到地理学空间分析、从个体地名的解释到地名系统分析的过程，涉及语言、历史、地理、民俗等学科，但多数研究起源于地名语源的研究。如美国地名研究分为印第安语地名研究和欧洲语地名研究。就研究内容来看，印第安语地名研究偏重于语言学方面，欧洲语地名研究主要集中在历史地理方面，这应归根于美国的移民国特性。

---

① 史为乐：《谈谈我国县名的命名》，《中国方域——行政区划与地名》1993 年第 2 期，第 11～14 页。

② 楼云：《试探行政区划与地名》，《地名知识》1991 年第 6 期，第 11～13 页。

因为印第安语地名是古老的，在社会发展的过程中逐渐受到一定的曲解，所以其语源难以还原；欧洲语言的地名语源在大多情况下是明显的，归因于欧洲在美国的移民只是从15世纪末16世纪初才开始的。从研究主体来看，最初多是语言学家和历史学家。研究方法也多是地名描述和解释①。英、法、苏联和日本等国地名研究走过相同或相似的道路。20世纪中叶以来，全世界地名研究趋向系统化、科学化。如日本镜味完二所著的《日本地名学》以地名分布为对象，把零碎的对个别地名语源的解释转化为对地名分布类型和地名年代层序的研究②。而美国地名研究主要集中在战后殖民地地名、种族地名、新移民地名及其他新文化现象所产生的地名等领域③。在研究方法上，以GIS和遥感技术等代替传统定性描述或简单统计。法国在传统地名研究基础上，还加强了地名学同其他学科的关系、地名研究的方法、地名的历史层次、地名的变迁等的研究，以及地名历史文献的收集等，又为现代语言学研究提供了丰富的内容④。

此外，世界其他地区地名研究在二战后也得到迅速发展，加拿大、沙特阿拉伯、科威特、黎巴嫩等国都出版了大量地名著作，如沙特阿拉伯于1969年出版了《沙特阿拉伯地理辞典》，其宗旨就是"准确清楚地确定各个地名的含义"。1970年，科威特出版了《科威特百科全书》（3册），其中对科威特地名的由来及其所受地理、历史、语言等影响的各个侧面都进行了一定考证，为研究海湾地区地名的形成规律奠定了基础。1966年，巴勒斯坦地区出版了穆斯塔法·穆拉德·迪亚厄的《巴勒斯坦——我们的祖国》（6卷12册），考证了当地每一个地名的由来、含义及演变过程。1956年，黎巴嫩亦出版了福莱亥·艾尼斯的《黎巴嫩城乡地名及其含义解》等。为推动地名研究和地名标准化，联合国于1960年还成立了联合国地名专家组，专家组基本每年都召开研讨会和每4年召开一次地名标准化会议。在此带动下，世界地名研究得到了加强，遍及世界各个角落，地名标准化速度加快。在此前后，世界上一些国家出版的地名杂志如瑞典的《地名和地

① 牛汝辰：《国外地名学的历史回顾》（下），《地名丛刊》1988年第2期，第6~7、40页。
② 镜味明克、流云：《日本地名研究的历史》，《地名知识》1988年第1期，第45~46页。
③ Karen M. Booder, Charles M. Hudson, Robert L. Rankin, "Place Name Identification and Multilingualism in the Sixteenth-Century Southeast," *Ethnohistory*, 1992 (39): 399-451.
④ 牛汝辰：《国外地名学的历史回顾》（下），《地名丛刊》1988年第2期，第6~7、40页。

区》（*Namn och Bygd*）、《名称研究杂志》（*Zeitschrift für Namenforschung*）、《名称研究论丛》（*Beiträge zur Namenforschung*），德国的《名称学通报》（*Namenkundliche Information*），法国的《国际名称学杂志》（*Revue internationale d'Onomastique*），波兰的《名称学》（*Onomastica*），美国的《名称》（*Names*），捷克斯洛伐克的《地形测量委员会通报》（*Zpravodaj Mistopisnè komise*），以及不定期刊物如比利时的《皇家地名委员会通报》（*Bulletin de la Comission Royal de Toponimie*）和《地名》（*Onoma*）、荷兰的《新地名》（*Friske Plaknammen*）等，刊登大量地名研究论文，为推动世界地名研究做出了巨大贡献①。

第二节　广东地名文化研究综述

一　历史文献中对广东地名的记述和解说

1. 宋代以前文献对广东地名的记载

作为人们交流工具之一的地名，上古时期业已产生。后来随着人类生产、生活范围的不断扩大，地名大家族队伍不断壮大，关于地名的记载也逐渐增多。先秦时期的地名数量已经无法估算，于是就出现专门记载或描述地名的书籍。从第一部真正具有地名研究意义的《汉书·地理志》算起，地名研究在我国已有近 2000 年的历史。西汉初年，人们在总结方位地名命名原则时，即已提出"水北为阳，山南为阳"②的规律。东汉时，服虔又补充"水南曰阴"③的命名规律。至此，"阳""阴"地名的命名规律成为我国大多数地区命名的法宝，影响极为深远，到现在我国依然保留有大量此类命名地名。同样，地处我国南方边陲的广东，先秦时期也出现了关于地名的记载。

岭南为古越人居地之一，而古越人是个复杂的部族群体，以血缘关系为纽带，组成氏族或部落，分布于岭南各地，在地域上形成许多土邦小

---

① Raven I. McDavid, "Linguistic Geography and Toponymic Research," *Names* 1958（6）: 65 – 73. Meredith F. Burrill, "Toponymic Generics," *Names* 1956（4）: 129 – 137, 226 – 240.

② 《穀梁传》之《僖公二十八年》。

③ （北魏）郦道元撰，陈桥驿点校《水经注》，上海古籍出版社，1990，第 242 页。

国，这成为岭南地区进入阶级社会隶属于中原王朝以前土著居民生存的空间组织形式，也是岭南政区建置的前身。因此，广东地名的起源可以追溯至传说时代。传说"言（交趾人）脚胫曲戾相交，所谓雕题、交趾者也"①，即《礼记·王制》中"言蛮卧时头乡外，而足在内而相交，故云'交趾'"。古时，包括广东在内的岭南地区称交趾的来源就在于此。交趾地处南方，亦称南交，即所谓"论地名以南交为古"②。"伯虑国、离耳国、雕题国……皆在郁水南"③。此外，据《山海经》中《大荒南经》《海内南经》《海外南经》《南山经》等记载，岭南出现了骥头国、阳禺国、缚娄国、儋耳国、西呕国、苍梧国、贲禺等名称④。这些所谓"国"，实为自封之地域，是各自为政的部落。《史记·秦始皇本纪》也有陆梁地名之记载。秦始皇三十三年（前214）统一岭南，置南海、桂林、象三郡，广东大部分地区属南海郡，下辖番禺、四会、傅（博）罗、龙川、揭阳五县（一说揭阳为汉置）。《汉书·地理志》也载："粤地，牵牛、婺女之分野也。今之苍梧、郁林、合浦、交趾、九真、南海、日南，皆粤分也。"可见，秦汉时期广东地名已明显增多。以后历代《地理志》皆或多或少对广东地名有记载。北魏时期，中国历史上出现了影响深远的地名学巨著，即郦道元的《水经注》一书。关于《水经注》之地名学成就，陈桥驿、刘盛佳、华林甫等学者皆做过专门的研究，如陈桥驿认为全注有 20000 余条地名，郦道元对其中 2400 余条做了渊源解释，并列表说明各类地名渊源解释之丰富，颇为详尽⑤。刘盛佳在阐述《水经注》是一部地名杰作时，认为全书出现了 17000 余个地方，其中全面阐释的地名达 2134 个⑥。华林甫在对《水经注》的地名学成就研究时，对地名命名的 12 个方面一一列举阐述，

① （晋）郭璞注《山海经注》。

② （清）屈大均：《广东新语》卷 2《地语》"南交"条。

③ （晋）郭璞注《山海经注》。

④ 司徒尚纪：《广东政区体系——历史·现实·改革》，中山大学出版社，1998，第 18 ~ 23 页。

⑤ 陈桥驿：《〈水经注〉与地名学》，《地名知识》1979 年第 3 期，第 14 ~ 43 页；陈桥驿：《论地名学及其发展》，载史念海主编《中国历史地理论丛》（第 1 辑），陕西人民出版社，1981，第 151 ~ 163 页。

⑥ 刘盛佳：《我国古代地名学的杰作——〈水经注〉》，《华中师院学报》（自然科学版）1983 年第 1 期，第 106 ~ 115 页；刘盛佳编著《地理学思想史》，华中师范大学出版社，1990。

并将其 1052 处地名渊源解释分自然地理部门和人文地理部门共 24 类进行统计和列举以述之，研究之细致和深入，充分体现了《水经注》之地名学的巨大成就①。根据作者统计，《水经注》卷 38 中涉及广东地名 78 处，多为水名，亦包括山、岭、冈、石、峡、驿站、郡县、关隘、乡村、庙宇等名称，如泷水、（含）浈水、翁水、始兴水、涟溪、利山湖、北汤泉、虎郡山、浮岳山、东峤山、大庾岭、白鹿冈、灵石、韶石、贞女峡、浈阳峡、武步驿、四会、曲江、龙川、白鹿城、鼻天子城、淮（洭）浦关、桃乡、石塘村、将军庙等。其中渊源释名者有 9 条，以山石释名为多，如虎郡山，"亦曰虎市山，以虎多暴故也"；灵鹫山，"晋义熙中，沙门释僧律，茸宇岩阿，猛虎远迹，盖律仁感所致，因改曰灵鹫山"；东峤山，"（溱）水出南康县凉热山连溪，山即大庾岭也。五岭之最东矣，故曰东峤山"；浮岳山，"（溱）水出浮岳山，山蹑一处，则百余步动，若在水也，因名浮岳山"；逃石，"灵石一名逃石，高三十丈，广圆五百丈。《耆旧传》言，石本桂阳武城县，因夜迅雷之变，忽然迁此，彼人来见，叹曰：'石乃逃来。'因名逃石，以其有灵运徙，又曰灵石"。其余如贞女峡，"峡西岸高岩，名贞女山。山下际有石如人，形高七尺，状如女子，故名贞女峡"；曲江县，"县昔号曲红，曲红，山名也，东连岗是矣"；白鹿城及白鹿冈，"王歆《始兴记》曰'县有白鹿城，城南有白鹿冈。咸康中，郡民张鲂为县，有善政，白鹿来游，故城及冈并即名焉'"②。可以说，《水经注》对岭南地名的记载和释名明显比以前古籍多，为岭南及广东地名研究做出了较大贡献。

　　真正对广东地名进行大规模记载和释名，还是唐宋以来的事。这主要是唐宋以来大批汉人南迁，岭南人口大量增加，土地得到大规模开发，政区设置不断增多，地名也随之涌现。如王存《元丰九域志》载，当时广南东路置州 15 处，县 40 处，乡 163 处，镇 31 处，矿山、盐场等其他亦有141 处，基层地名和小地名合计 335 处③，明显增多。在经济地位不断上升

① 华林甫：《中国地名学源流》，湖南人民出版社，2002，第 121～138 页。
② 王国维校，袁英光、刘寅生整理标点《水经注校》，上海人民出版社，1984，第 1206～1217 页。
③ （宋）王存：《元丰九域志》卷 9。

的情况下，岭南也受到中原王朝和社会人士应有的重视，唐宋以来所撰修的各类古籍中，关于岭南的记载或描述内容明显增多。在地名方面，如唐李吉甫的《元和郡县图志》，宋乐史的《太平寰宇记》、王存的《元丰九域志》、王象之的《舆地纪胜》等古籍皆对广东部分或个别地名做了记载，有的还总结出命名方式并加以释义。现以《元和郡县图志》进行解读。《元和郡县图志》是我国现存最早的一部全国性地理总志，被认为是"地理鼻祖"①，"无此书而地里之学几绝矣"②。据华林甫统计，全书记载了4800多处地名，他还将此书成就概括为地名命名原则的归纳、总结与运用，地名渊源解释，地名的通名、用字与读音，地名的考证与辨析等 4 个方面并一一进行阐述，有的行文一一列举例证，有的列表以述之，有的对比以论之等③，足见其研究之深入。根据笔者研究和统计，《元和郡县图志》涉及广东地名的记载有 500 余处，其中乡 194 处，李吉甫对 23 处进行了释名。虽然释名率不高，但记载地名的数量远远超过之前任何一书，这表明此时的广东开发较快。23 处释名中，其中 16 处为州县释名，其余除 1处是对古迹进行释名外，剩余 6 处皆是对山名进行解释。在所有 23 处释名中，因水得名 10 处，因方位得名 2 处（一名海阳县，一名潮阳县）。如海阳县之名，"本汉揭阳县地，晋于此立海阳县，属义安郡。隋开皇十年（590）省郡，废海阳入循州，十一年（591）潮州，又立海阳县以属焉。南滨大海，故曰海阳"。潮阳县亦"以在大海之北，故曰潮阳"。因山石得名 3 处，一名韶州，"秦南海郡地……梁承圣中，萧勃据岭南，于此置东衡州，隋开皇九年（589）平陈，改东衡州为韶州，取州北韶石为名"。一名罗浮山，"在县西北二十八里。罗山之西有浮山，盖蓬莱之一阜，浮海而至，与罗山并体。故曰罗浮"。在这里，作者并没有过分强调传统上"因传说而得名"之意，相反，因"浮山……与罗山并体"而名罗浮山，显系因两山合称而得名。正如同作者对番禺释名一样，"县有番、禺二山，因以为名"。因地理位置得名 1 处，即端州，"本秦南海郡地……隋开皇十一年（591）置端州，大业三年（607）罢为信安郡，武德四年（621）平

---

① （清）程晋芳撰《〈元和郡县图志〉跋》，载《勉行堂文集》卷 5。
② （清）孙星衍：《〈元和郡县图志〉序》，载《岱南阁集》卷 2。
③ 华林甫：《中国地名学源流》，湖南人民出版社，2002，第 167～184 页。

萧铣，五年（622）重置端州，州当西江入广州之要口也"。因事得名1处，即朝台，"在县东北二十里。昔尉佗初遇陆贾之处也。后岁时于此望汉朝拜，故曰朝台"。因特产得名1处，如金山，"一名金冈山，在县北六十五里。出金沙"。取美名者1处，即增城县，"本汉番禺县地，后汉番禺县地，后汉于此置增县。按昆仑山上有阆风，增城盖取美名也，属南海郡"。因洞得名1处，即廉州，"古越地也。……大业三年（607），又废州为合浦郡。取大廉洞以为名"。取旧郡名1处，即东莞县，"本汉博罗县地，晋成帝咸和六年（331）于此置宝安县，属东莞郡。隋开皇十年（590）废郡，以县属广州。至德二年（757），改为东莞县，取旧郡名也"。还有以人物命名1处，即大庾岭，"本名塞上，汉伐南越，有监军姓庾城于此地，众军皆爱庾节度，故名大庾①。因动物得名1处，即金鸡山，"在州西北，每有金色鸡见，鸣于石上，因名"。再者，23处释名中，因自然地理实体得名的地名远远超过因人文地理实体得名的地名。虽然"最早完整地总结年号地名命名原则的是李吉甫"②，但广东却未见一处是因年号而得名者，进一步证实了唐代及以前的岭南是作为中原王朝的"化外之地"而存在的，向来不被中原王朝所重视。

《舆地纪胜》是宋代王象之所撰。与以往官修志书不同，本书是王象之的私家撰述，作者提出"郡县有志、九域有志，寰宇有记、舆地有记，或图两界之山河，或纪历代之疆域，其书不为不多，然不过辨古今、析异同，考山川之形势、稽南北之离合，资游谈而夸辩，博则有之矣。至若收拾山川之精华以借助于笔端，取之无禁，用之不竭，使骚人才士于一寓目之顷，而山川俱若效奇于左右，则未见其书，此纪胜之编所以不得不作也"③。本书除传统上对府、郡、县等政区名称进行解释外，还单列"景物"一门类进行释名。因此，《舆地纪胜》对许多小地名都有解释，比以往志书中的同类内容丰富得多。据华林甫研究，此书在婺、衢、温、处四州内容缺，苏州内容残的情况下，相当于北宋初年江南东道地域范围之内的地名渊源解释仍比其他著作多得多，是《元和郡县图志》的6.2倍、

---

① （唐）李吉甫：《元和郡县图志》卷34"大庾岭"条。
② 华林甫：《中国地名学源流》，湖南人民出版社，2002，第208页。
③ （宋）王象之：《舆地纪胜》，自序。

《太平寰宇记》的 1.6 倍、《新定九域志》的 11.3 倍、《舆地广记》的 10.5 倍。《元和郡县图志》的地名渊源解释有 931 条，考虑到《舆地纪胜》记述范围仅涉及秦岭、淮河以南地区，保守估计《舆地纪胜》全书中的地名渊源解释至少也达三四千处。这又是中国地名学史上的一次飞跃①。此外，书中也有借用外国国名的地名，如"新罗屿，在临海县东南三十里。昔有新罗贾人舣舟于此，故名"②。

2. 《郡县释名》对广东地名的描述

我国地名历经宋元时期的发展，在明代出现了地名研究的重要著作，即郭子章的《郡县释名》。该书专门对地名进行解释，并第一次把散见于一统志，府、州、县志，各种官修、私修史书以及碑铭墓志、案牍档册中的地名资料搜罗起来汇为一编，为我们今天的研究工作提供了丰富的素材③。针对广东郡县之释名，正如作者在该书《广东郡县释名序》中所说：

> 予既草宇内郡县释名，惟两粤未就，归养稍暇，取二省郡国志足之，因是有感于古人命名不苟然而已。合浦之珠、儋崖之琼，世所共珍也，而名之曰廉，令粤世不为跖之徒也，其后卒有孟尝还珠之应。舜狩于苍梧，葬于九嶷，足未跖韶也，而名之曰韶，令粤世为舜之徒也，其后卒有曲江相唐之应。程旼不过一乡之士而邑名程乡，潘茂不过一节之士而邑名茂名，令粤世勉强为善者，皆得如严、如袁、如任丘、如清丰也。其后为儒者，有丘琼山□公甫湛。元明之应修玄者，有卢能师白玉蟾之应。名之感人，捷于影响如此。彼紫贝玳瑁之邑使人黩货，天涯海角之邮令人惮远，获嘉大庚之号令人竞武功而开边际，均之不善于命名者。故予序广东郡县释名有感而识之云④。

从序言中可以看出，作者对广东郡县进行释名，是"有感于古人命名不苟然"和"有感而识"。现对《郡县释名》中所涉广东地名一一进行探讨。

---

① 华林甫：《中国地名学源流》，湖南人民出版社，2002，第 210~211 页。
② （宋）王象之：《舆地纪胜》卷 12《台州·景物》。
③ 傅贯九：《〈郡县释名〉的学科价值》，《地名知识》1992 年第 2 期，第 3~6 页。
④ （明）郭子章：《郡县释名》卷 25《广东郡县释名序》。

根据政区划分，明代政区在元代基础上进行简化，废路为府，省以下辖府，府统州，州统县，实行省—府（州）—县三级政制。明万历十年（1582）将广东政区划分为10府、4州、79县，共计93个政区。其中廉州府所辖3县和琼州府所辖13县未在今广东境内，而今怀集县当时为广西布政使司所辖。在93条政区名称中，除四会、仁化、遂溪、徐闻、乐会等5县名称因"义未详"，琼山县因"义详郡（琼州府）下"而未解释外，《郡县释名》对其余87条政区名称——进行了解释。据华林甫统计，《郡县释名》这87条政区名称中有因水为名19个，因山为名15个，因特殊山川地形或形象得名4个，方位地名3个，物产或表示物产丰饶命名1个，气候命名3个，教义或教化命名14个，祥瑞或美愿命名9个，姓氏、人物命名2个，以郡国村邑乡亭堡寨命名10个，以少数民族命名1个，避讳名2个，传说名1个，迁徙名1个，词义名2个①。另外，郭子章在开篇《广东郡县释名序》交代完后，接着就对"广东"一词进行阐释，实则是广东郡县释名之始，如：

> 广东舆图，唐虞三代时在扬州之外境，大越之南裔。春秋元命苞曰："牵牛流为扬，分为越，是为扬越。"周武王灭殷，以南海地在东南，定为藩服。唐《天文志》云："南海地兼荆扬，土曰以广，故名为'广'。"《沿革志》云："自秦以来皆属南海，至梁分广州置桂州。""广"于是有东西之名。宋置广南东路经略安抚使，广东之名始此。元置宣慰肃政廉访司，明改置广东布政使司。《玉海》云："扶胥、黄木、交阯、苍梧镇海，敌其阳，五岭峙其北，海山控带，凤称形势之雄。民蛮杂居，尤赖抚绥之略信治。"粤东者之龟鉴也②。

郭子章对广东地名研究的贡献主要表现在以下几个方面。

一是郭子章引用大量文献对广东当时政区名称进行阐释。郭子章对明代政区郡县释名，考察地名渊源，主要是依据大量文献资料而完成的。他在《广东郡县释名序》开篇就写道，"予既草宇内郡县释名，惟两粤未就，

---

① 华林甫：《中国地名学源流》，湖南人民出版社，2002，第290～291页。
② （明）郭子章：《郡县释名》卷25《广东郡县释名·广东》。

归养稍暇，取二省郡国志足之"，即是明证。根据统计，《广东郡县释名》中作者引用了《山海经》《禹贡》《诗经》《逸周书》《释名》《玉海》《史记索隐》《汉书·地理志》《后汉书·郡国志》《水经注》《外国杂传》《旧唐书·地理志》《天文志》《沿革志》《博物志》《初学记》《通志》《通典》《太平御览》《英德县志》《苍梧志》《明一统志》《广东舆图》等文献，韩愈、刘禹锡、杨万里、王安石、饶秉鉴、吴迁举等人的诗句，以及许多传说、俗称等其他文献资料。既有明代以前的文献，也有明代的资料，既有文证又有物证，既有实录又有传说，资料可谓丰富，这使绝大多数释名有理有据，令人信服。

除引经据典外，郭子章还以亲身经历或实地考察来稽查地名渊源。"入国问名"几乎成为其职业习惯，正如他在《郡县释名》自序中所说："予过齐、鲁、燕、赵、吴、越、楚、蜀、五岭之区，入国问名，狱究其义……所未经历处，稽之牒记，考之明哲。"① 针对广东释名，他也曾说："予守潮阳，从会昌入平远，往来羊角水，山川甚奇。峭中有一岩，外狭内宽，名萧帝岩，里人不知所谓，盖武帝避兵处也。史称帝避屯揭阳山中，非今潮州揭阳也。《一统志》载吴析赣县地置新都，晋改揭阳，即此。《雩都志》作梁武帝，误矣。"② 实地考察，无疑大大提高了《郡县释名》的真实性、准确性和科学性。

二是郭子章在解释地名渊源时并未完全囿于文献之记载和前人之见。地名释义往往人各一说，不免穿凿附会，甚至人云亦云，以讹传讹。因此，在释名过程中，他都引经据典，但又不完全囿于文献。在对地名释义不止一说时，他往往先列其说，再析其因，最后提出自己的见解。如对广东高州府的释名，郭子章就驳斥了以往说法："（高州府）汉为高梁县，桓帝置高兴郡，灵帝改高梁。六朝梁改高州郡，有高凉山，本名高梁，以群峰高耸，盛暑如秋，故更名高凉郡，名本此。俗谓唐高力士是其州人，州以力士名，非也；唐之前已名高州矣，子陵擅严，袁京重袁，力士何人，得擅此名耶？"③ 查《隋书·地理志》高凉郡："梁置高州。"《南史》卷

---

① （明）郭子章：《郡县释名》，自序。
② （明）郭子章：《郭青螺先生遗书》卷25《白下逸事·齐武帝绩》。
③ （明）郭子章：《郡县释名》卷25《广东郡县释名·高州府》。

51《梁宗室萧劢传》：" 劢以南江危险，宜立重镇，乃表台于高凉郡立州，敕仍以为高州，以西江督护孙固为刺史。"《通典》梁大同七年（541）有高州刺史孙固①，则知高州的确置于南朝梁大同年间，比高力士（684～762）生活的时代要早出一个半世纪。因此，郭子章的反驳是完全成立的②。再如茂名县的释名，作者写道：" 邑人潘茂得仙，因以名县。今城南二里有茂岭，世传潘茂炼丹其上，故名。知府孔镛诗：'昔人学道已仙去，此地空遗茂岭名。欲叩灵踪无处觅，隔林惟听涧泉声。'又有升真山……有潘仙坡、潘仙亭、石船丹至今存焉，驿名古潘，从其姓也。郡省志皆作潘茂，惟《一统志》云潘茂名，晋永嘉时人。岂因县名而增名耶？"③他通过比较，坚信前者，其结论应是令人信服的。

三是郭子章不以解释某个地名渊源为终极目标，还试图从整体上对广东复杂纷繁的地名现象进行综合研究，从中探索地名命名的某些规律。如对肇庆府高明县释名时记道：" 明成化十三年（1477），以山寇出没，改高明巡检司为县，从司名也。南地渐高，如高要、高凉、高明，皆此义也。"④他指出"高"是指较高的地形，表明高要、高凉、高明三县皆因地形而得名。而在《广东郡县释名序》中他就指出"程旼不过一乡之士而邑名程乡，潘茂不过一节之士而邑名茂名，令粤世勉强为善者，皆得如严、如袁、如任丘、如清丰也"。显然作者并没有把程乡和茂名归结为因人而得名。相反，郭子章在他处已对此做了归纳，他说"北直隶以姓名名县惟任丘、清丰二县"，在广东潮州府程乡县下亦云，"隋置，以程旼行谊化于一乡，故县名程乡，水名程江，如严州、袁州、任丘、清丰、乌程、茂名之类是也"⑤，此显然是作者经过长期研究地名渊源得出的结论。

四是他对一时不得其解之地名，并不穿凿附会，而是实事求是，多闻阙疑。郭子章自己曾说，若碰到"域殊而名杂"的疑难地名，"予半释之、半置之，以俟博雅君子"⑥。针对这类释名，广东仅有四会、仁化、遂溪、

①　（宋）王象之：《舆地纪胜》卷117《通州》。
②　华林甫：《中国地名学渊流》，湖南人民出版社，2002，第265～266页。
③　（明）郭子章：《郡县释名》卷25《广东郡县释名·茂名县》。
④　（明）郭子章：《郡县释名》卷25《广东郡县释名·高明县》。
⑤　（明）郭子章：《郡县释名》卷25《广东郡县释名·程乡县》。
⑥　（明）郭子章：《郡县释名》卷26《广西郡县释名·序》。

徐闻、乐会等5县，现将此一一列出。四会县，"秦名，两《汉书》俱有四会县，义未详"；仁化县，"本曲江县地，唐垂拱中置仁化县，义未详。《通志》云'会浈之水出仁化乡'，则仁化旧乡名也"；遂溪县，"唐名，东有东溪，西南有傍塘溪，东南有铁耙溪，皆溪也，'遂'义未详"；徐闻县，"两《汉书》俱载徐闻，其义未详。《汉书》合浦郡有徐闻，交趾郡有稽徐，'徐'义俱未解"；乐会县，"唐显庆五年置名，义未详"。事实上，5县中除四会县、乐会县完全未释名外，其余3县或多或少也都给予一定解释。如仁化县"则仁化旧乡名也"，已完全给出自己的解释，作者仍谦虚地说"义未详"，显示出其对地名考释的严谨和实事求是的态度。而遂溪县和徐闻县的释名也都对"溪"和"徐"做了解释，为进一步探索其渊源提供了一定的线索。郭子章之所以能在偏隅一方的广东地名研究上取得如此之大的成就，与他对地名研究的兴趣是分不开的。他写道："意者地之灵、人之杰，不尽系名称耶？地灵人杰，则以曲阜、驺人而生孔、孟；地薄人悍，即以元城、陇西而生莽、卓。"[①] 而又因"班书西汉有《地理志》、东汉有《郡国志》而略于释名"[②]，刘熙《释名》则"于郡国缺略不详"[③] 等，于是，他提出"紫贝玳瑁之邑使之黩货，天涯海角之邮令人惮远，获嘉大庚之号令人竞武功而开边际"[④]，并立志探索地名的渊源。他的四个儿子孔建、孔延、孔太、孔陵分别是他在为建宁府推官、摄延平府事、督榷太平府、领凤阳山陵事时出生的，竟均以当时出生的地名为名，显示出郭子章对地名研究的极大兴趣。

因此，华林甫在总结郭子章地名研究的成就时写道："（他）不仅全面地诠释了他生前1411个政区地名，涉及了自然地理、人文地理二十多个方面的内容，而且对区域地名特征、因水为名、地形地名、物产地名、美愿地名、人物地名、避讳地名、国号地名、地名通名、异地同名等传统地名学内容均有独到的见解，某些方面的创见已上升到地名学理论的高度，因而我们可以说：郭子章是明代杰出的地名学家，他撰写的《郡县释名》是

---

① （明）郭子章：《郡县释名》卷5《山东郡县释名序》。
② （明）郭子章：《郡县释名》卷15《江西郡县释名序》。
③ （明）郭子章：《郡县释名》，自序。
④ （明）郭子章：《郡县释名》卷25《广东郡县释名序》。

继承《汉书·地理志》以来地名渊源解释衣钵的传统地名学集大成之作。"①

3.《广东新语》对广东地名的类划

以上诸多关于广东地名的记载、描述或渊源考证等，皆是从个体角度或小范围研究出发，都没能从整体上对广东地名进行全面考察。其间虽然宋代周去非的《岭外代答》曾对岭南部分俗字做过解释，却并没有对地名进行深入研究；郭子章的《郡县释名》也曾试图从整体上对复杂的地名现象进行综合研究，从中探索地名的某些规律，但未免失之浅薄，依然只是按照传统的地名命名方式进行罗列。故真正算得上对广东地名进行研究的著作实从清屈大均的《广东新语》始。

屈大均，广东番禺人，生于明崇祯三年（1630），卒于清康熙三十五年（1696）。其所著《广东新语》是一本较有价值的清代笔记，全书28卷，每卷述事物一类，如天、地、山、水、虫、禽等，凡广东之天文地理、经济物产、人物风俗，无所不包。其所以名《广东新语》者，据自序说："吾于《广东通志》，略其旧而新是详，旧十三而新十七，故曰《新语》。……是书则广东之外志也。"可见本书之作，在于补《广东通志》之不足；其所补者，又不仅"考方舆，披志乘"，且"验之以身经，微之以目睹"，故"其察物也精以核，其谈义也博而辨"。又说"（此书）不出乎广东之内，而有以见夫广东之外。虽广东之外志，而广大精微，可以范围天下而不过"。但"新是详""新十七"是新的外表，而不是新实质。针对广东地名方面而言，在《广东新语》的《天语》《地语》《山语》《水语》《石语》《文语》等篇章中皆有记述和研究，其中尤以《文语》和《地语》为多。屈大均对广东地名研究的成就主要表现在以下几个方面。

一是屈大均采用地名考证法，对广东地名详加诠释，追根溯源，提出较为合理的解释，使人读其名知其义。例如对雷州地名的解释：

> 东粤之地，阴阳二气恒不得其和，而雷、琼二州尤甚。雷州在海北多阴，雷生于阴之极，故雷州多雷。琼州在海南多阳，风生于阳之

---

① 华林甫：《中国地名学源流》，湖南人民出版社，2002，第296页。

极，故琼州多风。凡风生于山者阳风，生于水者阴风。雷出于山者阳雷，出于泽者阴雷。琼州在水中，其风多阴；雷州在山中，其雷多阳。而二州雷风，往往相应，雷州雷则琼州风，琼州风则雷州雷，琼州风甚，则雷州雷亦甚，雷州雷甚，则琼州风亦甚，其气常相摩荡也。雷人事雷，琼人事风，皆甚谨。风以飓为大，凡南海之飓皆起于琼，琼之飓又起于崖。崖为海之极南，其地最虚。去州东百有余里，有一巨穴，飓风恒出其中，呼于山则为迅雷，吸于泽则为淫雨，常与之终始，盖地气不得其平所致。黎人虔祷是山，飓风辄息，名曰息风之山。琼有息风，雷有擎雷，二山洞窍皆相潜通者也。擎雷为雷州镇山，或谓雷州以擎雷之山得名，非也。州多雷，而是山高大能擎是州，雷多从之而出，故名擎雷。所以然者，州之南地濒于海，其陂塘堤岸不能自固。……所恃擎雷之山，以为砥柱……而雷动往往非时，州名曰雷，言多雷之变也。①

作者又说：

岭南以冬雷为常。盖濒海地薄，不能固畜其火，故阳气早泄而冬雷。又其地最下，而雷州地形如舌，吐出海滨三百里，为卑下之极，故多雷。语云："北方寒有无雷之国，南方热有无日不雷之境，地最下故热，以其与日近也。"与日近故与雷近，无日不热，故无日不雷，阳气太盛，常奋击而为声耳。然冬雷终属灾异。

雷州之俗，以雷在春前者为旧雷，交春为新雷。岁除时，旧雷与新雷相接，其占为明年大稔。有咏者云："腊底雷鸣是旧雷，新雷声向岁朝开。"旧雷之称奇甚。雷州有旧雷，琼州有旧风，可以并举。

雷州之雷，其无声者曰阴雷。阳雷以生，阴雷以杀，天之所以为道也。其阴雷何也？有受害者诉于神，其仇雠忽震以死，人皆弗闻也者。顶有一孔，气出若硫磺，背篆书数行莫可辩，雷州人以为阴雷也。盖阳雷在天，阴雷在人。阴雷之出无时，人实为之，故君子畏阴

---

① （清）屈大均：《广东新语》卷1《天语》。

雷也。

　　相传雷州阴晦之夕，谓之雷耕。晓视田中有开垦迹，非雷耕也。雷州地暖，春初时雷始发声，农则举趾而耕，故曰雷耕。雷出田中，故疑有开垦之迹也。又雷州无日不雷，故农人无日不耕。其稻有六十日而熟者，有九十日而熟者，有二月种而十月熟者，有十一月种至明年四月而熟者。或历两时，或三时，或四时，其稻无日不种，亦无日不获也。雷人之耕，盖有异乎他郡之耕也，故曰雷耕。①

屈大均首先通过雷州的地理条件说明"雷州多雷"，故"州名曰雷"，顺理成章。接着，他以雷和风之比较说明雷州之雷产生的地理背景，继而解释说明雷州之雷对当地人们生产、生活及风俗文化等的影响，反映雷州之雷的社会作用和巨大影响力，所以，雷州以雷名州也就水到渠成了。解释合情合理，使人读其名知其义。无论过去还是当今，人们对雷州之名都信而不疑。这深刻反映出屈大均对地名渊源的深刻剖析和解释说明的独到之处，以及对地名研究的独具匠心。

　　二是屈大均在解释地名的过程中明确指出了地名的命名方式，继承了传统地名类型划分之成就，为后人研究广东古今地名和《广东新语》提供了便利。

　　在《广东新语》中，我们不难发现许多因山或因水等自然地理实体而得名的结论性叙述。如三水之名，"三水者，自肇庆而来者曰牂牁江为一水，自清远而来者曰浈江为一水，自广宁而来者曰绥江为一水，皆会于三水县东南之昆都山下，是为三水"②。虽然屈大均所说的三水（牂牁江、浈江和绥江）并不完全正确，但因水得名的事实却是明确而无疑的。再如翁源县之名，"翁源县东百里有翁山……上有八泉，会合于灵池中。……古时有二仙翁临流洗药，居人饮其水，往往眉寿，故号其水曰翁水，而县名翁源。论者谓山以水而使人寿，饮其流当思其源，以翁源名县者，欲人不忘其源也"③。翁源因山而有翁水和八泉，而"翁"又来源于"二仙翁临

---

①　（清）屈大均：《广东新语》卷 1《天语》。
②　（清）屈大均：《广东新语》卷 4《水语》。
③　（清）屈大均：《广东新语》卷 3《山语》。

流洗药"的传说，故翁源得名于翁水，叙述环环相扣，结论一目了然。此外，全书中也有许多因形状得名、因人得名之地名。如"崖门，在新会南，与汤瓶山对峙若天阙，故曰崖门"①，显系因形状而得名；"梅村，在翁源县北三十里。自梅铒至越，而岭有梅岭。岭之上有红梅驿、红梅村，翁源则有梅村，是皆铒之汤沐地也"，屈氏把梅村、梅岭、红梅驿、红梅村等划为因人而得名者；再如珠玑巷之名，"珠玑巷得名，始于唐张昌。昌之先，为南雄敬宗巷孝义门人。其始祖辙，生子兴，七世同居。敬宗宝历元年（825），朝闻其孝义，赐兴珠玑绦环以旌之。避敬宗庙讳，因改所居为珠玑巷"②，从记载中可以看出，屈氏从源头上追述了珠玑巷的来历和得名，先是因唐敬宗赐兴珠玑绦环以旌其孝之事而得名珠玑，后因"避敬宗庙讳"而更名珠玑巷；等等。这些解释和划分，为后来者研究《广东新语》提供了极大的便利，也为今天编写地名志提供了较为丰富的资料。

此外，在对部分地名进行叙述时，屈氏虽未明确划分其类型或给出结论，但从其描述或解释来看，已胜似结论。如白云山之名，作者写道："粤地每多赤云。盖粤本炎方，火之用事。火在地中则丽而为丹山，在水则澄而为碧海，在天则光怪而为赤云，是皆离明之所发也。而广州北山多白云，或以为珠海之气所化。海，大泽也。大泽者，吐噏兑之精华，其气多白，气成形为云，云之诸色，则昏旦之日与水气相映而成者也。山临珠海，每当晴霁，如积雪浮空，半天皆素，或作龙文，或鱼鳞，微带金彩。语有云：'越云如龙。'殆谓是也。"③作者通过对广东气候之分析，说明粤地"因天气炎热"则"火在地中则丽而为丹山，在水则澄而为碧海，在天则光怪而为赤云"。白云山之所以多白云，是由"珠海（珠江）之气所化"，而"其气多白，气成形为云"，结论已跃然纸上。《岭海见闻》亦记载："山在广州城北十五里。每当秋霁，白云蓊郁其上，故名曰白云。"④显然二者皆归因于气候而得名，殊途同归。

三是屈大均在研究广东地名时，充分考虑到岭南特有的地理环境、风

① （清）屈大均：《广东新语》卷2《地语》。
② （清）屈大均：《广东新语》卷2《地语》。
③ （清）屈大均：《广东新语》卷1《天语》。
④ （清）钱以垲：《岭海见闻》卷1《白云山》。

俗习惯、方言特征和历史背景。如"广州凡物小者皆曰仔……海外诸夷曰番鬼……肥曰凹……谓港曰涌。涌，衝也，音冲。凡池沼皆曰塘，其在江中者亦曰塘，若白蚬塘、蠕塘、菱角塘是也，犹合蒲海中之珠池也"① 等，使我们从方言或土言中了解到广东地名的由来。从今天来看，广东地名中以"仔""涌"等为通名的地名主要集中在粤方言区，与屈氏描述相吻合，而以"塘""坑"等为通名的地名已遍及全省，这充分反映了岭南特有的流水地貌和地方方言特征。再如"化州石城间，贫者欲避火，门于野外，构茅以栖，名曰芋。雷州有芋村，有蒲芋，有新芋岛，吴川有芷芋镇，琼有芒芋港，儋有郎芋墟，定安有坡芋市，万有黎芋都，乐会有薄芋湖陂，会同有李芋塘，文昌有罟芋墩，黎峒有岑芋、黑芋、居芋、陈婆芋"。"芋"通作"寮"，意为简易的棚子，即所谓的"构茅以栖，名曰芋"②，是通行于闽、台、粤、桂等省区的闽、客、粤方言区的通名。据陈焕良统计，在闽南、闽西的 37 个县市中，带寮字的地名就有 368 处，在广东亦有 115 处之多③。但在粤西雷州半岛一带多写作"芋"，在珠江三角洲、粤东及其他地区多写作"寮"，这或许是同一族群的不同时期的异写或演变。这说明屈大均早在几百年前就已注意到此类地名文化现象了，其为我们今天广东地名研究提供了重要的素材。

四是屈大均注意到地名群的分布，并从空间上进行描述。如其在《文语·土言》中写道："自阳春至高、雷、廉、琼地名，多曰那某、罗某、多某、扶某、过某、牙某、峨某、陀某、打某。"经今人研究，这些地名都是按壮侗语族的语音以汉字音译而成的，不能以字面意思去望文生义。这表明屈大均已注意到地名在空间分布上的表现，其虽未认识到民族遗留地名的事实，但为后来研究古越语地名文化提供了线索。

此外，屈大均还对国名、地名及人名命名用字进行诠释。如：

　　《元命苞》云，牵牛流为扬分为越，国故越，号扬越，谓扬州之末土，扬之越也。《尔雅》曰："越，扬也。"注谓发扬也，又其性轻

① （清）屈大均：《广东新语》卷 11《文语》。
② （清）屈大均：《广东新语》卷 11《文语》。
③ 陈焕良：《〈广东新语〉中的地名训诂》，《地名知识》1989 年第 3 期，第 3～5 页。

扬也。李巡曰："江南其气燥劲，厥性轻扬。"《太康地纪》云："以扬州渐太阳位，天气奋扬，履正含文，故取名焉。"越又曰蛮扬，《风俗通》云："蛮，慢也。"其人性慢，故又曰蛮越也。其曰百越者，以周显王时，楚子熊商大败越，越散处江南海上，各为君长也。曰勾越者，《淮南子》云："吴人语不正，言吴而加以勾也。"勾，夷俗之发声也。颜师古云："吴与越音声多同，太伯自号曰勾吴，故越亦曰勾越也。"大均按：春秋书於越，於亦勾也。勾践名践，勾亦语发声也。[①]

从"越"地名说起，阐述"越"之演变和越俗。进而对越人之名进行分析，从语言学的角度诠释了"勾"为发声词，实无意义，这为我们今天研究古越语词提供了借鉴。

当然，限于时代和社会的条件，或为了给出解释，屈大均对广东某些地名的阐释并不完全符合事实，甚至有牵强附会之处。如屈氏在《地语》中写道："新兴村落，多以云为名。东有云盏，西南有云稠，正西有云秋、云芜，西北有云洞，正北有云座、云吟、云山、云硬，东北有云敏、云河、云礼、云罗、云端、云右。山则有云斛，在县北一十五里，高百余仞，岩谷幽深，岁旱祷之，石中泉出即雨；有云秀，在县东南四十里，常有五色云见；有曰云干，在县西，高二百余仞，直如木干，上耸云霄，下有桃榔古寺。盖新兴在万山中，其地多云，居人所见无非云。云之静者为山，山之动者为云，云与山一也。地在山中，不以山名，而多以云名，从其动而能变者也。"[②] 虽然作者已注意到新兴"云"字地名群的分布现象，但仅凭"云"字表面意思和当地自然环境表象进行解释，未免犯了牵强附会之误，南辕北辙了。所以，其与民国时期徐松石对"云"字地名的解释就大相径庭。故徐松石评价说："屈氏不知这'云'字出于僮语，故作此种曲解。"[③] 这可以说是对屈氏解释的正确评价。其实，新兴"云"字地名属壮语通名，意作村解。它具有壮侗语族齐头式地名的结构特征，即通名

① （清）屈大均：《广东新语》卷 2《地语》。
② （清）屈大均：《广东新语》卷 2《地语》。
③ 徐松石：《徐松石民族学研究著作五种》（上），广东人民出版社，1993，第 198 页。

在前，专名在后，故新兴村落名云某，实即某村。同样，《广东新语》中"浦"字地名解释亦犯了同类错误。如："浦之称，惟琼独有，他处无之，岂以琼在天下之南，名水多以浦者，其犹曰南之水耶？"① 其实"浦"或"南"是壮语汉译音浪一音之转，"浦"之称也非琼独有，实乃壮人对河的统称，今多作"南"，如南什峒、南劳村、南托村等②。

二　近代徐松石对岭南地名的研究

民国时期，对岭南地名的研究贡献最大者莫过于民族学者徐松石先生。徐松石，1900 年生于岭南，成长于上海。1926 年起，他即对岭南史前史发生极大的兴趣。在长达半个世纪的漫长岁月中，徐松石先生内养外济，卓然自立，布道著书，成一家言。1939 年和 1946 年，徐松石先后出版了蜚声学界的《粤江流域人民史》和《泰族僮族粤族考》两本专著，在族源辨识、族属分布和音义探源诸方面，创获良多，被誉为研究岭南民族历史文化的著名先驱之一。之后，他又写成《东南亚民族的中国血缘》《日本民族的渊源》《百粤雄风岭南铜鼓》三本专著。丰厚成果的取得，正如他自己所言："蟾鼓揭开双鬓改，一腔心事万行书。"广东人民出版社于1993 年将徐松石先生以上五种著作结集出版，取名为《徐松石民族学研究著作五种》，可谓对徐松石先生学术成就的极大肯定。

关于岭南地名，正如《粤江流域人民史》序言中陈述的一样，"粤江流域的风土人情，有种种特殊的现象。甚至居民体格，也与中原略有不同"。因此，徐松石先生充分运用地名学与语言学、历史学和地理学的关系，在长期的学术研究实践中，积累并分析了大量的原生地名和次生地名，从中概括出若干地名模式，构拟了文献失载的民族迁移历史图景，为揭示华南及东南亚地区不同历史时期的民族分布以及各民族的关系史做出了重要的贡献③。罗常培教授在其名著《语言与文化》中，就采用了《粤江流域人民史》对"那""都""古""六"等壮语地名的考证，

① （清）屈大均：《广东新语》卷 4《水语》。
② 陈焕良：《〈广东新语〉中的地名训诂》，《地名知识》1989 年第 3 期，第 3~5 页。
③ 覃乃昌：《徐松石"地名考证法"及其对民族学的贡献》，《广西民族研究》2006 年第 1期，第 134~140 页。

探索民族迁徙的踪迹，得出令人信服的结论，可谓对徐松石先生地名研究成就的极高评价①。徐松石对岭南地名研究的成就主要体现在以下几个方面。

一是从地名的大范围空间分布探寻出地名所蕴含的文化意义，特别是民族的演变与迁徙。

在提出"徭人远古住地在于东方"的论断后，徐松石接着就从9个不同角度展开阐述，其中之一是从"盘古"地名开始进行解说。如他写道："盘古地名，自江苏江西湖南以至两广，所见不少。……至于两广方面，则盘古地名之多，更难悉举。例如花县的盘古皇，高要的盘古墟，平乐的盘古岭，和武宣一县的三个盘古。这个盘古地名与两粤的缘分真是不浅。"最后，他还总结说："瑶人由苏浙而徙于西南，这是一个很好的证据。"②从"盘古"地名在江苏、江西等华东地区遗留分布，印证历史时期瑶人"远古住地在于东方"的事实，这在历史上还是第一次。再如，在驳斥了瑶人并非因不供徭赋而被称为瑶族③之后，作者接下来从"官"字地名的分布阐明了"徭人的痛苦"。如："屯田和营田制，自唐到元，在岭南创立甚多。这些屯营田制，在岭南起了很大的镇抚开发作用。但当时政府与徭，没有直接佃税的关系。徭歌常常题到官田，另有他的惨痛意义。按两广地方乃全中国官字地名最多的区域。例如南海有官塘官山坪，番禺有官田官山官坑官峒，从化有官村，增城有官山，新会有官冲，清远有官田，陆丰有官田，新兴有官峒墟，阳春有官塘，恩平有官坡，广宁有官塘铺，鹤山有大官田，开建有官滩官峒，阳江有官峒，茂名有官峒村，电白有官峒村……南雄有官溪。广西……怀集有官塘……其余官字和观字或冠字的地名，多至不能尽列。原来这些'官''观'等字，乃古时僮族'人'字Koon 或 Khoon 的译音，与后译的'军'字同义（土人亦称土军。尤其是

---

① 罗常培：《语言与文化》，语文出版社，1997，第 59~65 页。
② 徐松石：《徐松石民族学研究著作五种》（上），广东人民出版社，1993，第 55 页。
③ 徐松石解释说："其实不然，因为徭人也供徭役。从前称他们为徭，只因为他们是无诸徭的子孙。同时他们也是只供徭役而不输纳赋税的人。不过他们供徭，乃对徭酋供给罢了。《桂通志》谓：'徭者徭也，以其族土著，编其户口，以供徭役，故曰徭。'此言亦合事实。上面曾录《湖南通志》引《容斋肆笔》，谓'湘西徭人受田于酋长，不输赋而服其役'，就是这个意思。"徐松石：《徐松石民族学研究著作五种》（上），广东人民出版社，1993，第 140 页。

许多大官田，更显明是指土人田和地人田）。这些地名均在僮人原住之地。外界人指僚僮人地为官田官村官山官坤官岭和峒观等，日久且成定名。后来徭人迁来而地名照旧不改。徭人最多的地方，官字的地名也特别众多。表明徭人确是后至，而插足寄托于土人的地区。湖南的南部，广东的西南部，和广西的东南部，官字的地名更众。"① 另有，在"畲人黎人和蜑人"一章中，作者通过地名分布阐述了广东畲人和黎人的分布及当时的生活环境。如："畲诗车切，音奢，火种也，或作畲，亦有旧作輋的。……畲人即是徭人。江浙人读畲为蛇。"又说："畲徭以广东东部为最多。大均《新语》谓：'澄海山中有輋户，男女皆椎跣，持挟枪弩，岁纳皮张，而不供赋。有輋官者领其族。海丰之地，有曰罗輋，曰葫芦輋，曰大溪輋。兴宁有大信輋。归善有窑輋。其人耕无犁锄，率以刀治土，种五谷，曰刀耕。燔林木，使灰入土，土暖而蛇虫死，以为肥，曰火耨，是为畲徭之类。潮州有山輋，其种有二，曰平鬃，曰崎鬃，亦皆徭族。有莫徭，号白衣山子，散居溪谷。乐昌有伪徭，多居九峰司诸山。'按畲徭即古代所谓山越。在广东东部散布甚广。平远蕉岭梅县河源惠来丰顺新安等地，现在还有许多畲字或輋字的地名。大约附近福建地方，在远古时候便有畲徭居住，所以在广东极东部分，所谓旧越人或最初的土著，当推畲徭部族。僮族在这些地方居住虽也很早，然而人数必定较少。如今广东极东部分，古代遗留下来的僮义地名非常稀少，就是这个缘故。"作者还总结说："畲人传下来的地名，没有非常显著的特质。同时畲人和徭人到达粤江流域较迟，地名已经有人代为订定。所以畲人传下来的地名，最大的特点，只是一个畲字或輋字。徭人传下来的地名，最大的特点，只是一个徭字和盘古杨梅等字而已。徭字现在已有许多改为姚瑶尧等字。……现在广东南海有瑶边，从化有瑶田，增城有瑶田，曲江有上窑山村，有雷瑶山，新丰有遥田墟，龙川有瑶头堡，高明有瑶村，阳江有瑶村，南雄有瑶合峒，梅县有瑶上堡瑶尾约。"② 这与清初郝氏《广东通志》所列的广东瑶山分布基本一致，遍布粤北、粤西、粤西南大片地区，为我们考证历史上的广东瑶族活动提供了线索和依据。

---

① 徐松石：《徐松石民族学研究著作五种》（上），广东人民出版社，1993，第 141~142 页。
② 徐松石：《徐松石民族学研究著作五种》（上），广东人民出版社，1993，第 144~147 页。

二是徐松石通过对壮侗语地名的分析，第一次总结出粤江流域壮语地名的"几个特点"。徐松石在其代表作《粤江流域人民史》中专列出篇章——"倒装辞研究"、"几个普通的地名冠首字"与"僮族地名和东方地名"等，对两广地名进行研究。

事实上，在此之前的章节里，他已对此有初步的认识，如在谈到壮人先于瑶人到达两广时，就总结："僮人地名有许多特点。第一，他们最喜欢用两字的地名，不像苗瑶喜欢用三字的地名。现时僮人的三字地名，多半是后来汉族多加一字上去。例如僮名板慕，板指村而慕指新，原来是指新村。后至汉人竟称之为板慕村，列于地理图上。一名而有两个村字，叠床架屋，画蛇添足，颇堪发笑。第二，他们的地名极富于指事性。或称为那，或称为播，或称为六，或称为弄，或称为驮，或称为渠，或称为巴，或称为崀，或称为峒，或称为博，或称为叫，或称为法，或称为浪，或称为吥，或称为崇，或称为都，或称为兰，或称为板。……每一称谓之下，又喜欢加以特别记事的语辞。例如牧马的田则称为那马，父亲的田则称为那婆，多水的田则称为那榄，多沙的田则称为那梭，水坝附近的田则称为那块，水车附近的田则称为那洛，水冻的田则称为那吉，低下的田则称为那坛，烂坭的田则称为那苗，生草的田则称为那荷。他们就拿这些地名做村庄的名称，所以他们的村名和地名虽多，雷同的弊病却少。不像北方人称为张家村李家宅黄家镇卢家集等，千篇一律，弄到一县而有许许多多雷同的名称。像这样富于指事性的僮人地名，实在是一本很好的历史书。……第三，僮人地名不像瑶人那样多用国语化的名称。瑶人地名最普通的有两种。一是僮义的地名，显然是僮人所先立的。一种是国语汉义的名称，这或者是汉人代立，或者是他们自己采用汉义。"他还说："我们研究岭南僮义地名，一方面羡慕僮人的聪明巧妙，一方面觉得这些地名之普遍存在于两广，使两粤地名在中国的地理名称上，另存一种风格，我们不能不承认僮人是最先居住于岭南的部族。"① 所有这些看法皆为壮语地名规律的最终总结奠定了坚实的基础。

徐松石在对"那""都""思""古""六""罗""云"等普通壮语地

---

① 徐松石：《徐松石民族学研究著作五种》（上），广东人民出版社，1993，第94～95页。

名的空间分布进行罗列的同时，对其进行语言学解释，从民族学的角度挖掘其来源，正如其所言："两粤地名非常特别。可是时代变迁了，就是本地人也往往不明他们的意义。……现在且将两粤很普通的地名冠首字加以研究，为的是要表明他们原来是僮语的译音。"最后，作者总结出壮语地名的规律和特征。

> 这僮族土著文化，在粤江流域遗留下来的痕迹之一，乃许多奇异的僮音地名。总括起来，粤江流域僮音地名有下列的几个特点。第一，这些地名不能望文会意，因为他们含着僮语的意义。第二，这些地名在原始的形式上，多半是两字的。三字的地名很少。第三，僮人喜用齐头式的地名，与北方齐尾式的地名不同。……第四，僮人喜欢使用倒装地名。……第五，僮族地名具有分类密集的现象。①

这些研究与现在两广壮语地名现象非常吻合，表明徐松石先生的研究已相当深入和彻底。从某种程度上讲，其基础性地位至今无人取代。

三是徐松石在对几个普通的壮语地名冠首字进行分析时，不但详述了其密集区域，而且注意到其内部的差异。

在论述壮族地名具有分类密集的现象时，他指出：

> 云字地名集中于广东的南部和广西的东部。罗字地名也集中于同一地方。六字地名集中于广东的西部南部和广西的中部东部。思字地名的集中地带也与六字相同。蒙字地名集中于广西的中南部分。黎字地名集中于广东的中部南部，并广西的正东区域。陇字地名集中于广西的西南。岜字地名也是如此。板字地名集中于广西的西方。喇字地名也是这样。弄字者字百字的地名，差不多全在广西的极西。调字博字潭字的地名，则多在广东的极南。至于良字都字和古字的地名，就除东江和北江的北段以外，粤东流域其他各地都很普遍。②

①　徐松石：《徐松石民族学研究著作五种》（上），广东人民出版社，1993，第189、204页。
②　徐松石：《徐松石民族学研究著作五种》（上），广东人民出版社，1993，第204页。

他在罗列过程中还分析了其演变。如："六字有时与罗字通。在僮语上，这六字渌字禄字等乃是山地的意义，与'弄'字'陇'字大同而小异。有些地方简直不用六字而用陇字弄字。"证明这些地名皆是依据当时壮语读音汉字书写的壮语地名。同时通过对两广壮语地名比较，他发现，还有一点颇有趣，"即钦廉桂西一带喜用那字板字蔓字陇字，而广肇梧浔等旧府属则喜用罗字云字六字。其实那就是罗，板就是云，陇就是六。以前异译，显然表示用罗云等字的乃第一期的僮族，而用那板蔓等字的乃第二期的僮族"。这表明徐松石已经注意到民族人口迁移对地名的影响，发现地名具有文化层现象。更为重要的是他也注意到壮语地名内部的差异，虽是同一地理实体或人文实体，地名却有不同的称呼，即不同的地名用字，反映同一语言区内的方言差异。最后他还注意到汉文化对少数民族地名的影响，即"可惜远古东方土著部族的地名，已经大半国语化了"[1]，足见徐先生对民族地名考究之深。

最后他还总结说："这些地名的研究，很有助于粤东民族历史的了解。……中国的河淮下游，荆楚地区，和西南各省包括陕南以及川康湘鄂滇黔两粤，原是古代僮族的大本营。……这些地方古代地名的一贯性，至今必定仍有遗迹可考。"他为以后的地名研究指明了一定方向和工作焦点，称得上民族地名学研究之鼻祖。

我们可以清楚地发现，徐松石先生在对广东地名进行研究时，并不仅仅局限在广东全省范围内，而是更多地将其纳入全国、东南亚、东亚、南亚等区域，通过比较地名分布的空间差异，从地名文化圈中探索岭南地名与其他区域地名的异同，从民族学的高度认识中原汉族的历史变迁，从而在实证中得出"中华民族多元一体的格局"的判断，为我们今天利用地名研究民族关系的变迁提供了借鉴。

三 中华人民共和国成立后的广东地名研究

中华人民共和国成立后，国家非常重视地名工作，除颁布一系列地名法规和展开地名普查外，还对历史遗留地名进行整理和更改，废除一批带

---

① 徐松石：《粤江流域人民史》，中华书局，1939，第203、211、212、219页。

有民族歧视的地名。如国发〔1979〕305 号文件第三章第一条明确规定，凡属于下列情况的地名，必须予以更改：

（1）有损我国主权和民族尊严的；

（2）带有民族歧视性质、妨碍民族团结的；

（3）带有侮辱劳动人民或极端庸俗性质的；

（4）其他违背国家方针政策的。

文件第三章第三条规定，对于一地多名、一名多写以及少数民族地区的地名音译不准（译名还不稳定）、用字不当的，应予调整。广东根据国家要求，也制定了相应的地名管理暂行规定，在对全省地名进行普查的基础上更改不符合规定的地名。20 世纪 80 年代以来，随着学科建设和学术的发展及繁荣，学术界广东地名研究出现前所未有的热潮，并取得巨大成就。

1. 历史学方面

中国地名学的发展源远流长，地名考证至少在汉代已经引起不少学者的注意，算来至今已有 2000 多年的历史。从考证的内容来看，研究主要集中在地名的地理位置、沿革变迁、渊源来历等三个方面，清末乾嘉学派的考据学将其发挥至极点。中华人民共和国成立后，为配合考古发掘、大型历史地图集和辞书的编纂，学术界在地名考证方面又做了大量的工作，取得了超过以往任何时代的辉煌成绩。在广东地名方面，谭其骧教授的《新莽职方考》中对南海、桂林、象郡等的考证即是极为突出者之一，谭先生写道，"南海郡，旧领县六：番禺、博罗、中宿、龙川、四会，仍旧名"①，这算是中华人民共和国成立后较早研究广东地名的文章之一，在研究内容和方法方面与清末乾嘉学派一脉相承。1980 年，中山大学徐俊鸣发表了《广东各县市名称来源》一文，将广东当时的 93 个市、县政区名称（包括海南岛）按命名类别，一一列举其渊源②。可以说，这篇文章的发表为新时期广东地名研究拉开了序幕。1985 年，吴壮达发表《试谈地名考证》一

① 谭其骧：《长水粹编》，河北教育出版社，2000，第 91 页。

② 徐俊鸣：《岭南历史地理论集》，中山大学学报编辑部，1990，第 251～260 页。

文，专门探讨了地名演变的一般规律和考证方法①。1986 年，叶地在徐文等人研究的基础上，汇总出版了《广东地名探源》一书，对当时广东各市、县和城关镇及部分片村名称沿革与演变做了罗列②。虽然此书是前人资料的整理和汇集，仅收集政区和少量聚落名称，也并没有进行深入系统研究，但它毕竟是改革开放以来把广东地名作为一个整体来论述的第一本专著。随后，中山大学张寿祺对广东珠江三角洲地名用字进行了较为深入的考证和探讨，代表作有《关于广州古南越音"地名"的一些问题 —— 并就"十八甫"原意答文化界所疑》③《广州"广"字命名始源意识考》④等，通过地名用字来考证地名演变与地域社会经济文化的关系，为研究广东地名注入了新鲜血液。此外，《广东史志》、《岭南文史》、《广东地名工作通讯》（内部刊，现已停刊）以及各地市的文史志等杂志也都刊登了许多此类地名考证方面的文章，为研究广东地名历史演变做了大量工作，也为编纂全省及各地、市、县等地名志奠定了基础，不在此一一列举。在此期间，随着地名普查的开展，越来越多的学者、地名工作者和社会人士加入地名考证队伍中来。为此，在中国地名学研究会工作的推动下，广东省地名学研究会于 1991 年在广州举办中国地名学研究会地名考证专业委员会学术会议。事后，广东省地图出版社出版了史为乐主编的《中国地名考证文集》一书，此书除了刊登探讨地名考证的方法、意义及学科建设诸方面的文章外，还发表了曾昭璇、张寿祺、司徒尚纪、黄家教、张磊、林云奉、宋锐、潘煜池、廖汝忠等学者关于广东地名考证方面的文章，将广东地名考证推向一个新的高潮，充分显示出地名考证在地名研究中的强大生命力。

从广东地名考证的文章来看，越是存在时间长的地名，考证的文章就越多，反之，文章就越少；越是变革次数多的地名，考证的文章也越多，反之，文章则越少；越是地理位置重要的地名，考证的文章就越多，反

---

① 吴壮达：《试谈地名考证》，《地名知识》1985 年第 3 期，第 2 页。

② 叶地：《广东地名探源》，广东省地图出版社，1986。

③ 张寿祺：《关于广州古南越音"地名"的一些问题——并就"十八甫"原意答文化界所疑》，《广州研究》1986 年第 11 期，第 13 页。

④ 张寿祺：《广州"广"字命名始源意识考》，载史为乐主编《中国地名考证文集》，广东省地图出版社，1994，第 199～206 页。

之，文章就越少；个体地名考证多，地名群或区域地名研究较少。此外，在地名考证方面还表现为，政区名称考证远多于其他类型地名考证，方言地名（包括壮语地名）考证亦多于非方言地名考证，地名命名方式考证多于地名内涵考证等。

2. 语言学方面

地名是人类社会产生语言之后，人们对周围地理实体加以认识和指称的语言符号，是人类认识自然界和生活环境的社会历史产物。由于地名具有持久性和稳定性等特征，人们借助地名不仅可以追溯人类社会发展的历史，还可探讨人类社会语言的发展、演变规律。

1986 年以来，测绘学家曾世英先生在探讨地名标准化时，在《地名工作中的语言文字问题》和《地名用字标准化》等文章中就对广东地名用字，如陂、圳、埔、沼、涌等做了较为深入的分析，并对这些地名用字读音和书写的标准化提出了方向性的建议①。中山大学宋长栋通过对封开地名中某些通名读音和释义、地名词结构和地名文化层次结构等方面进行分析，论证了古越语向壮语演变的过程，从而解读出封开地区百越、西瓯和骆越的民族关系发展和演变状况。他还对壮语内部语言差别，即壮语方言差别进行解释，进而上升到对古越族源流的剖析，如"其他姑且不论，单就意为'田'的'罗'字就不能说与'那'字同音，'罗'中古音为来母，'那'为泥母，封开一带的汉语没有混同现象，不会译'那'为'罗'。……其实，就古壮侗语而言，那某、罗某是方言的差别……是词义相近或相同、结构形式相同而语音不同的地名。……弄清这点，对语言学、民族学和历史学的研究都是有意义的"②。这为研究古越族及其族源等问题提供了视角。最后他又通过研究古越族地名文化内涵，分析了封开地区历史上的水稻文化、铜鼓文化、居室文化和早期汉文化在当地的巨大影响。通篇来看，他通过地名文化的多个视角和多种方法的运用，解读和展现了封开在岭南开发早期的重要地位和文化贡献以及多种民族文化关系，这篇论文在通过地名研究地域文化方面是一篇不可多得的论文。此后，他

---

① 曾世英：《曾世英论文选》，中国地图出版社，1989。
② 宋长栋：《从封开地名看岭南文化源流》，《西江大学学报》1998 年第 2 期，第 36~43 页；宋长栋：《从地名看封开历史文化》，《岭南文史》1996 年第 4 期，第 52~55、51 页。

又借助语言学的理论和方法对岭南地名进行考察，发现岭南地名中存在古越语与汉语间的接触、借代和交融所构成的新的语言形式。此类现象不仅反映在通名与专名的词序不同方面，而且在构词形式方面也存在差异①。在《岭南地名中所见语言的接触、浸润与交融》一文中，宋长栋通过对岭南地名群与地名层等的语言学分析，发现岭南地区存在古越语地名和汉语地名两个主要层次；通过对地名词序和语素两个方面的深入挖掘，发现古越语地名和汉语地名之间既存在差异，又有某些借用特征，汉语地名部分从古越语地名演变而来，从而追溯出岭南古代语言在地理上的接触、浸润与交融现象②。这在岭南地名语言研究方面树立了一根标杆。

　　作为语言符号，地名还直接遵循语言学发展的普遍规律。历史上，岭南属百越之地，生活着包括壮、瑶、苗、侗、仫佬、回、京、毛南、水等民族在内的百越先民。他们在与汉族的交往中，不断学习和吸收中原各种先进科学文化和生产技术，创造了自己独特的地域文化。在地名文化方面，他们根据自己对周围环境的认识、理解和生产的需要，以自己民族独特的语言形式和内涵，为各种地物命名。那些大大小小的地名，在岭南各地星罗棋布，无一不与他们的生产习俗和文化内涵相关联，无一不打上极其鲜明的民族印记。在《岭南壮语地名点滴》一文中，碧海通过壮语地名命名特点，以大量例证（如壮族喜欢用两个字的地名和地名的倒装结构、多用普通冠词与指事性强的字来命名、用特有的量词命名和以姓氏命名等）分析了岭南先民生活的地理环境和社会经济现象，为我们今天认识当时的社会历史奠定了基础。另外，他还注意到，现今的壮语地名是音译的。以往的壮语地名随着历史的发展，有的语言发生过变化，导致地名中出现了一些字不同而意义相同的现象，为我们今天地名标准化或汉化提供了理论依据③。而在他的另外一文——《谈岭南壮语地名"峒"》中，他又通过对"峒"字的来历和古籍记载的阐述，说明"峒"字在壮语地名中的特殊地位和应用，并列举了九类以"峒"字命名的地名（以植物或农作

① 宋长栋：《岭南地名中的若干文化内涵》，《西江大学学报》2000 年第 3 期，第 62～66、71 页。
② 宋长栋：《岭南地名中所见语言的接触、浸润与交融》，《学术研究》2000 年第 9 期，第 102～105 页。
③ 碧海：《岭南壮语地名点滴》，《地名知识》1987 年第 2 期，第 31～32 页。

物命名、以动物与家畜命名、以江河命名、以地形命名、以数目命名、以姓氏命名、以传说或神话命名、以田地土质命名和以方位命名等），反映了"峒"字对壮族人的深刻影响①。岭南为亚热带地区，气候炎热，森林密布，山川交错，南边为很长的南海海岸。古越族在这样的自然地理环境中完成了从渔猎经济到农业经济的社会进程，形成了自己的文化，产生了具有浓郁的越族色彩的图腾文化。李锦芳通过图腾崇拜研究，利用历史学、文化人类学、民俗学等研究成果，并结合语言学进行综合考察，发现岭南许多地名与古越族的图腾崇拜有千丝万缕的联系，并列举了两广大量以此为开头的地名。他还说："这类地名有的指山谷，有的则与越族的鸟图腾崇拜有关系。在与古越族语言一脉相承的壮侗语中，山谷读 luuk，鸟读 lok，音近，汉语音译便发生混淆，皆以六、骆、陆等对译（这些汉字的古汉语及粤方言读音都与古越族语言的山谷、鸟二词同音或相近）。同时，作为语言的活化石，这些地名同时保留了越语'中心语＋修饰语'的构词规律，即地名学上的通名＋专名的构造方式。六、陆指鸟或山谷，皆为齐头通名……表面上（此类地名）为地道的汉语地名，但两广地区如此众多的鸟类地名恐怕不能说与越族的鸟图腾文化背景毫无关系。"② 这为我们研究"六""骆""陆"等地名用字提供了借鉴。最后，他还运用历史比较语言学、语言底层理论、地名学的原理和方法，参考历史文献、传说、民族学材料等，首次对散见于《史记》《左传》《国语》《汉书》《后汉书》《越绝书》《吴越春秋》等古籍中先秦至两汉时期的百越族地名进行梳理、归纳和释读，通过与壮侗语及其他相关语言的比较，发现多数百越地名冠首字（通名）可以解释，而非不含实义的"语发声"。如通过对"句（苟）、姑、交""镡、谈、中""同（铜）""龙、弄""博、薄""猛、冯、封""零、泠、领""番（鄱、贲）""夫（扶）""余、来（菜）""于、於、乌""朱、诸、都、无（毋）"等字进行解读，发现百越地名中的通名多是地理实体称谓，少数可能与集团称谓和称人名词有关，这是地因人得名，即因部族曾据有某地而得名。由于地名具有很强的稳定性和民族性，他还通过对百越地名文化内涵的考察，发现百越地名自成体

---

① 碧海：《谈岭南壮语地名"峒"》，《地名知识》1990 年第 3 期，第 37～38 页。
② 李锦芳：《图腾崇拜在岭南地名中的遗迹》，《地名知识》1989 年第 3 期，第 38～39 页。

系，与周边民族的地名有显著区别①。

由于语言文化不同，不同地区的地名也呈现不同的特色，广东地名也就深深地打上了岭南方言文化的烙印。邵宜从语言学的视角，通过对广东地貌特征和方言特色的通名进行分析，发现地名与三大方言之间存在极为密切的关系，即地名的分布与方言的分布基本是一致的。确切地说，珠江三角洲河汊纵横，以"滘""涌""沥"之类作为通名的很多，而"坑""坪""岗""岭""墩""坳"之类的地名则多见于山区，"峒""那"地名多集中于少数民族曾经聚居的粤西地区。以"厝""寮"为通名的地名多分布在粤东沿海；"屋""畲""輋"等通名地名多集中在粤东北梅州和粤北韶关地区。因地名中的方言用字给地名读写带来困难，文章还就地名中存在的方言用字以及同实异名现象提出了规范化和标准化的建议②。黄小娅的《广州方言底层词"栏"与"墟"》一文，从方言学的角度，对广州地名和口语中保留的底层词进行考察，反映出汉语与少数民族语言间的交流与融合现象，以及社会经济发展给地名演变带来的影响等③。

总之，从语言学角度研究广东地名，依然是学术界关注的焦点之一，显示出传统学科对地名研究的巨大优势，在今后仍然会有大量此类成果涌现。

3. 地志学方面

在地名志编撰方面，广东地名研究成绩斐然。20 世纪 80 年代以来，为配合政府对地名的管理，学术界与各级政府方志办展开合作，在调查研究的基础上，出版大量地名志书籍，并积累了宝贵的地名资料，为 20 世纪末地名研究提供了素材。到目前为止，除《广东省地名志》外，全省各地级市已全部编纂和出版了本市地名志。另有部分县（市）也编纂和出版了地名志，极大地丰富了地名研究的成果。地名志的内容除总编外，主要包括政区和聚落地名、自然地名、人工建筑地名、交通地名、企业地名、文

---

① 李锦芳：《百越地名及其文化蕴意》，《中央民族大学学报》（哲学社会科学版）1995 年第 1 期，第 79~84 页。

② 邵宜：《广东地名分布的特点及地名标准化问题》，《语文研究》2004 年第 4 期，第 61~63 页。

③ 黄小娅：《广州方言底层词"栏"与"墟"》，《中央民族大学学报》（哲学社会科学版）2003 年第 3 期，第 115~119 页。

化地名和历史地名等。显然地名志在编纂过程中已形成自身的地名分类体系，它与学术界的地名类型划分并不完全一致，更突出自身编纂和作为志书的需要，有本身的地名分类特征。此外，诸多地名志对全省或各市（县）所辖部分地名的起源、读音、书写做了订正，抛弃了一些与现行法规相抵触或不雅的地名，使之规范化、标准化。部分地市又出版了相应的地名录，为规范地名读音、书写和地名国际化起了重要作用。在对陆地的当代地名志进行编纂的同时，刘南威先生主编的《广东省今古地名词典》（1991）、广东省地名委员会编的《南海诸岛地名资料汇编》（1987）和广东省地名委员会办公室编的《广东省海域地名志》（1989）相继出版。《广东省今古地名词典》全书收录地名词目9956条，包括政区与聚落地名5787条、人文地名1345条、自然地名864条、历史地名1960条，照片和插图143幅，为迄今有关广东地名规模最大的工具书，为研究广东历史地名奠定了基础。《南海诸岛地名资料汇编》记述了南海诸岛所属地名的地理位置、名称来历、含义和沿革，以及各地自然、历史、资源等，为南海诸岛地名研究提供了宝贵的资料。《广东省海域地名志》记录了广东沿海岛礁、水域名称4120个，并附有地图和地名录，对各实体的自然地理及人文历史做了扼要介绍。后二书的出版弥补了广东海洋地名的缺陷和不足，填补了广东省无海域地名志的历史空白，为今后开展海域地名命名活动和海洋科考提供了条件，丰富了广东区域地名文化。可以肯定地说，大量地名志和词典的编辑和出版，掀起了新时期地名志编撰的热潮，从总体上为研究广东地名奠定了基石。

4. 地理学方面

虽然地名学的学科属性还有探讨的空间，但地名学具有地理学科方面的内容和属性是毫无疑问的。确切地说，除音、形外，地名义、位、性或类的属性皆与地理学有密切关系，其中地名"位"之属性还直接表现出地理学科属性和研究内容，也成为地理学者关注和进行地名研究的核心所在。广东因偏居一方，其地名有独特的区域特征，故引起许多学者的关注。早在1984年，曾世英先生在《做好地名工作，展开学术研究》一文中就指出：

广东珠江三角洲一带的地名中有很多带有涌字。例如流经佛山市区通往广州的主要通道叫佛山涌，萦绕肇庆鼎湖山庆云寺下的流水叫罗隐涌，抗日战争时期经香港的海运不通时，出口物产的港口叫沙鱼涌。据广东省测绘局陈栋康考证，涌字是由古字濲演变而来。濲字意为小水或小水入大水处，表示地理形态，《说文》音狙红切，可拼chong。但除《辞海》外，现行的各种字典和词典上，涌字只音 yong，不音 chong。但据我接触的同志，不论说广东话的，还是说普通话的，说 Shayuchong 都会回忆沙鱼涌。如果说 Shayuyong 就不知这个港是在哪里。其余带有涌字的地名，估计也有同样情况。因此今后字典和词典上，在汉字正音以后，涌字是否可以像广东常见的靓字，作为粤语方言漂亮讲时读 liang，作为古语妆饰讲时读 jing 一样有两读：yong 和 chong。我不懂语言学，但听说番禺的番字如果不拼 pan 而拼 fan，到广东会听不懂。虽然道理不一样，但为了听懂，涌字在地名中是否可拼 chong 不拼 yong 呢？此类情况似乎值得我们提出，请语言学家，可能还要有地理学家一同来解决。①

曾老明确指出，广东的许多方言地名并非语言学家所能解决得了的，它们是跟广东的地理环境分不开的，显然要求教于地理学家。这也为地理学者研究广东地名提供了指导。

此后，甘凉生的《珠江三角洲地区的地名与地理环境》一文，是单独从地理环境来探讨珠江三角洲地名文化内涵的专论。正如作者所说："珠江三角洲的地名是珠江三角洲形成后，随着人们开发利用而诞生和发展的，并因其特殊的条件而有其自身的特点。"作者还将珠江三角洲地名归纳概括为四种类型，即反映水文景观的地名、反映地形概貌的地名、以地理方位命名的地名和反映动植物及矿产分布的地名②，皆是地理环境对珠三角地名文化的塑造。

另外，新兴文化地理学在广东地名研究方面表现出强劲的势头，呈现出一朵亮丽的奇葩，其中成就最大者当推中山大学司徒尚纪先生。1992

---

① 邱洪章主编《地名学研究》（第 1 集），辽宁人民出版社，1984，第 225 页。
② 甘凉生：《珠江三角洲地区的地名与地理环境》，《地名知识》1988 年第 5 期，第 32～33 页。

年，司徒尚纪发表《广东地名的历史地理研究》一文，从总体上探讨广东政区地名沿革以及地理、历史、经济与地名的关系。随后，《广州壮语地名初探》《广东地名的历史经济地理内涵》《岭南稻作文化起源在地名上的反映》等多篇论文也先后问世。作者在《岭南地名文化的区域特色》一文中较为详细地对广东三大族群所形成的地名文化进行宏观分析和研究，提出"岭南地名文化除受制于地名文化的普遍规律外，更由于所在区域的地理环境、土著文化沉淀、移民来源及经济生活方式等因素的综合作用不同而表现出了较明显的地域特色与差异"①，第一次将广东地名文化研究上升到人地关系的高度进行分析。在 1993 年和 2001 年，他又分别出版了《广东文化地理》和《岭南历史人文地理——广府、客家、福佬民系比较研究》两本专著，专门列出章节从文化地理和民系两个视角对广东地名文化景观进行研究，内容涉及政区地名、移民地名、图腾地名、经济地名、地名文化层和结构等，为广东地名文化研究的深入开展打下了坚实基础。除此之外，从区域地名群角度着眼，林伦伦发表和出版了《粤东闽语区地名的文化内涵》《地名学与潮汕地名》等论文与专著②，对广东潮汕地名的起源和社会文化内涵进行研究，为进行广东区域地名研究提供了借鉴。朱竑则通过移民地名探讨了海南开发历史进程，为通过地名研究岭南及广东地域历史开发提供了借鉴和帮助③。

到目前为止，广东政区地名的研究已经有所进展，并取得初步成绩，其中潘理性等人的《广东政区演变》一书奠定了广东政区研究的基础。该书阐述了从先秦时期的"扬州徼外地""百越（粤）地"直至 20 世纪 90 年代广东的政区变革，并列举了不同历史时期广东县级以上政区地名，最后总结出广东政区沿革的两大特点：一是历史上州县的设置，唐代以前分布一直很不平衡，表现在西江沿岸及粤西沿海州县分布比较密集，粤东则比较稀疏；二是广东所设的州（郡）县数，秦以后逐渐增加，到南朝时达到顶峰，隋唐以后，州县大量精简，到明代，县数又大量增加。还简要分

①　司徒尚纪：《岭南地名文化的区域特色》，《岭南文史》1997 年第 3 期，第 4~9 页。

②　林伦伦：《粤东闽语区地名的文化内涵》，《汕头大学学报》（人文社会科学版）2002 年第 1 期，第 93~101 页；林伦伦：《地名学与潮汕地名》，艺苑出版社，2001。

③　朱竑：《从地名看开疆文化在海南岛的传播扩散》，《地理科学》2001 年第 1 期，第 89~93 页。

析了造成此类现象的原因，前者主要是当时粤东农业生产比较落后，而且交通也不如粤西方便，直到五代南汉以后，随着粤东的开发，州数才有所增加，而明代的大开发使粤东又增置了大批县级建制，全省府县分布趋于平衡，基本上形成今天县级建制的分布格局。书后附录1还对广东历史政区地名一一进行解说，对了解不同历史时期的广东政区有很大帮助①。司徒尚纪的《广东政区体系——历史·现实·改革》专著，也对广东政区体系建置的基础、历史演变、空间结构及其转化等进行了研究，并列举了各个时期广东县级以上政区地名②。另外，他还对广东历史上所建置的1317个县与其中留存至1980年的政区名进行统计分析，发现保留下来的县为109个，占8.3%，随着政权更迭和地名变更，许多县名称不断被淘汰。广东历史时期县名存废统计见表2-1。

表 2-1 广东历史时期县名存废统计

单位：个，%

历史时期	县数	今存数	所占百分比
秦	7	4	57
西汉	26	7	27
东汉	18	8	44
三国	29	10	34
西晋	31	10	32
东晋	51	13	25
刘宋	102	15	15
南齐	134	18	13
梁	153	21	14
陈	135	12	9
隋	71	22	31
唐	93	36	39
南宋	61	41	67
元	60	42	70

---

① 潘理性等编著《广东政区演变》，广东省地图出版社，1991。
② 司徒尚纪：《广东政区体系——历史·现实·改革》，中山大学出版社，1998。

续表

历史时期	县数	今存数	所占百分比
明	76	59	78
清	77	64	83
民国	98	89	91
1950 年	95	88	93
总计	1317	559	42

资料来源：司徒尚纪《广东文化地理》，广东人民出版社，2001，第 321～322 页。

　　司徒尚纪还对 109 个县市命名方式进行简单分类，分为地理类和人事类，并列表以示之。广东省统计局编《广东省市地县概况》一书，对当时全省 114 个行政区划地名也从建制沿革、行政区划、人口、自然资源等方面进行一一介绍，部分涉及行政区划名称由来，为研究广东省政区名称提供了资料和借鉴①。此外，专门对广东政区名称进行阐释的有徐俊鸣的《广东各县市名称来源》一文和叶地的《广东地名探源》一书。徐俊鸣先生在考证历史时期广东的行政区划演变的基础上，将全省 93 个（含海南岛）县级以上政区地名分为 10 类，即因山得名、与水有关、以特产得名、以方位得名、属于美好名称、因避封建帝王之讳或某帝王在登基前曾受封于此而改名、因纪念历史人物或其他历史事件得名、二县合并后各取一字联合而成县名、因传写讹误而成县名、由其他地名转变来的县市名等，逐一列条叙述，并将出处一并列出，为进一步深入研究广东政区地名奠定了基础②。《广东地名探源》一书则对全省 316 个地名，包括各市、县和部分区镇、村庄以及部分岛屿地名等，从地名位置、建置时间、历史沿革、命名缘由等方面进行诠释，为研究广东地名提供了较为丰富的资料，并奠定了前期研究基础③。纵观这些研究，皆是对广东政区演变及其整体空间结构和单个地名的阐述，并未真正从地名学的层面，特别是从地名层次的角度，深入探讨广东政区地名的产生、演变、发展等规律。

---

①　广东省统计局编《广东省市地县概况》，广东省地图出版社，1985。

②　徐俊鸣：《岭南历史地理论集》，中山大学学报编辑部，1990，第 251～260 页。

③　叶地：《广东地名探源》，广东省地图出版社，1986。

四　其他方面的研究

唐代以前，岭南生活着以土著人为主体的南越各族。这些土著民族后来大部分被汉化，一部分迁徙并发展为现在的黎、壮、瑶、苗、畲等少数民族。地名作为土著文化的一部分却留存下来，大量散布在岭南各地。因此，透过地名，以民族学视角去研究广东历史上民族变迁或演变也成为一些学者关注的焦点，如游汝杰和覃乃昌等学者。游汝杰在对两广"那"字地名分布进行调查后指出，"那"地名"分布地域连成一片，北界是云南宣威的那乐冲，北纬 26 度；南界是老挝沙拉湾省的那鲁，北纬 16 度；东界是广东珠海的那洲，东经 113.5 度；西界是缅甸掸邦的那龙，东经 97.5 度。这些地名的 90 度以上集中在北纬 21 度至 24 度，并且大多处于河谷平地"①。覃乃昌在 1997 年出版的《壮族稻作农业史》中也曾对这种现象进行过论述，并称之为独特的"那"文化②。这一区域大致为东起我国广东省的中部偏东、湖南省南部，西至缅甸南部和印度阿萨姆邦，北至云南中部、贵州南部，南至泰国南部、越南中部和我国的海南省。在《"那"文化圈论》一文中，他更直接地将"那"地名分布的这一区域称为"那"文化圈。其将范围界定为中国华南和东南亚地区，在"那"文化圈中生活的主要是操壮侗语族语言的族群，包括中国的壮、布依、傣、侗、水、仫佬、毛南、黎，泰国的泰，老挝的老，越南的岱、侬，缅甸的掸等民族以及印度阿萨姆邦的阿含人。他们的主要文化特征是语言同源、以稻作为主，以及在此基础上形成的以"那"（稻作）为本的传统生活模式。文章还论述了"那"文化圈族群及其文化与汉文化及印度文化的关系，"那"文化圈研究对认识中华民族多元一体文化的意义③。

此外，徐恒彬以出土的器物铜鼓为基础探讨了铜鼓地名的种类、分布、得名缘由、产生时代及其重要意义等，揭示出铜鼓地名与我国南方地理环境和少数民族的关系，并得出铜鼓地名"集中于长江以南、江西以西

① 游汝杰：《从语言地理学和历史语言学试论亚洲栽培稻的起源和传布》，《中央民族学院学报》1980 年第 3 期，第 6~17 页。

② 覃乃昌：《壮族稻作农业史》，广西民族出版社，1997，第 67 页。

③ 覃乃昌：《"那"文化圈论》，《广西民族研究》1999 年第 4 期，第 40~47 页。

的中南和西南地区。其中铜鼓地名最多的广西和广东，分布并不平衡，广西多集中于东半部，广东则多集中于与广西相邻的西半部。除此之外，贵州和湖南西部亦比较多"①。这为以后研究此类问题提供了借鉴。

五　研究中存在的不足

从以上历代对广东地名的描述或研究看，明清以前并非严格意义的地名研究，充其量只能算是对广东地名的记述，没有上升到地名学的高度，更没有从地名各要素视角去分析和解说。明清以来，虽然出现专门针对岭南或广东地名进行研究的著作，并在一定程度上推动了广东地名研究的发展，但直至中华人民共和国成立后，广东省地名研究也没有完全脱离传统地名学的研究框架，正如南京大学胡阿祥所说："'中国传统地名学，主要包括地名的释义、定位、用字、读音、辨类等内容。……'民国时期，传统地名学发扬光大，丰富的地名渊源解释、发达的地名考证是其表征；'地名学理论的探索、地名结构静态与动态的研究、地名分类的阐述、地名辞书的编纂、统一地名译名的讨论等各个方面'，则标志着地名学从传统向现代的过渡。……中国历史上致力于地名研究者，大多数是经学家、史学家乃至小学家，少数以治舆地之学闻名；研治地名的学术目的，则以'笺经注史'为主流。……服务于经史而非服务于地名本身的学术取向，造成了'我国传统地名学的最大特点'，是'只偏重于具体的、个别的地名记述与解释，而把地名作为整体看待、从而探讨其发展和分布的普遍规律是非常零星的，更是不成系统的'。"②

中华人民共和国成立后，广东地名研究虽有较大进步，但仍多集中在地名个体考证、单一方言地名文化分析等，即使部分学者已开始从文化的角度探讨广东地名，也都是针对某些突出或明显的地名文化现象进行单项解读，而从整体上对广东地名文化进行的系统、全面的研究至今未出现。此外，全省应用地名学研究还明显薄弱，特别是通名使用研究几乎空白。现行行政区划名的通名与全国处于同等水平，使用较为混乱。以市而言，

---

① 徐恒彬：《铜鼓地名浅论》，《地名知识》1981年第3期，第23~25页。
② 胡阿祥：《"开卷如芝麻开门"——华林甫著〈中国地名学源流〉评介》，《学术界》2002年第5期，第253~265页。

有省辖市，如广州市、湛江市、肇庆市、佛山市等；有市辖市，如江门市下辖台山市、鹤山市等；还有经济特区市，如深圳市、汕头市、珠海市等。行政区划上的市与人文地理中的市显系两个不同概念，在使用上多造成混乱。除市之外，还有区、村等地名通名的混乱，如区有地级市辖区、市级市辖区以及各种类型的开发区等，行政区、经济区、文化区等名称互相混淆；村有行政村和自然村间的同专名、同通名现象等。广东作为我国经济发展的强省，理应在地名文化上走在全国前列，探索出一套与社会经济发展相适应的地名文化制度。但由于历史的种种原因，至今极少有学者或社会人士问津。

第三章

广东地名文化生成的地理环境基础

第一节　广东地名文化生成的独特的地理区位条件

广东古为百越之地。"越"与"粤"乃古同音同义之字，《史记》及以前记为"越"，《汉书》及以后记作"粤"。粤语中更是"越""粤"不分，古之越人遂演变成今之粤人。故广东简称粤，大概与"粤""越"同音有关①。清代，为与江浙一带简称"越"相区别，"粤"才专指广东。

广东及其所属之岭南介于山海之间，北枕五岭，南临大海，阴那山、莲花山、罗浮山与十万大山、六万大山雄峙东西，境内西、北、东江辐辏，形成向心状水系，造就一个相对独立、相对封闭和半封闭的地理单元。在相对封闭和半封闭的地理区位下，极有利于政治上产生重大影响，即削弱了中原王朝对它的控制，使之更具政治上的独立性。因此，岭南自古即为政治家、军事家角逐之地，独特的地理区位也为他们政治军事割据提供地理基础。故司马迁说："番禺（实指岭南）负山险，阻南海……可以立国。"② 南汉时黄损对南汉主刘䶮也说："陛下之国，盖举五岭而表之，所谓金城汤池，用武之地也。"③ 清顾祖禹则进一步指出："广东之地，介于岭、海间。北负雄、韶，足以临吴、楚；东肩潮、惠，可以制瓯、闽；

①　吴郁文:《广东经济地理》，广东人民出版社，1999，第3页。
②　《史记》卷113《南越列传》。
③　《南汉书》卷1《黄损传》。

西固有高、廉，扼交、邕之噤吭；南环琼岛，控黎夷之门户。而广州一郡，屹为中枢，山川绵邈，环拱千里，足为都会矣。"① 又广东地处热带、亚热带地区，物产丰饶，给养充足，其境内山川分割，内部差异较大，这也极有利于民族或民系的生存与发展，以及富有地域特色文化的形成。北面五岭的层层屏障，东部武夷山脉东坡缓、西坡陡的地势，在交通落后的古代，严重限制了广东与岭外人员往来和文化交流，使得中原文化很难到达这里。内部支离破碎的山川形态，又使得内部交流存在困难。所以直到清代，广东内部还存在"言语不通"的现象。最突出的表现莫过于，在全国七大方言中，广东独占三言，使得广东成为方言最复杂的省份之一。另外，广东南临大海，使得整个南部地域被南海包围，与周边乃至大洋彼岸世界隔离开来，从这个意义上说又增加了自己的封闭性，形成岭南居民独特的人文特性，并保留多种社会经济形态和文化类型。例如，在北方汉人不断南迁和中原文化陆续传入岭南的过程中，一部分未被汉化的土著越人，后来演变为壮、黎、瑶等少数民族，直到近代仍保留许多原始生产生活方式，在地名上留下他们文化的印记，如广东至今保留有许多以"那""都""罗""古""云""思""潭""扶""多""麻""六""瑶""畲""黎"等为通名的地名，显然是与他们所处的相对封闭的地理环境有关。

但这种相对封闭和半封闭的地理环境并非与其他地区完全隔绝，也存在一定程度的开放性，而且很早以前就已展现出来。唐晓峰考证过，四川三星堆出土的非洲象牙是由广州经西江走廊运抵三星堆的。这说明西江走廊自古以来就是广东与"西粤"、西江上游地区、巴蜀等岭外其他地区交流的通道。北面的南岭也不是一条山脉而是一群山地，中间可供往来的通道颇多，从一定程度上便于岭外居民南迁，带来中原文化、荆楚文化、巴蜀文化、吴越文化等地域文化。闽、粤间的武夷山地，其地势虽是东坡缓、西坡陡，但其北端和南端依然是赣、闽与粤间的主要交流通道，自古以来便有人员往来，客家文化的形成及传播便是明证。这些文化与岭南土著文化交流、整合，不仅发展为具有共同特质的岭南文化，而且由于交通线分布不均、岭外居民来源不一、土著文化内部的差异等，最终形成岭南

---

① （清）顾祖禹：《读史方舆纪要》卷100《广东》。

多种民系和文化区并存的格局。这都为形成和发展岭南多样的地名文化提供了地理环境基础。而广东还南面向海洋敞开，扩大了岭南同海外的联系，增加自己的开放性，并最终使海洋成为岭南文化发展的一大优势。元代陈大震在《南海志》中指出："广东南边大海，控引诸蕃，西通牂牁，接连巴蜀，北限庾岭，东界闽瓯。或产于风土之宜，或来自异国之远，皆聚于广州。"① 在地名方面也能清晰地透视出海洋和海外文化的特征，即广东许多以"洋""海""番"等为首尾字的地名，如粤东潮汕地区的牛田洋、西洋、外洋尾、深洋、社光洋、南坑洋、内洋、乌洋等，珠江三角洲的洋田、红洋、洋吉塘、洋田坼、洋凹、番丰、番村等，粤西雷州半岛地区的南洋、后洋、三百洋、东洋尾、后洋村、草洋、洋家、北洋界、大番坡、番水车、番鬼塘等，无不折射出海洋文化对广东地名文化的影响。

所以，特殊的区位地理条件造就了广东汇聚南北、融通中外和富有岭南特色的多元地名文化分布格局。

第二节　广东地名文化产生的自然基础

广东省地处我国南部，北回归线（北纬 23°27′）横贯全省，分广东省为南北两带，加上南临长 2400 多公里的大陆海岸线，使得广东省气候具有热带海洋性特征，继而对地表塑造、植被繁衍和农业生产产生重大影响，广东几乎全年都能适应作物的生长。横亘于广东省北面东西向的南岭山地和沿海低山、丘陵被南北向的河流切割，地貌类型丰富多样。历史上的森林覆盖和地质运动，使得广东地下矿产蕴藏丰富，为人类开发提供了条件。所有这些都为广东区域文化的产生、发展和保存提供了基础和条件，使之成为偏居一方、具有岭南特色的地域文化，地名文化则成为其组成部分。

一　湿热的气候

广东省位于东亚季风气候区南部，具有热带、亚热带季风海洋性气候特征，与同纬度北非撒哈拉大沙漠和西亚阿拉伯沙漠相比，具有无比优越

---

① （元）陈大震：《南海志》卷7。

的气候条件，突出表现为湿热多雨的特点。由于地名是区域地理环境特征的映射，广东湿热多雨的气候特征也必然会在地名中得到印证。

首先，气温较高，夏长冬短。广东各地年平均气温为 18℃～24℃。4 月开始，全省各地的月平均气温都可超过 20℃，7 月是全省全年最热的月份，各地月平均气温在 28℃左右。粤北的夏季长达 5 个半月，粤中为 6 个半月，粤西长达 7 个月。只在英德、新丰、龙川以北的粤北地区才有短暂的冬季，韶关以北的粤北地区冬季也只有一个半月。所以屈大均在谈到广州气候时写道："广州风候，大抵三冬多暖，至春初乃有数日极寒，冬间寒不过二三日复暖。暖者岭南之常，寒乃其变。所以者阳气常舒，南风常盛，火不结于地下而无冰，水不凝于空中而无雪，无冰无雪故暖。"① 竺可桢也曾在《物候学》中说："南岭以南便是热带了。"足见广东全年气温较高。适宜的气温是动植物生长的必要条件之一，从实际情况来看，广东大部分地区作物的生长期均在 280 天以上，沿海地区则在 340 天以上。生长期内≥10℃累积温度为 6000℃～8500℃。因此，全省大部分地区都能满足双季稻加冬种一年三熟的热量要求，适宜各种亚热带水果和林木的生长。故广东许多以作物和林木名称及其需要的特殊条件命名的地名，最典型的莫过于稻作地名。在广东，既有以"稻""禾""谷"等直接命名的地名，如稻得围、稻田、稻园、稻庄、禾坪尾、禾塘、禾上田、禾仓、禾坑、谷口、迈谷、谷车、谷圩、谷仓等；也有大量以"那"（水田）命名的地名，如那头、那行、那章、那马、那潭、那水等。除此之外，以竹、槟榔、桂、杨（梅）、莲、桑、麻、梅、梨、桃、枫、茶、荷、蕉、荔（枝）、榕、柚、菠、木棉、樟、柑橘等植物名称命名的地名也大量存在。如以竹命名的地名多达 572 处，其他如杨梅坑、杨梅镇、杨梅村、杨梅岗、杨梅圩、杨梅塘、杨梅坪、荔枝坑、荔枝园、荔枝角、荔枝山、荔枝垌、荔枝根、榕树头、榕树吓、榕村排、榕树角、榕树界、大榕村、木棉村、木棉、木棉山、木棉根、柚柑坪、柚柑岭、柚树坪、柚树河、柚树下等植物地名，彰显了植物地名在广东地名中的分量。

其次，气候湿润，降水较多。广东省各地年平均降水量为 1350 毫米～

---

① （清）屈大均：《广东新语》卷 1《天语》"风候"条。

2600 毫米，各地降水日数（日降水量大于或等于 0.1 毫米）为 120～180 天，年干燥指数①为 0.4～0.6。广东各地皆属湿润地区，其中阳江、台山一隅 <0.4，为全省最湿润地区；北江流域、珠江三角洲至汕头沿海一带 <0.49，也较湿润。只有雷州半岛年干燥指数高于 0.6，但仍属于湿润地区，其余地区均为 0.5～0.6，明显反映出全省水量充足、气候湿润的特征。降水量大，使得地表河流众多，江、河、湖泊、水库、池塘以及相关的水利工程等遍布全省，加上较长的海岸线，故广东出现大量以水、溪、江、龙、湖、海、洋、湾、潭、塘、坑、陂、围、基、坝、沙、沥、涌等与水相关的地名，而直接以水为首尾字的地名全省就多达 1679 处，以湖、江、溪等命名的地名分别有 541 处、510 处、445 处②，水名文化极其丰富，并影响深远。

二　类型多样的地貌

广东是个多山丘的省份，加上地势北高南低，山脉多东西、东北—西南走向，河流南流入海，故河流将全省地表切割得支离破碎，山地、丘陵、盆地、谷地、平原、台地等皆有分布。山地、丘陵于东、北、西三面呈弧形将广东省与周边省区分开，其间镶嵌着盆地、河谷、冲积扇等，平原主要分布在各河流沿岸及下游三角洲或冲积扇和沿海地带，粤东和粤西海岸附近还广布着台地③。地貌类型异常多样（见表 3－1）。

表 3－1　广东陆地地貌结构类型

	山地（海拔 500 米以上）	丘陵（海拔 100～500 米）	台地（海拔 100 米以下）	平原	河流水面	合计
面积（km²）	60262	50773	24012	41708	1146	177901
占总面积比例（%）	33.87	28.54	13.50	23.44	0.64	99.99

资料来源：吴郁文《广东经济地理》，广东人民出版社，1999，第 12 页。

---

① 年干燥指数 Kc＝0.16∑t/r，其中∑t 为日平均气温≥10℃期间的活动积温，r 为同期降水量，Kc<1.0 为湿润，1.0≤Kc≤1.49 为半湿润，1.5≤Kc≤3.99 为半干旱，Kc≥4.0 为干旱。

② 据广东省地图出版社《新世纪广东地图集》（2004）统计所得。

③ 刘琦、魏清泉：《广东省地理》，广东人民出版社，1988，第 21～23 页。

此外，广东拥有东起于饶平县大埕湾湾顶、西止于廉江市英罗港的洗米河口，沿岸分布有大小 1400 多个海岛。曲折多变的海岸线、深水湾与浅水湾并存，海岸地貌类型也异常丰富。既有数公里至几十公里的沙坝、潟湖分布，又有港湾镶嵌；既有河口大片三角洲地貌形态，又有海洋滩涂地貌类型；既有海岸平原、台地平铺，又有山丘、岛屿点缀；既有河流入海而致的"门"形水道，又有海水顶托形成的海岸地貌。

这些地貌类型皆在全省地名中得到体现。既有反映山地特征的山、岭、嶂、顶、岗、石等地名，如狮山、尖山、天柱山、马岭、瑞岭、芙蓉嶂、青萝嶂、荔枝顶、埔顶、横岗、蚬岗、石屋、石径等；又有表示地势低洼地区的坑、塘、凹、圳、潭等地名，如官坑、鹿坑、丹竹坑、泮塘、扶塘、料塘、凹头、凹边、凹背村、将军潭、九径潭等；也有反映坡地的坡、坪、迳（径）、背、岽等山区地名，如车田坡、凤头坡、杨梅坪、洋门坪、茅坪、上大径、径口、径门圩、岗背、简背、大岭背等；还有表示河谷地的谷、峡、埔等谷地地名，如谷洞、赤谷、沙龙峡、猪子峡、新围峡、石子埔、大埔围、黄沙埔等。在海岸地带还有许多以澳、洋、湾、门、岛等命名的海岸地名，如上澳、大澳围、澳口村、澳边、南澳、伶仃洋、夏洋、大亚湾、红海湾、碣石湾、神泉湾、磨刀门、横门、横琴岛、海陵岛等。因此，类型多样的地貌形态，为广东地名文化的产生提供了优越的自然地理环境。

三　丰富的生物资源和矿产资源

湿热的气候与充足的水分和热量条件，为生物繁衍提供了良好生态环境。加上广东近期没有重大气候变异。所以，生物区系历史悠久，种类繁多，群落类型复杂，野生和人工培育生物资源丰富。根据曾昭璇等研究，广东省的植被拥有 8 个植被型、26 个植被型组、65 个群系或群丛组，约有植物 5000 种。其中木本植物有 778 属，占全国木本植物的 70% 以上，裸子植物 33 种，蕨类植物 600 余种，占世界总数的 5% 以上。数量众多和丰富的植物群落及优越的水体自然地理环境，为水产养殖提供了天然条件。所有这些都为大量野生或家养动物生长和繁衍提供了天然洞穴和丰富食物，使得动物种属异常繁多。全省脊椎动物有 1031 种，占全国种数的

25.3%，占世界种数的 2.6%（见表 3 - 2）。

表 3 - 2　广东脊椎动物种类组成

单位：种，%

类别	世界种数	全国种数	广东		
			种数	占全国比例	占全世界比例
鱼类	18000	1830	284	15.5	1.6
两栖类	4000	279	41	14.7	1.0
爬行类	5701	315	121	38.4	2.1
鸟类	8600	1243	486	39.1	5.7
哺乳类	3500	405	99	24.4	2.8
合计	39801	4072	1031	25.3	2.6

资料来源：曾昭璇等《广东自然地理》，广东人民出版社，2001，第 329 页。

　　丰富的动植物资源在为人们生产、生活提供食物和便利的同时，也在地名文化中表现出来，故广东以动植物名称竹、杨（梅）、麻、榕、荔（枝）、桑、樟、柚、柑和虎、象、狼、鳄、马、猴、鸡、蛇、鱼、鸭、鹅、虾、蚬、螺等命名的地名比比皆是，如丹竹顶、黄竹湖、竹村、竹山、杨梅村、杨梅圩、杨梅岗、杨梅塘、樟木头、樟坑、樟山、虎山、虎坑、虎岗、象山、象岗、象湖等。

　　另外，广东地处欧亚板块与太平洋板块交界地带，为环太平洋多金属成矿带的重要组成部分，矿产资源丰富、种类繁多，是我国具有丰富矿产资源的省份之一。目前在广东已找到 118 种有用矿产，其中探明储量的有 85 种，产地 1435 处[①]。丰富的矿产资源为广东区域开发提供了条件。唐宋以来，广东官营手工业发展较快，如制陶业、采矿业等，明清时期，广东矿冶业在全国首屈一指。反映在地名中，出现许多以陶、瓦、碗、窑、瑶和以金、银、锡、铁、铜等命名的地方，沿海地带还有许多以灶、锅、盐、场、埕、围等为首尾字的盐业地名。如肇庆市端州区睦岗镇的下瑶，相传宋代村民先祖从南雄珠玑巷迁来，开窑烧制缸瓦，有南、北窑，该村

---

　　① 一说已找到的矿产有 116 种，探明储量的有 82 种，产地 1300 多处。吴郁文：《广东经济地理》，广东人民出版社，1999，第 47 ~ 48 页。

为下窑（即北窑），后以"窑"之谐音"瑶"取代，名下瑶；蕉岭县兴福乡瑶岭，清时村内盛砖瓦烧制，多砖瓦窑，得名窑下，后雅化成瑶下，又因村处河岸阶地，地势较高，俗称岭，得瑶岭之名；遂溪县乐民镇的盐灶就是因明初附近村人在此设灶煮盐而得名；等等。

第三节　广东地名文化发育的社会历史条件

一　深厚土著文化的积淀

广东省古为百越之地，很早以前就有"越"之先民在此生存繁衍和发展，并创造了属于自己的地域文化。根据关于封开人、马坝人、柳江人的考古发现，可知距今十二三万年前，岭南地区已有人类。有了人，便有了人类活动，开始了本区域的文化创造。从1960年开始，全省各地陆续出土的各类早期石器、骨器、角器、蚌器、陶器以及贝丘遗物、遗址等表明，距今4000～5000年前，广东的原始农业就已经出现。但诸如广东韩江三角洲、珠江三角洲以及港澳地区的沿海一带的原始氏族部落还都是以渔猎经济为主。到了春秋战国时期，广东的青铜文化和农业技术都获得极大发展，使得越人在祖国的南方创造了属于自己的早期越族文化。因越人散居于"自交趾至于会稽七八千里"的地域内，部落众多，所以向有"百越"之称。春秋以来，居住于广东的越人通称为"外越"或"南越"，在唐代以前上千年的时间里，他们一直是这片土地的主要主人。因偏居一隅，社会发展相当缓慢，直到唐代，这里依然是瘴疬袭人、环境恶劣、地广人稀的地区。据《新唐书·地理志》载，全国十道，除了地处西陲的陇右道外要算岭南一道最荒芜了，每平方公里不足一户（0.75户）人家。宋敏求编《唐大诏令集》载："岭外诸州居人，与夷僚同俗。火耕水耨，昼乏暮饥。"[1] 故唐代有"五岭以南，人杂夷僚"之说[2]。

当地土著人为适应森林密布、瘴疬袭人的环境，除住干栏、食槟榔之外，还砍伐森林，驱除瘴气，在山坡台地上刀耕火种，在水边低地火耕水

---

① （唐）宋敏求编《唐大诏令集》卷109《禁岭南贩卖男女敕》。

② （唐）杜佑：《通典》卷184《州郡》14。

耨，建立稻作文化；在河网、海滨者则"断发文身"，捕捞水产，造船行舟，即"水行而山处"，形成了具有岭南特色的水文化；在山冈森林者则以狩猎为生，共同创造了自成一格的南越文化。所有这些都在广东地名文化上打下深深烙印，留存下来大量以"那""罗""埗""壆""步""垌""峒""古""思""扶""南""滀""潭""塘"等为通名的地名，成为今天广东地名中的最底层地名——古越语地名层。虽然经过秦汉以来中原汉人的不断迁入，南海、交趾、徐闻等沿海港口城市也得到较快发展，但广大的山丘地区，仍然是"火耕水耨"①，"旷土弥望，田家所耕，百之一尔"的状况②。唐韩愈谪岭南途经阳山时慨叹到："阳山，天下之穷处也。陆有丘陵之险，虎豹之虞。江流悍急，横波之石，廉利侔剑戟……县郭无居民，官无丞尉，夹江荒茅篁竹之间，小吏十余家。"③ 就连近海地处冲积平原的潮州，自然条件也相当恶劣，"飓风鳄鱼，祸患不测；州南近界，涨海连天；毒雾瘴氛，日夕发作"④，大量土地难以充分利用。今天的东莞一带，尚有野象横行，破坏生产⑤。在如此原始生态环境条件下，许多与原始动植物名称和水相关的地名得以产生，特别是表示以稻作的"那"字地名，表示以河谷为生的"罗"字地名，表示水上行舟的"埗"或"步"字地名等，虽经历千余年的演化，仍被保存下来，显示出古越人文化的巨大影响和当时地名规模之大。

另外，广东铜、铁、铅、锡等各类矿产资源丰富，自商周以来，生息在这块土地上的古越人就已认识、开采和冶炼了这些丰富的金属矿藏。文献资料记载和考古发现都表明，金属的冶炼和铸造是古代南越人一项重要的生产活动。更为重要的是，金属冶炼和铸造业的发展，带动人类相关生产、生活活动的发展和进步，特别是农业的进步和发展。目前广东境内发现的青铜文化遗址有300多处，墓葬100多处，各类青铜器八九百件。从其年代来看，最早在商末西周，最晚至战国，前后历经七八百年⑥。虽然

---

① （唐）宋敏求编《唐大诏令集》卷109。

② （宋）周去非：《岭外代答》卷3。

③ （唐）韩愈：《送区册序》，见《全唐文》卷555。

④ （唐）韩愈：《潮州刺史谢上表》，见《旧唐书·韩愈传》。

⑤ （宋）刘恂：《岭表录异》，卷上、下。

⑥ 颜泽贤、黄世瑞：《岭南科学技术史》，广东人民出版社，2002，第20页。

岭南的青铜器时代由于历史发展的不平衡和地域的差异性等，开始和结束的时间都较中原地区为晚，但它的存在和发展推动了岭南地区生产活动的发展却是不容置疑的，广东早期农业发展即是其中重要生产活动之一。《考工记》郑玄注曰："粤地涂泥多草荄，而山出金锡，铸冶之业，田器尤多。"商代成汤的宰相伊尹也说过："饭之美者，玄山之禾，南海（实指比今天范围大得多，下同）之秬。"据《说文解字》载，秬是稻属，表明成汤时，南海的"秬"已成为全国驰名的粮食作物。晋裴渊《广州记》曰："昔高固为楚相，五羊衔谷，萃于楚庭。"《羊城古钞》亦载："周时南海有五仙人，衣五色衣，骑五色羊来集楚庭，各以谷穗一茎六出留与州人，且祝曰'愿此阛阓永无荒饥'。言毕，腾空而去，羊化为石。"① 事实上，早在距今 4500 年前的石峡文化就已出土了人工栽培稻，以籼稻为主，也有粳稻。全省其他地区也出土了先秦不同时期的稻作工具和稻作遗址。有了农业的开发和发展，意味着当地人已对环境有了相当的认知，也许"那"文化地名就产生于此时期，至少有了雏形。秦汉以后，广东正式纳入中原王朝版图，中原汉人也就不断南迁广东，推动了当地金属冶炼和铸造业的发展。铁农具的冶炼和铸造，更多的矿产资源被开发，使广东土地开发速度加快。农业中除粮食作物生产不断提高外，经济作物的种植、佳果的早期培育、畜牧、蚕桑和养殖业等都得到发展。手工业中，制陶业和造船业等取得巨大进步。历经魏晋南北朝，到了隋唐时期，广东的农业栽培和养殖技术、陶瓷、冶铸、造船、灌溉和纺织等都达到古越族历史文化的最高水平。为此，在人们生产和生活及交往过程中，大量越族地名不断诞生，也就不足为奇了。至今仍有许多此类地名字遗留下来，详见表 3-3。

表 3-3　古越语地名字和字义统计

字	含义	字	含义	字	含义	字	含义
暜	水塘	罗	山冲	麻	村	坂	山坡
潭	水塘	良	平地	南	水	武	村落

① （清）仇巨川：《羊城古钞》卷7《古迹》"五羊城"条。

续表

字	含义	字	含义	字	含义	字	含义
布	泉	心	中间	琴	上方	禄	山冲/山麓
古	角落/村	富	男子	云	人	便	山
峒	山间平地	秀	火灶	楼	枫树	章	山
甘	山洞	黎	山	碧	大	落	沟谷
都	门	栏	房屋	乌	牛塘	坪	桌状高地
播	坡	甘	同峺，山岗	莫	泉	思	河/村
峬	渡口/码头	多	地/群、帮	塝	塌陷/山间小路	扶	这边/那边
贺	同荷，茅草		河中水潭	林	水	金	坡脚
木	竹类通称	合	茅草	六	山冲	垢	河
百	口	根	上面	本	种子	吉	竹壳
斗	来	八	口	仓	高	鹿	山冲
岽	梯田	坑	溪	盘	斜坡上平地	万	村
高	指头/一角	董	田峒	白	口	洒	高峻
大	河/此地	冲	山洞	兰	房子	龙	山间平地
板	村	冷	水	步	津渡/码头	思	河/村

资料来源：司徒尚纪主编《肇庆市地名志》，广东省地图出版社，1999；张声震主编《广西壮语地名选集》（汉文版），广西民族出版社，1988。

　　从表3-3可以发现，大部分古越语地名用字与自然地理环境密切相关，特别是与山、水相关的名字最多。也有相当多的与人类生产、生活活动相关的名字，如怀集县马宁镇富秀一名，其中"富"指男子，"秀"指火灶，即多男子从事铁匠之类职业的村落，反映了早期古越人冶炼或铸造生产活动；德庆县古有镇古有圩一名，其中"古"指村，"有"指窑，即窑村，反映了早期人类窑业生产活动。

二　历史时期汉人的多次南迁

　　地名作为文化的组成部分，是人类在不同历史时期活动的结果和结晶。广东地处我国南方边陲，人类社会早期，这里生活着称为"蛮夷"的南越各族。至隋唐时，他们演化为夷、僚、俚、越之族，极少受中原文化的"教化"，故岭南也被斥为"蛮荒""徼外"之地，向来不被重视，一直是流放罪犯、贬徙官吏之所，更是中土人士"非贬不去"的地方①。直到唐代，这种现象也无多大改观。据容观琼研究，仅唐一代，被长流、坐徙、配放、斥贬岭南"遐荒""恶处"的谪官流人是历代最多的，而且流放的地方遍及广东省内各州郡②。但是，唐代以后，北方汉人从不同方向、以不同方式多次大规模南迁广东，从根本上打破了土著人独居广东的局面。汉人以先进的生产和生活方式，很快成为这块土地的主人，至宋元时期，广东已形成以汉人为主体、以汉语为主流的族群和文化形态。及至明清时期，已基本形成目前广东社会文化格局。显然，广东地名文化的发展和形成是与北方汉人在不同历史时期不断南迁分不开的。

根据史书记载，早在先秦时期，中原、荆楚、吴越和巴蜀等地文化不断传入岭南，如"冇""芈""楚庭""雒田""索""侬"等北方语传入岭南，至今仍有部分在使用。特别是吴越语，在广东保留甚多，如广州地区俚语"佬"，据南朝顾野王《玉篇》所录"佬"字，当时流行于吴越语地区，有人以为广州方言"佬"字，系从吴越传来。而江、讲、角、谷、冷、落等字，吴越音与两广白话差不多。吴越语黄与王读音不分，两广白话亦如此。故《广东新语·文语》说："广州语多与吴趋相近。如须同苏，逃同徒，豪同涂，酒同走，毛同无，早同祖，皆有字有音。"③北方语的传入，给南越文化注入新鲜养分，使之得到改造和提高，并向多元化方向发展。历史上，北方汉人多次南迁岭南，其中较大规模的有西晋永嘉之乱、唐代安史之乱和黄巢起义、北宋靖康之变等。每一次战乱和天灾，都有大批中原汉人流徙南迁至岭南避难。如西晋时，"永嘉世，九州荒，余广州，平且康"④。从数量上看，也是相当可观，"东晋南朝，衣冠望族向南而迁，占籍各郡"⑤。再如南宋初，逃避金兵，随宋室出走赣南的军民很多逾岭暂止于保昌（今南雄市）。又因"元兵扰攘"，逗留于此的难民若干个"姓""族"联合向州县申请路引，集体乘竹筏南渡，到广州各县"辟地以种

① （宋）李昉：《太平广记》卷500，"杨聱"条引《神录》。
② 容观琼：《唐代广东民族文化初析》，《中央民族学院学报》1983年第4期，第63～65页。
③ （清）屈大均：《广东新语》卷11《文语》。
④ 广东省博物馆：《广东出土晋至唐文物》，广东省博物馆出版，1985。
⑤ （道光）《广东通志》卷92。

食"，更有来不及准备路引就仓皇登程的。亦有从海道经浙闽到达潮、惠等广东其他沿海诸州，如元兵攻陷临安后，张世杰等拥立赵昰、赵昺为帝，率领数十万江、淮、浙、闽军民从福州转入潮、惠、广诸州沿海漂泊两年多，败亡后其余众纷纷落户滨海州县。除此之外，自秦以来，政府移民（包括驻守、垦殖、贬谪、流放等）、商贾、零散流民及其他形式移民等南迁岭南从未间断。

由秦汉开始，到宋末达高峰的汉族南下移民潮，将中原汉族文化，包括地名及其基本模式传播至岭南。汉人最初到达岭南时，面对的是一个具有蛮荒气息的自然环境。他们披荆斩棘，开垦田地，刀耕火种，筑基挖塘，由于日常生活和交往需要，将居住地方的山岭、水塘、坡地、河流等命名，通常都是采用地势或当地的动植物而命名，如坑、塘、岭、樟、榕等；也有以方位地名和附加地名为辅助的。稍后，生产事业逐渐发展，人们开始以其耕作对象、田地、物产等命名，如窑坑、锡坑等。人口的繁衍，其他地区族群的移入，使各地区的人口增加。他们大多聚族而居，并以同族的姓氏为村名，或者为了祈求平安，采用许多吉祥的字词为地名。而经济的发展，亦带来宗教文化的兴盛，宗教和历史意味的地名也相继出现。也有一部分汉人在迁徙时，将原居地的地名带去，作为精神联系，如高阳里、颍川巷、汾阳里、陇西巷等。再者，由于经济、政治统治或防卫及其他原因，历代政府在移民时，设立许多机构或建筑军事设施等，而这些地方的地名，后来都演变为正式的地名，如阳山关、官富场、十里铺、军屯、鬼子营等。

在广东移民过程中，北来汉人因来源地、迁入时间和聚集地不同，最终分别发展为广府、潮汕、客家三大民系。他们各自根据其居住地的环境，创造了一批属于本族群或民系特有的地名，如客家的"屋""磜""峯""崀"等，潮汕的"厝""坂""垵""洋""汕""町"等，广府的"涌""冲""沥""滘""步""輋""塱""垪"等，为广东地名文化景观的最终形成和发展奠定了基础。

三　行政区划的建置与变更

行政区划是国家为了有效行使国家职能对所辖区域进行的地域划分。

正如恩格斯所说："国家和旧的氏族组织不同的地方，第一点就是它按地区来划分它的国民……这种按照居住地组织国民的办法是一切国家共同的。"① 因此，任何一个国家，除非版图特别狭小，必然要将其国土分成有层级的区域——这些区域就是各级行政区划。要进行行政区划，就必然对其进行命名，所以，行政区划名称（又称为政区名）就成为地名的有机组成部分，二者是紧密联系、不可分割的。但是，政区地名与居民地、自然地理实体名称不同，具有很强的政治性。历史政区名称显然是与历史上政权更迭和政治统治有密切关系，即使现在所遗留政区名称也与历史行政区划和政区体制存在着千丝万缕的联系，有的政区名称发生改变，有的却一直沿用下来。这里所说的政区名称是指县及其以上政区名称。

公元前 221 年，秦始皇统一六国后，建立郡县，岭南首次归属中原王朝版图。此后，大批军民南下，越五岭进入广东，从而推动了广东土地的开发和社会经济的发展，拉开了广东地名文化演变和发展的序幕。综观广东境内，从秦代到新中国成立初期建置达 1317 个县，若加上县级以上政区名则更多。通过对不同历史时期县级政区的设置和变更来看，一是多发生在改朝换代以后，二是在一个朝代发生重大政治经济变革之后②。

自秦代在岭南设 3 郡 4 县以来，广东正式成为中原政权所管辖之地，"郡""县"政区通名首次落户广东，揭开了广东地名发展的新篇章。秦代在广东境内置 1 郡 4 县（亦说 5 县），即南海郡、番禺、龙川、四会、傅娄（博罗）等。秦代还三次大规模南迁汉人与越人杂居，五岭设置关隘等，虽未动摇越人地名格局，但中原汉文化地名开始在广东出现。如横浦关、湟溪关、阳山关、湟浦关等。《广东新语·地语》云："湟溪、阳山、湟口（即湟浦关）皆为秦关，名三关……盖粤东要害，首在西北。"西汉初，广东设 3 州 7 郡 26 县，许多政区、地名相继确定下来，并由郡、县二级制发展为州、郡、县三级制，县以下设乡或亭，地名层次增多。此后，大量与政治统治有关的地名不断涌现，如郡、县、州、府、道、路、省、镇、所、卫、司、堡、营、都、亭、寨、关、隘、站、汛、驿、铺、厅、区、乡、市、坊、厢等，其他类型的地名也应运而生。到了明代，政府实

---

① 《马克思恩格斯选集》（第 4 卷），人民出版社，2012，第 187 页。
② 刘君德等：《中国政区地理》，科学出版社，1999，第 36 页。

行省、府（州）、县三级行政建制，使得一些政区通名发生变化，专名却多被保存下来。同时，明代还在全国开展大规模的筑城运动，广东改变了过去一些州县有治无城的状态，行政区划地名相对稳定，行政中心较少搬迁。明代乡里制度较为完善，县以下大抵十里为一都，以都统堡，以堡统图，以图统甲，一些小聚落名也因此产生。清代广东行政承袭明制，变化较少，但乡里数量因户口大幅上升而有较大增加，乡里制度更趋完善，如宣统《东莞县志》明确记载了当时城坊、厢、野规制与数量。全省其他各地大同小异，形成基层地名群体。

行政区划的命名及更名更是行政管理范围，是行使主权的重要方面。历史上，历代封建政权都极为重视行政区划的命名和更名。如明代是广东置县最多的时期，共置 22 个县，其中超过半数（12 个）县的设置是与平瑶（族）之乱有关。如从化县的设置，《读史方舆纪要》载："弘治元年（1488），峒獠谭观福恃险为乱，讨平之。三年，析置今县。"① 取 "远氓归化之义" 而名。为加强地名管理和地名规范化，民国 3 年（1914），对全国重名政区进行大规模的更改，广东就有 13 个政区名称相应得到更改。如海阳县改潮安县，镇平县改蕉岭县，长乐县改五华县等。梅州、惠州等也早在宋代因避讳皇帝或皇族之名而进行更名。中华人民共和国成立初期，国家也对不合时宜和不规范政区重新进行区划和调整。改革开放以来的 "撤县设市" 和 "改市设区" 的区划体制，都对地名发展和管理产生一定影响。总之，行政区划作为国家政治统治工具，其置废、命名和更名皆与政治统治有着密切关系。

四 多样性经济形态的演化

特有的地理及自然环境条件，形成了广东土地利用类型的多样化。全省既有平原、河谷、沿海台地的垦殖，盆地、河流阶地的利用，也有山地、丘陵、池塘等垂直方式的开发。土地利用方式的多样化，使得反映不同经济开发方式和地貌特征的地名在不同历史时期和不同区域大量出现。早在先秦时期，当地人们已从事农业生产。据战国时期著作《逸周书》

---

① （清）顾祖禹：《读史方舆纪要》卷101。

载，伊尹奉商王汤之命，定"四方献令"，正南产"珠玑、玳瑁、象齿、文犀、翠羽、菌鹤、短狗为献"。由此可见，当时岭南的物产已输入中原。秦汉至隋唐，广东农业、手工业和海内外贸易等方面都有较大发展，大批具有地方经济特色的地名不断涌现。在农业方面，广东水稻栽培较中原为早，汉代已经有了一年两熟稻，越人就以此为聚落名称，出现了大量以"那"等为首的齐头式地名。"那"壮语意为水田，应该与水稻种植密切相关。此外，越人在培植荔枝、龙眼、柑橘、香（大）蕉等名果以及甘蔗和花木的过程中，以植物名称命名的地名也大量出现。

唐宋以来，大批中原汉人南下珠江三角洲和粤东及粤东北地区，推动了广东省的围垦业、手工业、冶炼业、铸造业及商业等迅速发展。大量土地被开发的同时，土地利用方式出现多样化，农业中的农（种植业）、林、渔、副业等都得到快速发展，地名类型出现多样化发展和演变。如宋元以来，珠江三角洲和韩江三角洲等地的围垦业，使得以"围""基""排""陂""塘""井""池""堤"等地名及地名群出现，也诞生一批以"鱼"为起首字的地名；明清时期商品经济的发达推动许多经济作物的种植，出现以"芦橘""杨梅""洋桃""黄蕉""丹荔""柑橙"等以经济作物名称命名的聚落名或作物园名。随着手工业中陶瓷业、煮盐业的进一步发展，也出现许多以"窑""碗""盐""灶""埕""锅""亭""场"等字命名的地名群。从其分布来看，陶瓷业地名多分布在潮州、梅州、广州（当时包括佛山）、惠州、粤西等地，历史上广东盐业以煮海或晒海等方式进行，故此类地名都集中在沿海地带，其中又以粤东潮汕、东莞和粤西的阳江、雷州半岛等地为最多。明清时期广东冶炼业在全国首屈一指，矿产开采业和冶炼业的发达，推动了以矿产名称命名的地名。但此类地名因矿产地、矿冶业的分散而散布在全省各地，主要有以"铜""铁""银""金""锡"等为起首字的地名。农业、手工业和冶炼业的发展，促进了商业的繁荣。明清时期，广东商业发达，推动了圩市或圩镇经济的发展。如明代广东圩镇大量增加，多达 439 个[①]，其中一部分发展为专业圩市，如罗浮山药市、东莞香市、番禺菱塘鱼市、顺德锦鲤海龙眼市和陈村花市、

---

① （嘉靖）《广东通志》卷 25。

增城沙贝荔枝市、高要花果秧苗市等。到了清代圩镇数量急剧增加，仅珠江三角洲 16 县，圩镇数就从明代的 175 个增加到清雍正、乾隆时的 570 个①。

　　而山地、丘陵、河谷、盆地、平原、台地以及沿海滩涂等土地类型的差异，导致全省农业土地利用方式的不同，加上唐宋以来所形成的族群方言的差异，出现大量以方言命名的反映小范围区域地貌和土地利用特征的地名。如粤东北和粤北山地、丘陵地带出现反映梯田开发方式的客家地名群，像以"岭""嶂""磜""背""径""矺""坪""磂""塘""崀""岇""畬"等为首尾字的地名；粤东沿海出现反映滩涂利用特征的潮汕地名群，像以"埭""埕""洋""围""畔""埔""洴""埝""澳""塭""陇""坝""汀"等为首尾字的地名；西江走廊地带的低山、丘陵、河谷地区则有许多以"磄"、"埌"（塱、崀）、"塝"、"螫"、"蒌"、"埇"、"垌"、"湾"、"塘"等为首尾字的粤方言地名等。

五　对海外文化的长期吸收

　　广东面向大海，自古以来就与海外发生联系。早在先秦时期，广州（当时称为番禺）已是中国对外贸易的重要港口城市。司马迁在《史记·货殖列传》中载："番禺亦其一都会也，珠玑、犀、玳瑁、果、布之凑。"司马迁与张骞为同时代的历史人物，故可以断定，广东对外贸易的起源和发展应并不晚于中原地区。从南朝时开始，广东取代中原地区成为全国对外贸易的中心。此后，除了较短的几个时期以外，直至鸦片战争，广东作为对外贸易中心的地位几乎没有动摇过，长达 1400 余年。改革开放以后，广东更是以前所未有的多渠道、多层次、多形式的对外交流彰显自己的特殊地理区位和优势。随着对外交流的发展，岭南乃至中国先进的物质文明和文化传播到世界各地，促进了人类社会的发展和进步。同时，国外文化也不断传入岭南，通过吸收、转化而成为岭南文化的一部分。地名文化作为文化的一个分支，在不同历史时期也被传播和吸收进来，成为岭南地名文化的组成部分。

---

① 　这里指广义珠江三角洲；据（嘉靖）《广东通志》、（雍正）《广东通志》三角洲各县志统计所得。

早在汉代，广东的徐闻和广州（番禺）已成为海上丝绸之路的起点，同海外多个地区发展贸易往来，遂出现了以"番"字命名地名。"番"，本指"外来的事物"，古越人将其演变为"村庄"。到了唐代，由于农业、手工业、商业及造船业的发达，广州因其独特的区位和地理条件而成为中国南方第一港。当时广州港客商如云，货物如山，其"江中有婆罗门、波斯、昆仑等舶，不知其数；并载有香药、珍宝，积载如山……师子国、大石国、骨唐国、白蛮、赤蛮等往来居住，种类极多"①。大历五年（770）到广州的蕃舶有 4000 余艘，如以每艘载货 50 吨计，则货物超过 20 万吨，这在 8 世纪时已是相当可观了②。为适应对外贸易日益繁盛的需要，广州港还专门修建外港、码头及相关附属设施。如两个较大外港命名为屯门港和扶胥港，主要码头有兰湖码头、光塔码头，并为扶胥港修建"波罗庙"，也称南海神庙。"波罗"乃梵语"到达彼岸"和"办事成功"的意思，是为远涉重洋到达广州的外国船员参拜海神、祈求平安而修建的庙宇，并在兰湖码头区修建"余慕亭"，以便"使客舟楫避风雨者皆泊此处"③。除此之外，大量外国人，特别是西亚阿拉伯人到达广州，长期居住、生活在此，城内一些蕃坊、道路、建筑等以其文化而命名，如朝天街、蒲宜人巷、象牙巷、光塔路、惠福里、寺前街、回子营、光孝街、盘福里、珠巷、惠爱街、四约、五约、六约、七约、首七约、东七约、西七约、八约、东九约、纸行街等。

宋代以后，广州因连年战乱，被泉州港超越。明清时期，广东土地被大量开发，广东经济发展跃居全国首位，虽有时断时续的海禁，广东对外交流仍处在不断发展阶段，对外交往在全国占有重要地位。屈大均在《广东新语》中记载："广州望县，人多务贾而时逐。以香、糖、果、箱、铁器、藤、蜡、番椒、苏木、蒲葵诸货……南走澳门，至于红毛、日本、琉球、暹罗斛、吕宋。"16 世纪中叶，葡萄牙开始在南中国海一带活动，稍后在澳门建立基地，他们的船只不时在香港附近游弋，并将一些岛屿用葡文命名，如 Lema（檐杆列岛）和 Ladrones（万山群岛）等。18 世纪开始，

---

① 〔日〕真人元开：《唐大和上东征传》，汪向荣译，中华书局，2000。
② 沈光耀：《中国古代对外贸易史》，广东人民出版社，1985。
③ 徐德志等：《广东对外经济贸易史》，广东人民出版社，1994，第 29~30 页。

英国人也到中国沿海找寻海港进行贸易。鸦片战争后，英国人占据香港岛。居港的英国人数量虽然不多，但掌握统治权力，所以用大量英文名字取代原有地名，这种现象在海面上尤为突出，如 Sulphur Channel（硫磺海峡）取代了青洲口；有些汉语地名仍被沿用，有的却被加上英文名，如 Stanley（赤柱）、Aberdeen（香港仔）等，还有的直接改用汉语拼音标出，如油麻地（Yau Ma Ti）、大埔（Tai Po）等。

到了 20 世纪 70 年代末，广东又作为中国改革开放的前沿阵地，发展同国外的交流与贸易。直至今日，奥林匹克花园、蒙地卡罗山庄、澳洲山庄等一大批带有外来元素的地名踏进广东，在通名方面有"花园""广场""山庄""别墅""大厦""中心""雅苑"等，推动广东地名不断向国际化发展。

小　结

文化是人类活动的结果，也是环境的产物。人文地理学奠基人拉采尔（F. Ratzel）在《人类地理学》一书中，特别强调地理环境决定人的生理、心理及人类的分布、社会现象及其发展过程。虽然其地理环境决定论思想并非完全可取，但地理环境对区域文化的重要影响却是事实，有时甚至是决定性的。事实上，早在先秦时期，我国的《礼记·王制》就已提出："广谷大川异制，民生其间者异俗。"班固在《汉书·地理志》中亦曰"凡民函五常之性，而其刚柔缓急，音声不同，系水土之风气，故谓之风；好恶取舍，动静亡常，随君上之情欲，故谓之俗。"作为文化现象，地名也是一定区域的人们在该地理环境的基础上活动、创造的结果。

特殊的地理区位和自然环境条件是广东地名文化景观形成和发展的基础。在地理区位方面，东、北、西三面环山和南面被海洋包围，这种偏居一隅的区位条件使得广东在空间上相对独立。因北面南岭山系的重重阻隔以及地处热带和亚热带气候区，在免遭北方大陆寒冷气流侵入的情况下，全省沐浴在高温、多雨的湿热气候中，丰富的地表径流在山地、丘陵、盆地、河谷、台地、水网间穿梭，加上丰富的生物和矿产资源，为本区域的人们开展多种经济活动和形成文化提供了条件。深厚的土著文化与移民文化的交融、整合，对海外文化的长期吸收，贯穿于广东地名文化景观形成的整个过程。在长期积淀的古越文化的退缩过程中，中原文化以不同的时间和空间逐渐向广东境内推移和扩散。伴随着土地的开发、族群和方言的形成与扩散，广东地名文化景观空间格局最终定型，其文化内涵也逐渐向中原文化靠拢。对海外文化的吸收，在一定程度上又丰富了本区域地名文化景观的内容。

第四章

广东地名文化的演变过程和动力机制

第一节　广东地名文化的演变过程

地名作为文化的组成部分之一，是人类活动的产物，其产生、发展和演变都离不开人类群体的活动。因此在地名文化研究中对于人的研究十分重要。以各历史时期的研究而言，着眼点应该是特定区域中整个历史时期的居民。这就包括两个成分：一是固有的，二是变化的。表现在广东省境内，前者为土著民族，后者则为移民。所以，从历史上的人口变迁即可窥见广东地名文化的产生和演变。

一　唐代以前以古越语为主体的地名

历史上，广东僻处岭外，因远隔中原，又是炎日与瘴疠弥漫之地，中原人称之为"化外"之地，生活着"百越"各族。西周时被统称为"蛮夷"，春秋战国以后则称为"越"（与粤相通）。由于越族的种类很多，所以被称为"百越"，分布的地域相当广大。《汉书·地理志》臣瓒注云："自交趾至于会稽七八千里，百越杂处，各有种姓。"《吕氏春秋·持君览》也说："扬、汉之南，百越之际。"而广东的越族，古有"南越""骆越""瓯越"等支系。一般认为，"南越"大概包括后来的壮族、黎族和疍家等。清顾炎武在《天下郡国利病书》中说："广东有瑶、壮二种，瑶乃荆蛮，壮则旧越人也。"显然上古时期古越族是这片土地上的主人，他们以自己的生产、生活方式创造着属于这片土地上的文化。《礼记·王制》云：

"南方曰蛮，雕题交趾，有不火食者矣。"① 雕，刻也，题，额也，雕题即文面，是南方民族较普遍的风俗。交趾，顾野王析其义说："其（越人）夷足大指开析，两足并立，指则相交。"② 不火者，是指越人不会用火煮食，即处于野蛮状态。从考古出土的炊器、容器、乐器、兵器和杂器等来看，形制特殊，富有浓郁的地方特色。在物产方面，据《逸周书·王会解》记载，商初名臣伊尹曾下令，要求岭南地区的"桂国""产里""九菌""损子"之越人，上贡珠玑、玳瑁、象齿、文犀、翠羽、菌鹤、短狗等特产。另外，《吕氏春秋》还提到"骆越之菌"（竹笋）及"南海之秬"（黑黍）等，表明当时的生产、生活已有相当发展。1953 年广州西村石头岗一号秦墓出土的漆盒，盒盖上有烙印"蕃禺"二字，证明越人早在先秦时期就与中原进行了往来，至于能否就此说明越人在中原文化影响下的文字文化的发展，还有待进一步深入研究。但是，这时期，百越与中原往来确有大的发展，一些岭南越族中的人才还进入了中原地区，各显才能，其中既有宰相、大夫之类出谋划策的国家重臣，如勇获、梓藏、公师隅等，也不乏身先士卒的将帅，如高固等③。而楚令尹因听不懂划船越人所唱的越歌，又十分好奇，于是只好招来"越译"方才明白，说明越语与楚言存在"音使不便"，《南越五主传》也记载只能"重译乃通"。虽然所见到的国名和其他事物名称多为中原古籍所记载，但无论如何可以肯定，越人在生产生活过程中既然存在对物产等事物的称呼，也肯定会有对地理实体的称呼，即越语"地名"当时已经出现，并且有了初步的发展，只是现在不得而知。越人生活近水，与水有关的地名也许已经出现。如广东不少古地名中，大量含有"步"或"埠"的地名，"埠"是"步"字俗书。吴厚处《青箱杂记》云"岭南谓水泮为步"，"步"是码头的意思。还有一个"浦"字，有合浦、荔浦、四浦、营浦、十八浦等，广东人称水边或河流入海的地方为"浦"，"浦"只是集中于南方。所以，"浦"和"步"很显然系古越语残留地名字。

---

① 《礼记正义》卷 12《王制》，载《十三经注疏》，中华书局，1987，第 1338 页。
② 《后汉书》卷 86《南蛮传》，第 2834 页。
③ 张荣芳、黄淼章：《南越国史》，广东人民出版社，1995，第 9 页。

秦代，秦王政二十九年（前218）下令50万大军兵分五路，"使尉（佗）、屠睢将楼船之士南攻百越"①。虽然东路军很快占领了闽越之地，但在骆越和西瓯却遭到顽强抵抗。越人采取"皆入丛薄"和"夜攻秦人"及使秦军"粮食缺乏"的战略，使秦军"伏尸流血数十万"，伤亡惨重，主帅之一屠睢也被杀死，显示越人人多势众和地利人和的优势。设郡后，才以"谪徙民五十万人戍守五岭，与越杂处"。这一"杂"字充分表明"秦人"（实指中原人）仍被淹没在越人中。南越国时，赵佗虽然建立自己的统治，但鉴于越人的强大，不得不与越族"同其风俗"以巩固统治。所以，《史记》《汉书》描写陆贾见赵佗时的状态说尉佗"椎结箕倨"。《论衡》也说："南越王赵佗，本汉贤人也，化南夷之俗，背畔王制，椎髻箕坐，好之若性。"②对这些越族风俗习惯，赵佗皆从之，其他"居蛮之中"的中原汉族官吏也纷纷接受了越族的风俗习惯。虽然免不了有夸大之词，但秦汉之际，岭南居民仍然以土著民族为主应该毫无疑问。

魏晋南北朝，北方进入分裂割据、战乱纷争时期。虽然岭南已附属中原王朝政区版图，但中原王朝对其统治却时强时弱，时断时续，使得岭南越族仍然是这片土地的主宰。吴平后，广州刺史陶璜上表说："广州南岸，周旋六千余里，不宾属者乃五万余户，及桂林不羁之辈，复当万户。至于服从官役，才五千余家。"③所谓"广州南岸"大体上指今粤西地区，主要是高凉、高兴、宁浦三郡及连接苍梧郡部分。"不宾属者"即不入户籍者，多为土著越人，"服从官役"者一般为北来汉人。然而"不宾属者"因无法进行户籍统计，当大于此数，可见当时土著越人应是北来汉人的5倍以上。这种现象直到隋唐时期也未有多大改观，但越人这时多称为"俚""獠""壮""瑶"人等。如《太平御览》卷785引《南州异物志》说："广州南有贼曰俚，此贼在广州之南，苍梧、郁林、合浦、高凉五郡中央，地方数千里。"这里所说的高凉郡，是指现在广东的茂名、高州、电白、化州、阳江、恩平一带。《高州府志》卷6亦记载："（电白县）唐宋以前，

---

① 《史记》卷112《主父偃列传》。
② 《论衡》卷2《率性》。
③ 《晋书》卷57《陶璜传》。

壮瑶杂处，语多难辨。"杜佑在《通典》中亦对唐代高州进行描述："北鸟飞不到，南人谁去游？天涯浮瘴水，岭外向潘州（今高州）。草木春秋暮，猿猱日夜愁。定知千里泪，应只对君流。"① 直至清代屈大均在《广东新语》中亦说南部"新、春、儋、崖诸州为瘴乡，谪居者往往至死"②。即使是被秦汉时期称为"都会"的广州周围也还有不少"瑶""俚""僚"人聚居着。《南齐书·州郡志》"广州"条说："虽民户不多，而俚僚猥杂。"《南史·夷貊传》记载："广州诸山并俚僚，种类繁炽。"《隋书·薛世雄传》亦说："隋炀帝嗣位，番禺夷獠相聚为乱，诏世雄讨平之。"由此可知，南北朝至隋唐时期，广州及附近所居之俚、僚族人仍甚多。全省其他地区，特别是山区，更是少数民族的天下。如粤北山区的阳山，"皆鸟言夷面。始至，言语不通，画地写字，然后可告以出租赋奉期约"③。所以，《隋书·地理志》说："俚僚贵铜鼓，岭南二十五郡，处处有之。"明代黄佐《广东通志》也记载："晋时广东不服中央管辖的旦人多达五万余户，惠州、潮州一带尤多。""旦人"即"蜑民"，是古代百越之一支。根据李铎对揭阳（汉代就已置县）历代移民研究，发现宋代以前移民极少，有记载的仅有 5 个村寨，而宋代以后，有时间记载的则多达 249 个。由此可见，宋代以前，揭阳皆以土著居民（即百越人）为主④。唐朝时，今潮梅地区人口还很稀少，江中有鳄鱼为患，陆上有野象横行。如唐人刘恂所著的《岭表录异》中有"广之属郡，潮、循（今惠州）则多野象"的记载，说明此时中原汉人尚未大规模迁入，生态环境还未遭到破坏。《旧唐书》记载韩愈被贬至潮州亦感慨："（潮）州南近界，涨海连天；毒雾瘴氛，日夕发作……所处又极远恶……死亡无日。单立一身……居蛮夷之地，与魑魅为群。"⑤ 因此，唐代以前，从北到南，从西至东，广东仍然是以越族为主体居民。又据《文献通考》记载，北宋神宗元丰三年（1018），广南东路编户的百越族体仍多于汉族，主户（百越族体）约占 61%（347459 户），

① （唐）杜佑：《通典》卷 184《州郡》14。
② （清）屈大均：《广东新语》卷 1《天语·瘴》。
③ （唐）韩愈：《钦定全唐文·送区册序》卷 555。
④ 李铎：《历代中原移民在揭阳定居概况》，《岭南文史》1999 年第 4 期，第 5~9 页。
⑤ 《旧唐书》卷 160《韩愈传》。

客户（汉族）仅占39％；主人占72％，客人占28％而已①。可见，北宋时广东省境内的百越族体仍居于优势地位②。这些少数民族居民，使用的当然是民族语言，其地名理应以其民族语言谓之。同时，在先秦至隋唐几千年的时间内，随着生产技术水平的提高和社会的发展，南越人在自己的土地上开山耕田、驯养动物、养殖水产、开矿铸冶、造船制陶、贸易往来等，创造了光辉灿烂的岭南古文化，在各类地名上留下印记是不容置疑的。以"罗"和"峒"（峝）字地名为例，"罗"，现壮语意为山谷、田地或村寨等，根据统计，全省皆有"罗"字地名分布，除一部分作为姓存在外，绝大部分是古越语遗留下来的地名；"峒"（峝），属壮侗语系地名，本指山间谷地、盆地或群山环绕的小河流域，后来指这些区域之水田，即峒（峝）田，再往后，含义扩大，即所谓居于该区的某一血缘氏族的居地，绝无洞穴之意。如隋唐时粤西冼夫人，"世为南越首领，跨据山峒、部落十万余家"③。根据统计，全省也皆有"峒"（峝）字地名分布。所以，民国时期徐松石在《粤江流域人民史》中说："古代两粤河流的土著都是壮人，只有粤省极东部分，今日潮汕地方，少有壮人罢了。"但是，随着中原汉人的到来和不断增多，在杂居的过程中，一部分古越人被汉化，一部分不愿"归化"者则退缩至偏远的山区。特别是唐宋以来，中原汉人从东、北、西北三面大规模向广东集聚，使得许多土著居民迅速向粤西和粤西南山区、沿海退缩，一部分越人在此之前就已渡海到了海南，在地名上至今还留下深深的烙印。所以，屈大均在《广东新语》一书中说：

① 所谓主、客户的问题，有人把主户当作本地的土著人户，而把客户作为南来的客家，这其实是一种不完全准确的见解。所谓"客"，一为客家人梅的前期，本地土著居民对于南来汉民的俗称。直至宋以前仍有这种称谓。而在宋代，尤其中、后期，由于南来的客家已经愈来愈多，甚至超过本地土著人户的总数，这在史上叫作"反客为主"，慢慢便不把客家作为客户而称之。二为史称，对于客户的问题，实不完全指客家而论。根据中山大学徐俊鸣教授等人之考证，在宋代全国各地皆有此记载，不独南方有。因此，不少学者们皆认为凡主户者，是指拥有土地和直接要向国家纳税的人户而言的，而客户则不然。无论先来或后来的人，只要具有上述资格者，皆可作为主户。若原来拥有土地，而后来破产了，亦可由主户转为客户。不过一般说来，新来的客家，自然比较难以取得土地的。于是说在客户中客家是占绝大多数的，这倒是个事实，但是切不可把客户和客家等同起来看待。参阅李栢林编著《梅州史迹纵览》，广东人民出版社，1989，第48～49页。

② 容观琼：《唐代广东民族文化初探》，《中央民族学院学报》1983年第4期，第63～65页。

③ 《北史》卷91《列女》。

"自阳春至高、雷、廉、琼地名，多曰那某、罗某、多某、扶某、过某、牙某、峨某、陀某、打某。"这些地名无法用汉语进行理解，无疑是古越人在向粤西和粤西南迁移、退缩和同化过程中遗留下来的。

二　宋代以后以汉语为主体的地名

唐元和年间，张九龄开凿大庾岭，敞开了岭南与中原直通的大门，大批中原汉人因战乱、天灾和人祸等南迁广东，打破了广东省原有部族人口的分布格局。到宋元时期，已基本将广东分割完毕，后经过明清时期的进一步发展和补充，最终形成具有各自特征的族群文化区。在迁移和开发过程中，他们以各自的文化传统和表现及对当地地理环境的感知为基础对其新开辟地区和聚集村落进行命名，形成广东独特的区域族群地名景观。

根据目前研究来看，北方汉人南迁岭南早在秦汉时期或者更早便已开始。到魏晋南北朝时期，已开始有大规模中原汉人移民南下。直到宋代，南迁岭南的北方汉人人口优势才显示出来。据《太平寰宇记》和《元丰九域志》记载，从太宗太平兴国到神宗元丰的 100 余年间，新置几个州人户增长的幅度很大：梅州从 1577 户增至 12390 户，增加 10813 户，增长 686%；南雄州从 8363 户增至 20339 户，增加 11976 户，增长 143%；英州从 4979 户增至 8019 户，增加 3040 户，增长 61%[①]。所有这些均表明，在北宋前期，广南人户增加的数字已经相当可观。再者，由于唐代以后南迁岭南路线改由大庾岭和东南沿海道，所以，珠三角的广州和粤东潮州也成为主要迁入地，人口大量增加。如仁宗时曲江县人余靖《望京楼记》云："今天子都大梁，浮江淮而得大庾，故浈水最便。"《浈水馆记》亦曰："故之峤南虽三道，下浈水者十七八焉。"而地当要冲的南雄州保昌（今南雄）县，便成了各地官民南下广州的中转站。到了元丰年间，广州户数已达 143261 户，占同期广东境内（含海南岛）21 州军总户数（575937 户）的近 1/4。至南宋孝宗淳熙年间，广州的人户数已高达 185713 户，在不到百年间，竟增加了 42452 户。此时，惠州 61121 户，南恩州 27214 户，也都是前所未有的。潮州在元丰年间已高达 74682 户，可到了南宋理宗端平

---

① 　蒋祖缘、方志钦：《简明广东史》，广东人民出版社，1993，第 149 页。

年间则又有新高，达 135998 户，较元丰时几乎翻了一番①。新增人口除当地自然增长外，显然与外来人口迁入有很大关系。故《舆地纪胜》云："（南恩州）民庶侨居杂处，多瓯闽之人。"再如，根据李铎对历代中原移民在揭阳定居的研究，宋代以前，移民在揭阳定居的资料很少，有记载的仅有 5 个村寨。而宋代以后，各朝代在揭阳定居的村寨，有时间记载的就有 239 个，其中南宋 54 个，元代 25 个，明初 29 个，明中叶 52 个，明末 43 个，清初 23 个，清代后期也有 13 个②。根据梁方仲先生从宋代对广东主客户记载进行的研究统计，北宋元丰初年，广南东路的广州、端州、梅州、惠州等，其客户已明显超过当地主户③。若考虑到宋代的主客户是以土地占有关系划分的，外来人户有相当一部分是没有土地的这一现象，当时整个广东的客主比例则会更高。故可以断定，在宋代以后，广东的客户应已成为主要居民，而当地的土著居民则处于不断汉化的过程中。也就是说，在宋代以后，广东文化的发展已转变成以汉族为主体的中原文化发展态势，而新出现或更改的地名皆以汉语为主体了。

历代移民到达新居地，与当地语言发生一系列渗透、交融、取代、影响等过程，其结果也在地名上反映出来。这就是说地名与民族习俗和民族迁徙有着重要的联系。"东晋南朝衣冠望族向南而迁，占籍各郡"④，产生一些地名。这类地名多来源于中原或其他地区，以小地名为多，而没有作为郡县名称，说明移民是分批或自发南下，小股聚居。如著名的南雄珠玑巷，唐代称敬宗巷，"而旧谓（河南）祥符（县）有珠玑巷，宋南渡时诸朝臣从驾入岭，至止南雄……亦号其地为珠玑巷"⑤。又如广州的高阳里源于东汉置河北高阳郡，颍川巷为河南颍川陈氏聚居地，汾阳里为山西汾阳郡郭氏住地，陇西巷为甘肃陇西郡李氏居地，嵋山巷乃四川眉山县人居地等都可说明。这类地名在广东其他地区也不少。宋元时期，北来南迁汉人在广东已形成三大族群或民系，即广府、客家和潮汕。由于他们从不同的路线迁入广东，且选择聚族而居，故三大族群或民系将广东整体分割，即

①　梁方仲：《中国历代户口田地田赋统计》，上海人民出版社，1980，第 147 页。
②　李铎：《历代中原移民在揭阳定居概况》，《岭南文史》1994 年第 4 期，第 5～9 页。
③　梁方仲：《中国历代户口田地田赋统计》，上海人民出版社，1980，第 147 页。
④　（道光）《广东通志》卷 92。
⑤　广东省地方史志编纂委员会编《广东省志·地名志》，广东人民出版社，1999，第 1 页。

广府民系主要集中在珠江三角洲及其周围地带，客家人主要分布在粤东北和粤北地区，潮汕人则集中在粤东沿海一带。由于三大族群或民系各自相对集中，聚族而居，故以姓氏为起首字的地名遍及城乡。粤北、粤东北和珠江三角洲附近多以屋、村为通名，以姓氏为专名，如尹屋、黄屋、何屋、朱屋、姚屋、曾屋、邓屋、谢屋、彭屋、汤屋等村落，韶关市区及曲江区有黄屋村、肖村、苏村、肖屋村、陈村、罗村等地名。粤东潮州市以姓氏定村名的有200多个，占自然村总数的1/6。但在通名上多表现为厝、村，如饶平县有沈厝、林厝、郑厝、崔厝、陈厝、李厝等，潮安区有朱厝、林厝、张厝、章厝、汪厝、潘厝等。若从客家和潮汕两族群聚落典型通名空间分布来分析，大埔和丰顺南部、饶平和潮安北部以及揭阳市的揭东和普宁北部、汕尾市陆河成为二者的分界地区，而客家向西及南已深入珠江三角洲腹地。除此之外，广东城镇则多以里、巷为街道通名，以姓氏为专名，如广州的钟家巷、李家巷、杨姓里、宁家里、赵氏巷、颜家巷、司徒右巷等，也都充满移民色彩。此外，移民到达新居地，都希望安居乐业。于是，以安、仁、丰、兴、福、和、龙、隆、平、永等词结合原籍地名命名周围事物，反映出传统心理转化为地名的文化形式。如潮州的永安里、永福寺、安民、安田、全福、福全岗、福聚等，梅州的新安村、平安、安流镇、龙安、福兴镇、兴福镇、广福镇、同福、永和、永庆等。由于三族群或民系的来源地和新居环境迥异，他们还以各自方言来命名其周围环境事物，形成方言地名景观。如客家人除"屋"字地名外，还有"畲""岽""磜""嶂""埔"等字地名，潮汕人除"厝"字地名外，还有"社""洋""美""汕""澳""宅""田"等字地名。到了明清时期，三大族群或民系，特别是客家和潮汕民系，经过几百年的繁衍和发展，日益增长的人口和有限的土地资源的矛盾日趋尖锐，除部分人留在当地谋生外，其余人开始了广东历史上又一次较大规模的人口迁移活动。客家民系向粤西、沿海和省外迁移，潮汕人沿海岸向西迁移，主要定居在雷州半岛和海南岛。两民系各自一部分人还漂洋过海去谋生。至此，中原文化已深入到广东各个角落，汉语为主体的地名遍及省内每个地区，古越语地名已完全被汉语地名所覆盖，仅作为底层地名保留下来，显示着其昔日的辉煌。在这个过程中，历代中原王朝除多次用兵外，还在政治、经济、社会等各个层面对岭南进行统治，并将大量贬官、谪吏、商人等迁往岭南，与越人杂居，所有这些都加速了中原文化向岭南的传播。一系列军事手段、政治制度和经济措施都在岭南留下一大批地名。除政区地名外，军人及其家属后来在驻守或屯田时，每以所、都、堡、军、台、营等为地名通名，如湛江市的军屯、军塘村、军村、将军、官营、营仔镇、后营、本营、马台、台楼、台岭等；因建立驿递或开辟商路等出现大量以"驿""铺""亭""所""馆""站""汛""渡"等为通名的地名，如元代南海路（约今珠江三角洲）有马站 6 处，水站 11 处，馆驿 14 处，递铺 43 处，长河渡 43 处，横水渡 79 处[①]，皆有专用地名；也有因发展农业、手工业和商业而遗留下来的以"围""基""窑""锡""煤""铁""盐""灶""圩"等为通名的地名，如潮州的里忠围、大寨围、南北围、宋窑、碗窑、锡岗、锡坑、铁炉坪、东灶、新圩镇等。

三 近代以来受西方文化影响的地名

自 19 世纪中叶以来，中国的国门被打开，西方先进的地学知识也逐渐传入中国。但直至辛亥革命后，汉语"地名学"一词才在中国问世。根据周振鹤和华林甫查考，民国 17 年（1928）由上海商务印书馆出版的《综合英汉大辞典》首次将"toponomy"汉译为"地名学"，这是目前所知中文"地名学"一词的最早出处，标志着中国近现代地名学的诞生。虽然广东处于近代中国"西风东渐"的前沿，但也是帝国主义侵华战争和中国革命的发生地和策源地，战争较多。所以，广东地名并没有获得较大发展。但在洋务运动和陈济棠任政的两个时期，地名赖以产生的方式和途径在一定程度上有所增加，客观上刺激了广东近代地名的发展。

鸦片战争后，西方列强之商品像潮水般涌入珠三角，刺激了本地区水路运输的迅速发展。史称"洋禁大开，富家巨室争造货船，游手惰民竞充贩客。微赏所挟，倍息相期，往而获利，则贪进而不肯休"[②]。外国势力和国内民族资产阶级也开始在广东开设造船厂、修理厂和洋行、银行及其他公司，诞生一批以"厂""坞""公司""洋行"等命名的地名。如洛克森

---

① （元）陈大震：《南海志》卷 14。
② 吴震方：《岭南杂记》上卷。

船坞、于仁船坞、琼记洋行、汇丰银行、旗昌洋行、怡和商行、旗记铁厂、诺给船厂、柯拜船坞等，其中柯拜船坞是英国人柯拜以其名字命名的船舶修理厂。根据统计，到1863年，仅在黄埔就有船坞7座、铁厂3座、洋行24家，其他港口也有数量不等的船坞、洋行和工厂。第二次鸦片战争后，张之洞认为"三洋海面，以粤为中，中国之有洋务，以粤为始，探洋情、买洋械，以粤为便"①。故清政府的洋务运动和民族资本家的设厂热使广东又诞生一批此类地名。广州机器局就是首批诞生的洋务工厂，还以此成立"聚贤坊"。民族资本的崛起，官办、官督商办和官商合办的民用企业大量诞生，航运、电信、纺织、银行业等都迅速发展起来，此类地名不断涌现。如肇兴公司、广州同文书局、广州缫丝局、广东钱局、广州平安轮渡公司、广德泰轮船公司等，广州珠江东部北岸出现大沙头和二沙头、番禺的朱林记、东莞的林顺安和林顺和、汕尾的林兴昌等船舶修理厂以及东莞草芳涌的万利、增城的利贞、东莞英村的金利和明利、东莞公正街口的兴利等造船厂。民族资本家陈启源创办第一家缫丝厂后，因机器缫丝，"每日可缫丝四五十斤，约抵四百人工作之力"②，生产率高，质量好，成本低，南海、顺德仿效者众。1874年后陆续兴办了40多家机器缫丝厂。据1901年海关资料报告，到19世纪末，仅"广东顺德就有200多家蒸汽缫丝厂使用洋式机器缫丝"③。此外，宏远堂造纸厂、广州陈联泰机器厂、均和安机器厂、广州电灯公司、佛山巧明火柴厂、广州文明阁火柴局、广州石围塘义和火柴厂、广州芳村太和火柴厂、广州马涌桥吉祥火柴厂、番禺振兴火柴厂、汕头豆饼厂、中山天华银矿等也相继出现，从化铁矿、铅矿和阳山金矿也得到开采，全省有50多家矿厂，食品、制糖、碾米等行业规模较小的民营企业也争相出现。因此，鸦片战争以来，广东地名中大量"洋地名"出现是一大特色。1895~1913年，广州府属地新兴的主要企业有82家，涉及缫丝、棉纺、针织、火柴、建材、烟草、造纸、印刷、电力、水厂和日用工业品等多个行业。手工业经营的专业分工明显细化，发

---

① 《张之洞全集》，河北教育出版社，1989，第250页。转引自刘中民《张之洞的海防思想（上）》，《海洋世界》2010年第45期，第74~75页。

② 蒋祖缘、方志钦：《简明广东史》，广东人民出版社，1993，第513页。

③ 广州市地方志编纂委员会编《广州市志》卷5《工业卷》。

展到了 72 行以上，1909 年仅广州城内店铺就多达 27524 家。在"西风东渐"潮流的推动下，广东还出现一批新式学堂，文化地名也随之涌现，如广州同文馆、广东西学堂、广东水陆师学堂、广雅书院、南华医学堂、格致书院、真光书院、培英书院、女子中学、培正书院等。据光绪三十三年和三十四年《教育统计表》及宣统元年《广东学务统计表》记载，到1909 年，广东全省新式学堂多达 1694 所，学生有 86437 人。交通道路发展方面，广东还第一次出现了铁路地名，如早期潮汕铁路站名有庵埠、浮洋、枫溪站等。

此后，自 1911 年辛亥革命至 1948 年的 38 年间，由于政局动荡，匪患频仍，加之日本帝国主义侵略破坏，经济萧条，民不聊生，广东地名发展相对较慢。但其中的 1929 ~ 1936 年，即陈济棠主粤期间，广东各派军阀斗争暂告一段落，形成全省统一的局面，广东兵祸四起和交通不便的混乱状况才有很大改善，出现相对稳定的形势。陈济棠利用当时国内外的有利形势，提出发展广东的经济建设，并于 1929 年制定《广东省三年施政计划》，极大地推动了广东经济建设的发展，各项建设如火如荼地展开。为此，广东诞生一大批市政、乡村、文化及工厂等地名。

为解决财政问题，陈济棠大力发展工业、农业、采矿业和商业，全省涌现一大批产业地名。在工业方面，政府在广州西村建设西村工业区，在河南（珠江南岸）建设河南纺织工业区。农业方面，政府鼓励发展糖蔗农业和经济作物种植，全省掀起民垦和军垦热潮，许多糖厂相继建立起来。还利用岭南特有的气候和地貌特点，大办良种养殖场、试验场和水产养殖场。到 1936 年，全省植蔗面积达 4245 万亩，产量列全国前茅；亚热带和热带特产如柑橘、香蕉、菠萝、荔枝、胡椒、咖啡、椰子、橡胶、油棕、剑麻等远销各地，梅、李、橄榄、龙眼、枇杷、杨桃、番石榴等作物场也相继增多。政府在垦荒的同时，积极发展林业，创办 5 个模范林场，植树面积超过 30000 亩，在全省 30 余县设林场，植树面积共 1.5 万余亩，加上私人开荒造林，全省造林面积共达 20 万亩。粤东、粤中、粤西、粤北等山区、丘陵及平原地区，均种植有杉、松、桉等树和竹，所产木材、竹器，供军需民用或出口销到海外。英德、韶关、梅县、汕头、清远、江门等地设立产茶专区，所产红茶、绿茶、乌龙茶等亦远销国内外；南粤还是我国重要的水产品基地，为此，陈济棠当局还兴建了上川岛渔场和闸坡、汕尾等10个渔业区及浅水养殖场，面积计30万亩，所产鲩、鳙、鲢、鲮四大家鱼和红线鱼、马鲛鱼、鲷鱼、鲳鱼、石斑鱼、黄花鱼、带鱼、墨鱼等畅销各省和香港、澳门等地；采矿业方面，广东矿物资源丰富，明清时期曾盛极一时。在陈济棠主粤时期，粤北、粤东、粤西等地矿产资源也得到相应开采，诸如钨、锡、锑、铜、铅、锌等矿物产品运往各地销售。广州、汕头、海口、梅县、惠州、韶关、佛山、江门、肇庆、茂名、阳江等地炼铁、煤炭、电力、化工、机械、制糖、造纸、食品等工业也有一些发展。其中，广州、佛山、汕头、江门、肇庆等地的陶瓷业、葵扇业、丝业、草席业、抽纱业和刺绣业发展较快，其产品远销欧美。工业和农业的发展，推动了商业的繁荣。陈济棠当局又采取鼓励商业发展的措施，允许中外商人在广州、汕头、梅县、惠阳、韶关、佛山、江门、肇庆、清远、河源、阳江、茂名等城镇办大小商店，零售商业、饮食业、服务业网点遍布全省各地，农村圩镇集市活跃，以街为市、以路为市、露天摆卖现象甚多，各大中小城市、圩镇均有公司、商店营业。广东菜（粤菜）、潮州菜等自古就有的菜式，到20世纪30年代不仅继承下来，而且推陈出新有所发展，酒店、茶楼、餐厅遍布全省各地。广州的泮溪、北园、大三元、陶陶居、惠如楼、莲香楼、爱群大厦等成为著名的酒楼、旅店，大小食店散布大街小巷，南北美食一应俱全。全省新建省营近代企业20多家，为全国各省同类企业之冠；民营企业也从几百家发展至2000余家，其中新式企业达350家①。工厂的建设、经济作物及林木的种植、水产的养殖、商业的繁荣等，使以工厂、经济作物和林木名称、渔场名、商店和酒楼名称等命名的地名在全省城市和乡村大量出现。

鉴于20世纪20年代广东交通不发达，公路、铁路较少，陈济棠既要反对蒋介石，又要防范附近省的军阀侵扰，为了巩固南粤地盘，方便调动军队，提倡多筑公路。在实施"三年计划"（1933～1935）中，采取省、县、乡分头兴筑政策。至1935年年底，业已通车公路长4000多公里，居全国各省公路里程之冠。其中有东路第一、二、三干线，打通汕头、潮

---

① 蒋祖缘、方志钦：《简明广东史》，广东人民出版社，1993，第797～798页。

州、梅州、惠州等地县区交通；南路第一干线和琼崖、环岛公路，使广州湾（今湛江）、茂名、徐闻、合浦、钦州等地县区公路增多，海口至三亚等地公路畅通；西路则建筑三（水）四（会）公路、三（水）高（要）公路、高（要）德（庆）公路与德（庆）封（开）等公路；北路则修筑南（雄）韶（关）公路、韶（关）坪（石）公路、韶定（南）韶龙（南）等公路①。到1937年6月，广东已形成以广州为中心的公路交通网，纵横省内的有17条公路干线、326条支线，总长22079公里②。这些公路不光贯通了广东各地重要城镇，而且与福建、江西、湖南、广西四地边境公路连接，促进了华南交通事业的发展。除公路交通建设外，陈济棠当局还大力发展铁路、水路和航空运输。当时粤汉铁路仅通至韶关，经过几年的努力，到1936年，粤汉铁路全线建成，广九（广州至香港九龙）、广三（广州至三水）、潮汕（潮州至汕头）、新宁（江门至台山）等铁路均已通车。内河航运方面，至1935年，省内各江航程超过3000公里。航空建设方面也取得快速发展，新建和扩建机场有广州白云机场、天河机场，南路吴川县梅菉机场，粤东汕头机场、兴梅机场，粤北韶关机场，海南岛海口机场等，并都已开辟了航线运输。到1936年，以广州为核心的陆、海、空交通运输网开始形成。交通道路的建设和交通事业的发展，使大量车站、码头、交通道路名称涌现，如潮汕铁路所设置的庵埠站、浮洋站、枫溪站、葫芦圩站等，成为这个时期地名的一大特色。

在工业、交通建设的同时，陈济棠当局还极力推进市政建设，在全省掀起市政建设热潮和推动文化事业的发展，一大批市内街道、桥梁、公园、文化建筑物和各类学校等相继建立起来。这里仅以广州市为例进行说明。市政建设方面，当时广州全市内街街道有6000多条，但均迁曲狭隘，房屋布局杂乱。自1930年起实行整改内街街道，按消防、交通需要进行整改。到1936年，先后完成整改、拓宽的内街街道共计1356条，修建马路总长度达134公里。市内新增公共汽车公司5家，开辟营运线路19条，全市行驶的汽车1933年已达2000辆，比1929年增加1180辆③。港口、码

---

① 广州市政协文史资料研究委员会编《南天岁月》，广东人民出版社，1987，第277页。
② 程浩：《广州港史》，海洋出版社，1986，第233页。
③ 蒋祖缘、方志钦：《简明广东史》，广东人民出版社，1993，第718页。

头、仓库等建设也有起色，从内港的筑堤（河南洲头咀一带）至海珠桥止共计建设码头数十座，众多仓库相继落成在岸边及周边地区，黄埔港亦展开大规模商埠开发。其他大型建设项目如广州市府合署、海珠桥、中山图书馆、中山纪念堂等也如火如荼地展开。政府还在石牌扩建中山大学，占地1.1万多亩，在石榴岗创建勷勤大学，私立广州法学院、私立光华医学院、国立广东法科学院、国民革命军第一集团军军事政治学校、广东省立体育专科学校以及国民大学、广州大学、广东省工业专科学校和岭南大学等相继成立。小学教育事业亦有较快发展，至1927年，广州市立小学62所，到1928年8月增至69所，私立小学在全省城乡均有开办。据不完全统计，至1934年，全省小学生有14万多名①。其他社会文化事业方面，1929年，在越秀山上建设广州市立博物院，新建或扩建海珠平安、东乐、新星、光明等戏院，修建儿童游乐园、通俗讲习所、盲人学院、幼儿园及各种公园、苗圃、教堂等。在不良社会风气影响下，一批赌场、妓院等在全省大中城市开始蔓延。1928～1937年上半年，广州市妓馆遍布沙面、陈塘、东堤、长塘街内、仓边路船舶所衙门旁的钟鼓巷、荔湾区带河基的显耀里、西濠口、珠江两岸的妓艇、河南大基头附近、东较场等地。除广州外，汕头、韶关、梅县、惠州、佛山、江门、阳江、清远、肇庆、河源、茂名、海口、北海、合浦、钦州等广东中小城市、圩镇，以至一些大村庄，也都有妓女馆、院、楼、屋等，使地名类型更加复杂多样。

总之，陈济棠主粤时期成为自明清以来广东地名发展最迅速的时期，当今许多市政地名当时业已产生，对后来城市地名发展产生较大影响。

四　中华人民共和国成立以来曲折发展中的地名

1. 改革开放前的"时代"特色地名

中华人民共和国成立初期，全国百废待兴，在党中央、国务院的领导下，全国各族人民掀起建设社会主义的新高潮，各项建设事业全面展开。广东作为沿海地区，虽然历史上宋元以来，特别是明清时期得到大规模开

---

① 广州市政协文史资料研究委员会编《南天岁月》，广东人民出版社，1987，第342页。

发，但由于近代战乱的影响和自然灾害的破坏，中华人民共和国成立后仍有大量耕地、林地、水域、滩涂等未得到很好的开发和利用。1955 年 9 月，中共中央华南分局提出"以橡胶为主，林、农、牧结合，多种经营"的农垦方针。1956 年 2 月，华南垦殖局召开场长会议，把中央提出的"多快好省"的全国性方针和农垦方针结合起来，在农、林、水等建设方面，投入大量资金和劳力，全面贯彻和执行。于是，全省掀起了建造农场、林场、水库、水电站以及相关加工和服务业的高潮。一大批农场、林场、水库、水电站和各级管理部门、科研院所、安全机构以及加工和服务部门相继涌现。林业方面，到 1987 年年末，全省苗圃发展到 116 个，林场 233 场（局）（1958 年，林场大发展时期，曾达 333 场），公安机构 242 个，林业科学研究所 99 处，市县森林公路养护站 39 个，而与此相关的一大批森林采运企业、伐木（采育）场（林业局）加工厂、机械制造厂、修理厂、物资供应公司、基建工程公司等相应诞生。至 1987 年年末，全省共有木材加工厂 3176 家，森林公路、组 368 个等；农业方面，至 1987 年年末，已开垦利用土地 903 万亩，其中居民点和道路占 65.71 万亩，共建成国营农场（所）142 个，包括橡胶农场和研究所、茶场和茶叶研究所、胶橡结合场、胶麻结合场、胶蔗结合场、胶粮结合场、农工商综合场，一部分农场的场部已建成小城镇。由国营农场投资兴建的水电站达 146 个，兴办工业企业671 家，包括食品、化学、机械、建材、橡胶制品、塑料制品、饮料、木材加工、毛皮、家具、印刷等 30 多个行业。此外，国营农场还经营商业、饮食、服务业企业等 5641 个，建筑企业 198 个，科研院所、管理干部学院、各类各级学校达 1256 个。水利、水电建设方面，至 1987 年，经过 38 年大规模的水利建设，全省共建设大、中、小蓄水塘（库）工程 52114座，引水工程 5722 宗，各类水电站 7331 座，江、海堤防 4451 条，共有水闸 5575 座，基本改变了中华人民共和国成立前"大雨大灾、小雨小灾、无雨旱灾"的状况。此外，在水利工程修建的同时，全省还在江海湖滩等地进行围垦。至 1987 年年底，其中较大的围垦工程有：阳江平岗海堤、海道南北堤、海丰东关联安围、原中山平沙农场、湛江营龙围垦、阳江九芡围垦、中山大小林围垦、汕头澄饶联围围垦、台山烽火角围垦、番禺万顷沙围垦等。经过几年围垦，滩涂变粮仓，湖海变鱼塘，大量甘蔗、大蕉、豆类、黄羌、木瓜、水稻、水产等得到种植和养殖①。从中华人民共和国成立至改革开放初期，在农、林、水利等各项事业大力发展的过程中，以"农场""林场""局""所""厂""公司""合作社""供销社""代销点""水库""（电）站""围""堤""闸""塘""陂"以及作物、树木、水产等名称命名的地名涌现出来。在滩涂围垦地带，甚至有的地名以围垦面积"顷"为通名，如番禺的三顷、十顷、八顷、四顷、八顷六、七顷、五顷、十二顷、顷六等；还有部分相互附加而成名，如冯五顷、外四顷、上八顷、四顷围、九顷围、二顷三围、万顷沙镇等，成为中华人民共和国成立后广东省地名诞生最多的时期之一。

由于受"左"倾思想的影响和"以阶级斗争为纲"的路线政策的指导，新诞生的地名除以上通名外，在专名或其他地名用字方面明显带有时代特色，即大量带有"红""团结""建设""太阳""新""前进""东风""红旗""胜利""新时代""新华""曙光""和平""光明""奋勇""幸福""收获""东方红""金星""火炬""东升""五一""红星""友好""八一""永红""民"等首尾字（词）的地名，充分反映当时人们在党的领导下建设社会主义的热情。

2. 改革开放以来的新时期地名

作为岭南文化的主体，广东自古以来具有开放、包容、吸收等文化特质。改革开放以来，广东尤其是珠江三角洲、韩江三角洲等已成为我国对外开放的基地，广东的开放性也由此变得更加宽广和深入，以其毗邻港澳的优势，在许多方面大量吸收海外文化。以语言为例，根据司徒尚纪研究，英语借词已增加到 400 多个，有不少是过去所没有的用词，如杯葛（Boycott，抵制）、蛇果（Delicious apple，美国苹果）、打包（Doggy Bag，带剩余饭菜）等。而近年新潮口语更风靡香港、广州、深圳、东莞、佛山等城镇乃至珠江三角洲、韩江三角洲各地，并融合为人们日常生活用语的一部分。如波士（Boss）、阿 Sir（警察）、艾滋病（Aids）、士多啤梨（Strawberry）、Copy（复印）、Part time（兼职）、柯（Call）、吧女（Bar-girl）、裸跑（Streaking）、因特网（Internet）、派对（Party）、作秀

---

① 广东省地方史志编纂委员会编《广东省志·水利志》，广东人民出版社，1995。

（Show）、酷（Cool）等。像 Taxi（的士）、Store（士多、商店）、Mummy（妈咪）、Daddy（嗲地）、BB 崽（婴儿）、MTV（音乐电视）等用语甚至传到某些山区小城。有些口语用语还通过媒体、音乐、因特网和其他媒介扩布到内地而被仿效，如 OK（可以）、Yes（是的）、Bye-bye（拜拜）、Sorry（抱歉）、Thank you（谢谢）、No（不）、Party（聚会）、Happy（快乐）、Tip（小费）等。受国外地名的影响，一些大型建筑物或社区专名或通名出现许多借用英文地名现象。如蒙地卡罗山庄（Monte Carlo Villas）、澳洲山庄（Australia Villas）、莱茵花园（Rhine Garden）、奥林匹克花园（Olympic Garden）、大型购物中心（Mall）、超市（Supermarket）、广场（Square）、别墅（Village）、大厦（Building or House）等①。受此影响，新出现的许多社区、建筑物、道路、商店等也开始以"花园""新村""苑""山庄""别墅""雅居""广场""中心""大道""港湾""面包房"等通名进行命名。而经济的发展、开发区的建设、工厂的涌现和城市店铺的开张以及各类建筑物、道路的修建，具有新时期文化特色的地名更是大量涌现，新名词层出不穷，让人目不暇接。

随着地名的发展，地名的管理和研究工作逐步开展起来。广东省于1978 年成立省地名领导小组，1981 年更改为地名委员会，对全省地名开展普查和标准化工作。1986 年，国务院发布《地名管理条例》，广东省也随后颁布《广东省地名管理规定》，全省各市亦陆续制定和出台《地名管理实施办法》，使地名管理走上法制化轨道。自 1984 年以来，广东各市、县政府在进行大规模地名普查的基础上，编写各市、县地名志。截止到目前，全省 21 个地级市皆出版了各自的地名志，部分县、市亦出版有地名志或地名录，将新出现地名及地名问题编写在内，已形成了编写地名志、地名录的热潮。它们对各个地名的起源、读音、书写等作了订正，抛弃了一些与现行法规有抵触或不雅的地名，使地名更规范化、标准化。但是，地名研究是涉及一个地区历史、民族、语言、社会等多个学科的领域，需要有更多跨学科的学者、专家参与，并不是一蹴而就的事情。综观这些研究，仍多关注地名历史或其他文化层面，而对目前所出现的新

---

① 司徒尚纪、许桂灵：《广东发展史略》，《岭南文史》2005 年第 2 期，第 1～10 页。

地名命名、更名、通名使用以及地名研究方法等层面还有待更进一步深入探讨。

第二节　广东地名演变的动力机制

地名是地理实体的名称，它与人类的认识活动密切相连。最初地名的产生或农业社会早期的地名绝大多数是源于人类所处的周围地理环境，也就是说，地理环境是地名产生的源泉。在中国或外国的地名中，有大量体现地理性的地名，这也是地名命名的重要方式之一。而且，经过漫长的历史考验，体现地理性的地名存在的历史长，保存的数量多，自古以来为人民大众喜闻乐见。然而，地名的产生和发展显然是人类经济、社会活动的最终体现，故历史上不同时期的人类在地表的变迁与活动同样也可以通过不同的内容或方式落实到地名上，对一个地区地名的产生和发展、演变等产生重要影响，如改变其地名数量规模和空间格局、地名群的出现与形成以及地名命名方式和类型的多样化等。作为一个移民区域，岭南是不同历史时期中原汉人不断南迁、繁衍发展和演变而最终形成的越汉融合的地理空间。其地名的发展、演变，是在土著地名的基础上融合中原汉族地名文化以及被其覆盖的历史过程。所以，本节仅从历史时期的人类经济活动方面对广东地名演变的动力机制进行分析。

一　历史时期人口的增加、迁移、分布与广东地名

历史上，中原汉人大规模南迁岭南有五次，但小规模和零散移民从未间断。公元前221年，秦定岭南。公元前214年就"发诸尝逋亡人、赘婿、贾人略取陆梁地……以适遣戍"。据史书记载此次移民有50万人，其中最多的是贾人，也包括其父母、祖父母入过商籍的。接着又"适治狱吏不直者，筑长城及南越地"，他们成为秦代第二批南迁岭南的中原汉人。后赵佗又"求女无夫家者三万人，以为士卒衣补，秦皇帝可其万五千人"，这批女子同留戍岭南的秦军官兵结合成个体小家庭，是一支不可忽视的社会力量。两汉的留戍军籍、流放贵族官僚和南迁小市民，使广东省人口大量增加。以南海郡为例，汉平帝元始二年（公元2）为94253人，到汉顺帝

永和五年（140）已达到 250282 人，增加 156029 人，增长约 166%。除去当地净增因素外，这多少反映了北方中原汉人的南迁规模，其分布区域多集中在西江走廊地带①。同样，在政区设置或政区地名上亦有清楚反映。秦代自不必说，就前汉所置 3 州 5 郡 21 县中，除南海郡龙川县、揭阳县等 2 县地处东江地区，合浦郡 3 县位于粤西外，其余 16 县皆集中在西江走廊和北江以西地区。东汉末年直至隋代前夕，因北方连年战乱和天灾，长安"人相食，死者太半"②。中原人民为逃避战祸，纷纷携家出走，出现秦汉以来人民南渡的又一高潮。这些自发流徙的南渡者，史称"流人"，他们从黄河流域流入长江流域，一部分则进入珠江流域。"永嘉世，九州荒，余广州，平且康。"③ 说明偏居岭南的广东为中原流民提供了一个较为安定的生活环境。他们经洞庭湖沿湘漓进入粤西，经鄱阳湖沿赣水进入粤北，经闽浙沿海进入粤东、粤中。从广东发现的晋代墓葬来看，其分布除广州、佛山、高要外，其余全部集中于粤东、粤北各县④，说明北人南迁广东已发生空间东移现象。到了南北朝时期，流人南迁广东的势头仍未停歇，"东晋南朝，衣冠望族向南而迁，占籍各郡"⑤。这可以从郡县设置窥见一斑。鉴于交州面积广大，三国时吴黄武五年（226）析交州东部的南海、苍梧、郁林、高凉四郡置广州，结束了广东隶属其他政区的历史，单独建立行政区划。到吴甘露元年（265）又析出跨南岭山地南北的桂阳郡一部分设置始兴郡，郡治曲江。西晋统一后，又将原属荆州的始兴郡改隶广州。充分显示出人口的增加、经济的发展引起封建政府对此地的重视。至南朝梁时，广东政区曾一度有 14 州 39 郡 146 县，成为广东历史上政区数量最多的时期。虽然此时政区有滥置现象，但北方汉人大规模南迁岭南产生一定程度的影响应是毫无疑问的，在地名上也多表现为乔迁地名。如前文提到的广州的高阳里、颍川巷、汾阳里、陇西巷、岷山巷等，这类地名在广东其他地区也不少。历经隋唐的统一后，唐末北方中原地区又进入分裂割据的战乱时期，使得大批北方汉人再一次南迁广东。到了宋元时期，

---

① 蒋祖缘、方志钦：《简明广东史》，广东人民出版社，1995，第 75~76 页。

② 《晋书》卷 5《孝愍帝纪》。

③ （道光）《广东通志·金石略》。

④ 广东省博物馆：《广东出土晋至唐文物》，广东省博物馆出版，1985，第 13 页。

⑤ （道光）《广东通志》卷 92。

南迁广东的北方汉人在数量上已明显占有优势，成为聚集地的主要居住群落。梁方仲先生根据宋代对广东主客户记载的资料研究统计，北宋元丰初年，广南东路的广州、端州、梅州、惠州等，其客户已明显超过当地主户，客主户比分别为 55∶45、55∶45、53∶47、62∶38，而南恩州则高达 79∶21[①]。宋代广东人口还有另外一个重要变化，那就是人口分布在空间上发生显著变化，沿海各州府人口数量和密度增长迅速，人口分布重心南移和东移，珠江三角洲和韩江三角洲已成为人口稠密区。而且，在唐代地广人稀的循、梅二州，至宋由于客户的迁入、土地的开发、人口的繁衍，人口密度已追上西江一带，粤东人口密度首次超过粤西。到了元代，虽然前期遭受战争的破坏，人口一度下降，但沿海地区人口依然增长迅速，珠江三角洲和潮汕平原等地区已取代粤北成为广东人口分布的重心，是全省人口最多的州府。同时，宋元时期，广东业已形成的三大族群或民系因各自相对集中，聚族而居，故以姓氏为起首字的地名遍及城乡。以客家地名为例，根据统计，全省"姓＋屋"结构地名超过 1100 条，除粤东北和粤北异常集中外，珠江三角洲、粤西、粤东等都有零星分布（含宋元以后客家扩散后地名分布）。此外，他们到新聚居地后，根据对地理环境的感知和认知，将其原有地名模式带到聚居地，产生不同于他地的新地名景观。如客家人聚居区的岭、嶂、背、磜、崀、畲、拳、坪、坋、嫲等，潮汕人聚集区的垵、坂、阪、堀、社、浦、汕、苍、洋、美等，广府区的冲、涌、埌、塱、沥、滘、坭、嶜、步、埗、氹、圳、漖、拼等。元代各路州人口分布如表 4-1 所示。

表 4-1　元代各路州人口分布（至元二十七年，1290）

单位：人，户

路州名	人数	户数
广州路	1021296	170216
新州	67896	11316
潮州路	445550	63650

① 梁方仲：《中国历代户口田地田赋统计》，上海人民出版社，1980，第 147 页。

续表

路州名	人数	户数
韶州路	176256	19584
雷州路	125310	89535
南雄路	53960	10772
南恩州	96865	19373
化州路	52317	19749
乾宁安抚司	128184	75837
肇庆路	55429	33338
高州路	43493	14675
桂阳州	25655	6356
封州	10742	2077
连州	7141	4154
惠州路	99015	19803
德庆路	32997	12705
南宁军	23652	9627
梅州	14865	2478
万安军	8686	5347
吉阳军	5735	1439
循州	8290	1658
贺州怀集县	9813	2119
英德州	—	—
合计	2513147	595808

资料来源：朱云成《中国人口·广东分册》，中国财政经济出版社，1988，第37页。

　　到了明清时期，广东地域开发明显加快，大量土地得到开发，成为全国经济发达地区之一，人口规模相应有较大增加。至洪武十四年（1381），广东人口增至309.5万人，人口密度每平方公里超过14人。1491年又增至381.6万人，人口密度达到每平方公里17人。从人口分布来看，珠江三角洲已进入大规模开发阶段，进一步吸引北方汉人南迁，广州府人口遥居全省首位。潮汕平原经过数百年的开发，已渐富庶，吸引了大批闽人迁入。故明朝中后期潮州府人口大增，每平方公里三四十人。珠江三角洲和潮汕平原面积占全省的 8%，却集中了全省 40% 以上的人口。而韶、连地区从明代开始开发进程趋于缓慢，人口开始缩减。历经清代前期的战争破坏和"迁海之变"，沿海岸线数十里之内被"尽夷其地，空其人民"，广东人口锐减。康熙中期以来，清政府实行奖励垦荒和"摊丁入亩"及"滋生人丁，永不加赋"等措施，广东人口进入新的发展时期。乾隆年间，人口增长之迅速，实属罕见。如乾隆四十八年（1783），广东人口达 1563.4 万人，比 34 年前的乾隆十四年增长 1.4 倍。至嘉庆十七年（1812），广东人口达 1890 万人，同治元年（1862），更是高达 2882 万人，占全国总人数的 6% 左右，广东一跃成为全国人口最多的省份之一。而人口增长仍集中在沿海及粤东地区，如当时广州府人口最多，密度最大，达到每平方公里 306 人，是全国人口密度最大地区之一，潮州府每平方公里也有 151 人。而粤北韶州府人口密度仅为每平方公里 64 人，连州府和连山府则更低，分别为 49 人和 10 人。明清时期，粤东人口的大量繁衍，使得人多地少的矛盾非常尖锐，故大量人口开始从粤东、粤东北地区向粤西、粤西南、沿海其他地区、海南岛迁移，成为广东省历史上一次人口大规模迁移运动。至此，经过唐宋以来北方汉人不断迁入和省内人口迁移，广东全省人口格局已基本形成。因聚居地人口的大量繁衍，以及新的人口不断迁入，在原村落周围产生许多析分聚落名称，如肇庆鼎湖区沙浦镇的公坟、公坟一、公坟二、公坟三，四会市的窑头、窑头一、窑头二、窑头三、窑头四，高要区的坑岗、坑岗口、坑岗尾、高杯石、双塘坑和罗布、罗布区、罗布龙、罗布彪、塘肚、村头以及罗客、东村、中村、西村等，这在全省其他地区也非常普遍①。明清时期，析分村或析分聚落名称遍及全省各地，故出现大量小地名或最基层地名，成为此时期广东地名发展的一大特点。

鸦片战争后，近代广东一直处于战争的前沿，社会经济发展受到严重影响。直到中华人民共和国成立后，广东的各项事业发展才掀开新的一页。社会安定，经济迅速恢复和发展，医疗卫生条件改善，以及在"人多力量大""团结就是力量"等思想影响下，全国人口数量突飞猛进。1953～1958 年的 6 年间，全省自然增长人口 480.08 万人，加上迁入人口，全省

---

① 司徒尚纪主编《肇庆市地名志》，广东省地图出版社，1999。

净增人口 498.2 万人，平均每年增长 83.03 万人，年均增长率为 2.47%。
而 1954 年人口增长竟高达 116 万人，是 1987 年前增长最高的一年。从人
口迁徙和分布来看，随着省内各项建设事业的展开，1958 年前人口多从农
村迁移到城市，1958 年后，特别是 20 世纪 60 年代以来，在"上山下乡"
运动的号召下，大量人口从城市迁入农村，开展各项工程、农场、林场等
的开发和建设，产生大量新的居民点。1977 年以后，"上山下乡"人员则
陆续返回城市，水利工程修建也使得许多居民搬迁。改革开放后，因大量
农村居民转为城市市民和外来人口急剧增加，新的开发区、居民小区不断
涌现，城市进入大发展时期，大量城市地名如雨后春笋般涌现。如××花
园、××新村、××雅苑等。

二　历史时期经济发展与广东地名

地名是人类文化的组成部分之一，属于上层建筑，而它的根基在于经
济的发展，故不同历史时期岭南土地的开发和社会经济的发展为广东地名
发展和演变提供了前提和基础。但从广东整个发展历程来看，唐代以前发
展缓慢；宋元以来，汉人大量迁入后才进入大规模开发时期；而明清时期
因全国经济重心南移，岭南获得高速开发；近代以来，受战争破坏和军阀
割据等影响，经济较为萧条；中华人民共和国成立后，广东开发又进入了
新的大发展时期①。所以，笔者在此重点分析唐以前和宋元以来广东地域
开发对区域地名发展的影响。

从广东开发进程来看，主要是从北向南、由西至东的空间顺序过程，
这与中原王朝的更替和经济重心的转移以及北方汉人进入岭南通道的变更
密切相关。从开发的时间来看，唐代以前，广东的开发主要集中在粤西和
粤北地区；宋代以来，广东的开发则转向珠江三角洲和粤东及粤东北地
区。地名发展显然与此相适应，即先粤西、粤北，后珠江三角洲、粤东及
粤东北地区等。

1. 唐代以前的土地开发与广东地名

根据考古资料，早在距今约 13 万年前，广东已有人类活动。而距今 1

---

① 司徒尚纪、许桂灵：《广东发展史略》，《岭南文史》2005 年第 2 期，第 1～10 页。

万年到 3500 年前，遍布洞穴、山冈、台地、海滨等的新石器遗址在广东已发现 400 余处，如南海西樵山、佛山河宕、高要茅岗、英德青塘、始兴玲珑岩、潮安陈桥村、增城金兰寺、广州飞鹅岭、曲江石峡、香港大屿山等遗址①。人们已使用较为先进的石器，从事着渔猎和原始的农耕，并学会制作几何印纹陶和彩陶，加工玉器，还学会饲养家畜等。在居住形态上，人们已开始利用不同材料建造原始房屋，如根据考古发现，生活在滨水地区的人们已居住在"干栏式"房屋内，从事着农耕，生活在山冈或台地等离水较远的地区的人们却居住在"窝棚"式建筑内。至今广东仍保留许多带"栏"字的地名，也许即是当时人们生活的写照。根据统计，带"栏"（兰、蓝）字的地名全省达 185 个，分布区域几乎遍及全省，如粤西南湛江地区的茂兰坡、兰山村、文栏村、牛栏塘、蓝溪、姓蓝村等；粤东梅州地区的兰田尾、兰番畲、栏龙肚、牛栏岗、蓝田、蓝坊镇等；潮汕地区的兰花园、大兰口、蓝田等；肇庆地区的大栏牛、马栏坑、栏马、兰龙、兰源、下兰、坳兰、蓝塘、蓝村等，可见古越人当时就在这片土地上生存、繁衍，从事着岭南早期的开发。到春秋战国时期，根据考古发现的广东 300 多处青铜遗址、100 多座墓葬、900 余件青铜器等来看，此时的青铜铸造、制陶、稻作种植、家畜饲养等都有明显的进步，而"五羊衔谷，萃于楚庭"的传说也证明了当时广州及珠江三角洲地区的农业、家畜业的发展。此外，西江、北江、绥江、东江及其支流的不少地方，也都发现春秋战国时期的墓群或墓地，历史文献也记载了粤西和粤北都有较为丰富的铜锡矿资源，这都表明上述地区皆有土著居民村庄的存在，当地人已在各自居住空间内进行着地域的开发，并有了相对较大的发展②。

秦汉以来，北来汉人南迁岭南，起初多选择在滨水地区外围，"与越人杂居"，和当地的土著居民共同开发着这块土地，但经济发展一直较为缓慢。粤西成为此时汉人南迁岭南的主要聚居区和开发区，也是国家政权管辖区和军队重点戍屯区。唐代，张九龄开凿大庾岭后，北方汉人改从赣入粤，粤北因纬度较高、地势高，适宜南下的中原人定居，成为此时广东

①　司徒尚纪：《广东文化地理》，广东人民出版社，2001，第 24 页。
②　蒋祖缘、方志钦：《简明广东史》，广东人民出版社，1995，第 46~53 页。

开发的重点区域。如唐玄宗天宝年间，韶州、连州的户数分别是 31000 户和 32210 户，绝对数仅次于广州的 42235 户，而平均密度则远远过之①，德宗末年，刺史徐申还一次招募农户垦耕丢荒的 30000 万亩官田。粤北连阳地区丰富的铁、银、铜等矿产资源也是开发的重点之一，如《元和郡县图志》记载，怀集县东北四十二里骠山"多铁矿，百姓资焉"；《新唐书·食货志》也载，德宗朝节度使赵赞在全国铜钱紧缺时，"采连州白铜铸大钱，一当十，以权轻重"，皆表明粤北是岭南道东部垦辟的重要地区之一。此时，虽然西江走廊重要性已日渐弱于粤北大庾岭，但土地开发程度依然在提高。如唐代新、端、泷、康 4 州的人户仍分别达3900 户、9500 户、3627 户和 10510 户，按平均密度算，已超过广、潮诸州②。粤东的大埔、梅县、丰顺及潮州一带，在唐元和年间，面积有2300 多平方公里，但只有 10324 户，每平方公里不及 5 户③。当地人们还懂得改造新荒，在耕作技术上进一步提高。据《岭表录异》记载，新州、泷州的农户在山丘开荒，等春雨积水就买来鲩鱼苗撒在田里，一两年后，鲩鱼长大，把杂草连根吃掉，往后种稻就不长稗子，又可"收渔利……乃齐民之上术也"④。

由于土著居民在唐代以前一直是广东人口的主体，所以，除汉人大规模聚居区外，在地名上仍多采用当地越人名称。如南朝刘宋时徐闻县阮谦之，祖父从陈留迁此（即徐闻），他"仁郡功曹，迁奋威将军，元嘉初从征林邑，大败之，振旋而还，其后人多居遂溪，今犹有阮家村"⑤。而此前东汉时，青州人黄万定随马援南征，留家合浦，今雷州市西南海边留有"马留"地名，但其后裔世代却充当诸洞首领；再者，南北朝时显赫一时的冼夫人也是得到数万家溪洞人及海南岛 1000 多洞俚人的拥护和归附。这"洞"字显系土著居民地名用字，并非指山洞意思，而是指山间平地，引申为聚落。

———————

① 《旧唐书》卷 3《地理志》。

② 徐俊鸣等：《试论唐代广东人文地理概况》，《岭南文史》1985 年第 1 期，第 113～119 页。

③ 陈代光：《岭南历史地理特征略述》，《岭南文史》1994 年第 1 期，第 8～14、33 页。

④ 转引自陈乃生《农业生态工程之一——稻田养鱼互惠共生》，《宜宾师专学报》1930 年第 2 期，第 78～82 页。

⑤ 臧励龢等编《中国人名大辞典》，商务印书馆，1998，第 518 页。

2. 宋元以来的土地开发与广东地名

历经唐末战乱，至宋末，北方再一次陷入战乱之中，大批汉人又一次携家南迁广东，迁徙过程长达数百年之久。迁移的结果是改变了广东的人口空间分布和开发过程，形成了人口数量由过去的北多南少、西多东少，变为南多北少、东多西少；经济上由北重南轻、西重东轻，转变为南重北轻、东西并重的局面，开创了岭南地区经济发展的新阶段①。

宋代以来，翻越大庾岭的北来汉人除一小部分停留在粤北及沿途外，大部分已南迁人口稀少、尚未开发的地势低洼、河流泥沙淤积的珠江三角洲滨水地带，他们筑堤修基，建设家园。据曾昭璇等研究，自北宋末到元代初期的 200 多年间，人口由南雄珠玑巷南迁的次数达 130 次，有据可查的有 60 多姓②。另据《新唐书·地理志》《元丰九域志》《南海志》等记载，唐代天宝年间广州户数为 42235 户，北宋元丰年间为 144261 户，至南宋淳熙年间多达 195713 户，元大德八年（1304）也有 180873 户。由此可见，宋代比唐代人口突增约 4 倍。从宋代《元丰九域志》和《南海志》有主客户记载来看，北宋时广州主客户比为 45∶55，南宋为 44∶56，客户明显多于主户。根据徐俊鸣推算，三角洲平原每平方公里户数隋代为 0.7 户，唐代为 1.2 户，宋代为 4.8 户，元代达 6.0 户。人口上升趋势之快，显然与南迁移民对珠江三角洲的开发有关。宋代以前的开发多集中在珠江三角洲平原边缘及丘陵台地地带，而宋元时期则转向"田野宽平及无势恶把持之处"和"烟瘴地面，土广人稀"的滨水地带，开垦荒滩荒地，故此时大量基围修筑起来，以确保农作物的收成和人员居住安全。根据统计，宋代珠江三角洲共筑堤 28 条，总长 66024 丈，护田 24322 顷；元代筑堤 34 条，总长 50526 丈，护田 2332 顷；明代筑堤达 181 条，总长达 220400 丈；清代筑堤又有增长，达 190 条，总长 232093.22 丈，耕地面积迅速扩大③。珠江三角洲人口和围垦的增加，推动了当时地名的发展。据史书记载，东莞的茶山、乌沙、沙头、厦岗、上沙、牛渡海、西湖、福隆、水南、石贝、

---

① 陈代光：《岭南历史地理特征略述》，《岭南文史》1994 年第 1 期，第 8～14、33 页。

② 曾新等：《从族谱看宋元时期珠江三角洲的开发》，《岭南文史》2000 年第 2 期，第 13～15 页。

③ 佛山地区革命委员会《珠江三角洲农业志》编写组编《珠江三角洲农业志（初稿）》（二），1976，第 11～33 页。

司马头、石牌、东江堤等，高明的云水、塘尾、塘边、冈顶、四坊、冈边、桥头、江头等，珠海的（南屏）山北、平岗、（环城）西甲、棠下乐溪等，鹤山的（鹤城）章巷、龙明桥、尧溪等，中山的石亭巷、远岗等地名都是此时出现的。宋代珠玑巷南迁三角洲的33姓也大多建堤、筑围和立村，族姓地名也不在少数。如羚羊峡的长利围、赤顶围、香鹅围、金西围、竹洞围、腰古围、下太和围、桑园围，东江三角洲的东江堤、牛过朗堤、苏礼庵围，北江三角洲的村头围、榨寨西围、罗格围、存院围等，以族姓为村名的有冯村、曾村、简村、黄村、罗村、刘村、李村等。粤东及东北地区也获得较快发展。如《三阳志》云，晋代潮州"创郡之初，为户一千一百一十九，口五千五百二十，其时属县有五，等而言之，是一县仅有二百四十户，当时民物固可知已"。隋唐时期的潮州，大业三年（607）户数达2066户，天宝元年（742）户数为4420户，人口为26745人，到贞元十七年（801），《通典》载："潮阳郡户有一万三百二十四，口五万一千六百七十四。"人口的迅速增加，带动了土地的开发，极大地促进了潮州经济的发展和繁荣。南宋诗人杨万里亦赋诗曰："地平如掌树成行，野有邮亭浦有梁。旧日潮州底处所，如今风物冠南方。"除农业发展出现许多地名外，宋代潮州陶瓷业发展也出现许多地名，如百窑村、南窑村、砌窑村、陶峯村、前寨、北溪窑山、窑子里、表碗窑、碗窑溪、窑脊村、碗窑村、水东、溪东、前窑、后窑、上窑、下窑、中窑等。同样，粤东北的今梅州地区在宋代以来也获得较快发展，大量土地得以开发。唐时，梅州属潮州，仅程乡一县，其时潮州人口尚稀，江中有鳄鱼为患，陆上有野象横行。故当时梅溪有恶溪之名，因多险滩、鳄鱼和瘴气，成为中央官员贬谪之地。据《太平寰宇记》载，开元年间（713~741），程乡县人户仅1800户，甚是稀少。经唐末和五代北方汉人的迁入，《元丰九域志》载，北宋后期的梅州主户为5824户，客户为6548户，合计达12372户，客户占到总户数的53%，增加达7倍之多（789%）。据《元丰九域志》载，当时北宋之梅州已经有梅口、松源、李坑、双派、乐口等墟镇名出现，族姓地名也出现甚多，如李屋、曾屋、苏屋、张屋、王屋、刘屋等。虽经宋元战争的破坏、屠杀和蹂躏，梅州地区人口一度减少，生产遭受破坏，但明以后又逐渐恢复和发展起来。明代程乡人口和亩数如表4-2所示。

表 4-2　明代程乡人口和亩数

年份	户数（户）	人口数（人）	官民田亩 山塘数（亩）	人均田亩 山塘数（亩）
洪武二十四年（1391）	1686	6989	202027	28.9
永乐十年（1412）	2617	10769	322285	29.9
宣德七年（1432）	2840	12740	331616	26.0
正统七年（1442）	2988	14240	332752	23.4
景泰三年（1452）	3247	16261	333891	20.5
天顺六年（1462）	3280	16213	334460	20.6
弘治五年（1492）	2932	19381	336100	17.3
正德七年（1512）	2952	26201	336425	12.8
嘉靖元年（1522）	3096	26570	356453	13.4
嘉靖十一年（1532）	3097	28366	336654	11.8
万历九年（1581）	—	—	422324	—
崇祯五年（1632）	2012	21818	—	—
崇祯八年（1635）	1817	19674	382358	19.4
崇祯十五年（1642）	1827	19233	—	—

资料来源：（光绪）《嘉应州志·食货志》；徐俊鸣等：《古代梅县市发展过程初探》，《广东文史》1984 年第 2 期，第 26～39 页。

　　此外，粤西也得到不同程度的开发。如元代在雷州半岛台地上，开埠灌溉，至元二十九年（1292）乌古逊泽以雷州地近海，"潮汐啮其东南，陂塘碱，农病焉。而西北广衍平袤，宜为陂塘……及教民浚故湖，筑大堤，堨三溪潴之，为斗门七，堤堨六，以制其赢耗，酾为渠二十有四，以达其注输，渠皆支别为闸，设守视者，时其启闭，计其良田数千顷，濒海广潟，并为膏土"①。元代在海北海南道的雷州路、高州路、化州路、廉州路、琼州路进行屯田②，推动了地域开发与发展。

　　到了明清时期，修筑堤围势头依然不减，如前所述，明代 276 年间，仅珠江三角洲筑堤围的长度就达 220400 丈，捍护耕地面积万顷以上，年平

---

①　《元史》卷 163。
②　（元）王桢：《农书》卷 25。

均筑堤约 799 丈①。故嘉靖《广州志》称："广州东北多平皋，西南多汙泽，故番禺、东莞、增城之田，资于陂而常丰。"② 而在粤北、粤东、粤西及沿海沿江地区，也都兴修了许多陂塘工程，以保证农作物的收成。如南雄府保昌县，江武年间所修虎岸陂，"溉田二千余亩"③。永乐年间所筑高明罗塘陂，"水流二十里，灌田一百五十余顷"④。故屈大均云："凡粤之田，近海者虞潦，则有基围；近山者虞旱，则有水车。故凶荒之患常少。"⑤ 此时，三角洲地区还出现大片田畴相连的冲积地，即沙田。如"（由）顺德而南至于香山、新会，皆淤海，多沙坦，民种芦渍土成田也，数千百亩可跱而待也"⑥。所以，明霍与瑕说，从明初至中叶，香山"百年来淤沙日工资积，顷者清丈出浮田数十万亩"⑦。随着大规模的围垦，耕地面积不断增加。就香山县来说，洪武二十四年（1391），耕地面积已有390240 亩⑧，嘉靖时增至 581269 亩⑨，至明末崇祯十五年（1642）扩大至755900 亩⑩。在约 250 年间，耕地面积增加 365660 亩，几乎翻了一番。明中叶以后，顺德与香山之间的汪洋大海已成为田畴相连的冲积平原。除三角洲外，省内山区也得到广泛开垦，达到前所未有的程度。如苏韦华于成化年间任韶州知府时，韶州府就增加 3790 户，垦田增加近 60 万亩⑪。此时，还有大批流民进入惠州府，开发山区，垦山种地⑫。如永安县山区，经流民垦殖后，竟成为"大村高下棋列，稻田随山势开垦……方广至数十亩"⑬。罗浮山区，也呈现"神皋奥沃，暴水流离四注，悉成天田，虽千仞

① 佛山地区革命委员会《珠江三角洲农业志》编写组编《珠江三角洲农业志（初稿）》（二），1976，第 11～33 页。
② （嘉靖）《广州志》卷 15《沟洫》。
③ （乾隆）《南雄府志》卷 3《舆地志·山川》。
④ （道光）《肇庆府志》卷 4《舆地·水利》。
⑤ （清）屈大均：《广东新语》卷 14《食语》。
⑥ （嘉靖）《广州志》卷 15《沟洫》。
⑦ （明）霍与瑕：《霍勉斋集》卷 11《贺香山涂父母太夫人六十一序》。
⑧ （康熙）《香山县志》卷 3《食货志·土田》。
⑨ （嘉靖）《广东通志初稿》卷 23。
⑩ （康熙）《香山县志》卷 3《食货志·土田》。
⑪ （嘉靖）《广东通志》卷 49《列传》。
⑫ （清）顾炎武：《天下郡国利病书》卷 100《广东四》。
⑬ （清）屈大均：《广东新语》卷 2《地语》。

之巅皆可稼。焚石本之，莳而不耕耘，岁且两收，此尤山田之美者"①。粤东北梅州地区此时也获得较快开发。从洪武二十四年（1391）至嘉靖元年（1522）的约130年间，梅州人户增加近两倍（1.84倍），人口增加三倍多（3.8倍）。耕地面积方面，洪武二十四年有207027亩，已为元代的三倍。其余年份的田亩多在33万亩左右，嘉靖五年达35万亩，而万历九年竟高达42万亩。后虽析置镇平（今蕉岭县），仍实存38万亩之多。到了清嘉庆二十五年（1820），嘉应州达1385400丁口，每平方公里为135人，仅次于广州、潮州、高州三府，居全省第四位，高于肇庆、韶州、惠州等府。此时，田地山塘合计也达1203724亩，但人均田亩山塘数却还不到一亩，仅0.87亩，人地矛盾极为尖锐。水利工程也越修越多，如当时大埔县"惟筑陂开圳引水注灌者，各区各乡莫不有之。其工程之大者，或至数万数千金，小或百数十金不等"②。粤西山区则进入全面开发时期，如弘治三年（1490），泷水（今罗定）知县瞿观主持开辟荒田9万亩，并凿水圳48处，引水灌溉③。随后，竟也出现"农桑被亩，鸡犬声闻"的景象。雷州半岛地区还开始围垦海滩，"包滨海斥卤之地，垦田数百余顷"。洪武四年（1371），海康、徐闻两县还联合筑成海康南北大堤和遂溪堤，总长145华里，水闸75个④。广州府属各县，则凡"山谷薮泽之间，随其横斜广狭皆垦辟而田之"⑤。宋元以来，除民垦外，封建政府还进行大规模的军屯，加强对各地的统治，客观上促进了广东土地开发的进程。据黄佐《广东通志》载，明中期全省屯田凡585处，遍布各地，又以广州和惠州两府为最多，其中许多沙田的开垦和耕种，是军屯负责的⑥。经过明代近300年的垦殖，广东耕地面积大量增加，人均占有耕地面积在明中后期曾一度超过全国平均水平。据阮元《广东通志》载，洪武二十三年（1390），广东耕地面积约为2300万亩，至崇祯五年（1632）已达3200万亩，增长了39%。从人均耕地面积来看，洪武二十四年（1391），广东人均耕地面积

---

① （清）屈大均：《广东新语》卷14《食语》。
② （民国）《大埔县志》卷10《水利》。
③ （嘉靖）《广东通志》卷50《列传》。
④ （嘉庆）《雷州府志》卷18《李义壮捍海堤记》。
⑤ （嘉靖）《广州志》卷15《沟洫》。
⑥ 司徒尚纪：《岭南史地论集》，广东省地图出版社，1994，第7页。

仅为 7.9 亩，只及全国平均水平的半数，至嘉靖年间，在人口增加的情况下，广东人均耕地面积已达 12.9 亩，万历年间又上升到 16.1 亩，而同期全国人均耕地面积却下降为弘治四年（1491）的 11.7 亩和万历六年（1578）的 11.6 亩，明显高于全国平均水平①。

宋元以来，大批汉人南迁广东，并逐渐向滨水地区和山区及边远地区迁移，使得许多滨水土地、山区得到垦殖和开发。与此同时，一大批水利工程在开发过程中得到修建，许多作物得到引种。出现大量以基、围、塘、坑、陂、湖、圳、沟、涵、闸、井、泉等水利设施为通名的地名，以及以作物名称命名的地名，如新基、石基、沙基、龙岗围、南朝围、下围、螺塘、黄坭塘、东沟、深沟、陂埔、石陂、陂头、荔枝坑、荔枝园、杨梅坑、杨梅岗、杨梅村等。汉人在向广东迁移的过程中，还突出表现为开发与建村同步进行，即建堤与建村同步、建基与建村同步、开山与建屋同步等。如珠玑巷移民麦必达抵达番禺黄阁定居后便建屋建庙，"立石基以防水患"，新会周、谢、黄氏等姓，自珠玑巷来即"筑围造田，开垦种植"②。而粤北山区保昌县（今南雄市）的"凌陂"就是直接以当时修筑者姓氏命名的地名，《南雄县志》载："凌陂者，宋保昌令凌公皓之所作也。公伐石作渠，灌溉粮田二千余亩，民怀其惠，故名其陂曰凌陂，并名其江曰凌田。"此外，因北来汉人迁徙多是举家或举族南迁，故在地名上还表现为多以其族姓为地名字，出现像曾屋、李屋等大量姓氏地名。

民国时期，广东因遭受战乱之苦，虽有陈济棠统治时的相对稳定，却并不能掩盖经济长期处于萧条的状态，故地名发展相对缓慢。直到中华人民共和国成立后，各项建设事业全面展开，于是出现大量与时代特征相符的地名。改革开放以来，广东经济的高速发展和各项建设事业的进一步开展，又催生了一大批地名。但乡村聚落名称作为基层地名，事实上在清代就已基本形成，历经民国，直到今日，变化不是太大。此外，唐宋以来，广东手工业、商业的发展与发达，也都于不同时期在地名上留下大量印迹，成为

---

① 司徒尚纪：《岭南史地论集》，广东省地图出版社，1994，第 5 页。
② 曾新等：《从族谱看宋元时期珠江三角洲的开发》，《岭南文史》2000 年第 2 期，第 13 ~ 15 页。

广东地名发展与壮大的重要组成部分，本书不在此一一列举。

三　行政区划体制演变与广东地名

从地名的发展历程来看，地名的命名已从约定俗成的名称，发展到人们有目的地对各处地理实体进行命名，而且要由各级政府统一控制，使地名的命名带有一定的强制性和法定性①。从国家层面来看，地名更是涉及国家主权、国防、外交、新闻、出版、民族演变和认同等方面，特别是行政区划和国界名称，故历来政权都非常重视地名的命名。对外如此，对内统治亦是一样。历代政权为了有效地统治和治理所辖国土，不时地进行行政区划调整、地名存废和变更等。广东作为我国历史上的边疆地区之一，唐代以前虽被称为"化外"之地，但各朝均未将其排除在统治之外。相反，宋元以来，因北方汉人的大规模迁入，全国经济重心逐渐南移，大量土地得到开发，广东在全国的地位逐渐上升。特别是明清时期，广东更是成为全国的经济重心之一，手工业、商业在全国名列前茅，海外贸易首屈一指，政治统治逐渐加强，包括政区地名在内的大量新地名不断涌现。

从秦至清末，广东经历历代王朝变换，地名也多由此而更改。秦置郡县以来，西汉在广东设3州7郡26县，县下设乡或亭，地名层次增多。三国时期，广东境内设县数比汉代又增加了1/3。南朝萧梁时期，广东境内建置达15州45郡147县之多，超过现在市县数量，成为历代之最，且其他类型地名也应运而生。虽然隋代曾从政区三级制变为二级制，广东郡县数量有所下降，部分地名被废弃。但唐代政区又恢复三级制，改为道、州（府）、县制，广东境内增至24州（郡）93县，又产生许多新地名，如广州又曰"广府"，新置端、康、新、勤4州，将隋高凉郡析分为恩、春、高、潘、辩、罗6州，以及增设浈昌（南雄）、东莞、石城（廉江）等县。宋代因袭唐制，唯以路代替唐代的道，只新增长乐（五华）、香山（中山）和乳源3县。元代时，首创省为地方一级政区，还在省和路间增设道，并设置管理城厢居民区的录事司。而明代则是广东因政治经济发生重大变革

---

① 靳尔刚、张文范：《行政区划与地名管理》，中国社会科学出版社，1996，第296~297页。

所设置政区名称最多的时期，当时设有 10 府、1 直隶州、8 州和 77 县，共计 96 个政区名称，其中 22 个政区名是在元朝政区设置基础上新增加的，并重新回到省、府（州）、县三级制。所以，从总体上看，一些通名发生变化，但专名却被保存下来。此外，明代还对乡里制度进行完善，实行都、里、堡、图、甲制。至嘉靖中期，广东有里 4028 个，每里 110 户，很多里与自然村名一致，也有些里含有数个小自然村，一些小聚落地名也因此诞生。究其原因，一方面，明代时期广东经济得到快速发展，粤东、粤东北大量荒芜土地得到垦殖，在新垦殖土地设置政区以利征收赋税；另一方面，为加强对少数民族的统治，明政府在出兵镇压叛乱之后，多以"政治寓化"设置政区，分而治之。而对一些开发较早、人口稠密的地区，为增加赋税收入，也析分部分政区。清承明制，只增加花县和丰顺县，政区通名方面恢复道，增加厅，但乡里数明显比明代又有较大增加。尤其乾隆以后，户口数大幅上升，乡里制度更趋完善。以东莞为例，"城内曰坊，附城曰厢。坊三而厢一，其在野则以乡统都，乡四而都十三，图则分属坊、厢、都，凡一七七"。全省其他各地大同小异，形成基层地名群体①。民国时期，由于政局混乱，战事不断，政区调整几乎没有中断过。从最初的道、省、县，到省、县（府、厅），再到督察区（市）、县（市、局、岛）等。1931 年，广东按国民政府的规定，还对乡镇进行设置，规定 25 户为 1 里，4～10 里为 1 乡镇，县以下还设区公所及分区办事处等。后区署为虚级，实行省、县、乡镇三级政区，乡镇之下设有保甲。至 1942 年，实行新县制规定，县以下层次分为区署、乡、镇、保和甲，全省划定为 392 个区（15～30 个乡）、4708 乡和 306 镇，此外，还有 52469 个保、523419 个甲，但实际数目有所减少。至 1947 年，全省划分为 351 个区、2793 乡（镇）、37262 甲。在城市则实行区、坊制，500 户为 1 坊，每 10 坊为 1 区。这样，民国时期广东政区空间结构体系为省、区、市（县、局）、区（坊、乡、镇）等。

中华人民共和国成立初期，百废待兴，亟待建立行之有效的政区管理体制，来加强不同级别政区间的联系和适应新形势发展的需要。1958 年，

---

① 以上参见广东省地方史志编纂委员会编《广东省志·地名志》，广东人民出版社，1999。

全省掀起建市热，对民国时期遗留的分布不尽合理和名称欠妥的县进行合并和析置，至 1958 年年末，全省共置 104 县。县下设区、乡（镇），最多时区达 875 个，镇 314 个，乡 12513 个。这样，中华人民共和国成立初广东政区空间体系为大行政区、省、市（区）、县（市、区）、镇（乡、区、街道）等。从 1958 年的"大跃进"运动起，直至"文化大革命"结束，全省政区多次撤并和更改，其中县以下改乡为人民公社，广东政区体系演变为省、市（区）、县（市、区）、人民公社（镇、街道）等。1978 年以来，随着国内经济发展，广东行政区划又经历一次较大调整和改革，主要表现在：掀起新一轮"建市热"，实行市管县体制，撤销人民公社，在对乡镇重新核定的基础上撤并或建置以及撤区建乡等。这样，1986 年以来的广东政区空间结构体系为省、市、县（市、区）、镇（乡、街道办事处）等。截至 1994 年年底，全省共设有 51 个市（含副省级、地级、县级）、48 个县、42 个市辖区、1 个东沙群岛行政区域，县以下设置 1526 个镇、64 个乡（含 6 个民族乡）和 313 个街道办事处。近年来，广东又掀起"撤市改区"的热潮，行政区划又有新的发展。至 2003 年年底，广东省共有 34 个市（含地级和县级）、45 个县（含 3 个自治县）、54 个市辖区，1483 个乡（镇）。从以上分析可以看出，行政区划与政区设置对区域地名的发展和影响都显示出巨大的作用。中华人民共和国成立后，政区的演化和增置亦成为广东地名发展的重要推进因素。

小　结

地名与经济活动关系极为密切。经济活动是人类一切活动的基础，也是人类认识和改造自然活动的过程和结果。所以，地名一开始就与人类社会经济活动有着不可分割的联系，考究地名可以窥见地方经济开发过程、方式和性质，间接显示经济开发的地区差异。同样，区域经济开发和社会文化的发展也为其地名文化的产生和发展创造了条件，甚至成为其文化创造的一个部分。秦汉以降，岭南逐渐开发，人类经济活动日益增多，历代经济地理和社会变迁与地名的关系也越来越密切，成为广东地名文化产生、发展和演化的社会历史基础。首先，不同历史时期人口的增加、迁移和分布无疑为地名发展和扩散提供了基础。随着土地开发和经济活动的开展，地名文化景观三分广东的空间分布格局最终形成；其次，不同朝代的社会制度演变，特别是行政区划体制演变，也为广东地名文化丰富和发展增添了色彩。独特的区域地理环境条件显然对广东地名景观的产生和形成提供了环境背景。我们在否定地理环境决定论的同时，不能完全忽视其巨大影响。因此，类型多样的地貌特征、湿热的气候条件和丰富的动植物资源及矿产资源成为广东地名文化景观形成和发展的环境基础。在人类活动不断深入和变迁过程中，广东地名景观内涵和空间格局也在逐渐发生改变。突出地表现为秦汉以来，西江流域中原汉人的迁入和开发，在社会经济发展的过程中，广东区域文化也在悄然发生着改变；唐宋以后，大批北方汉人从陆路进入广东的同时，部分闽南人也从海路和陆路迁入粤东，至元代时期，广东内部的文化族群已基本成型，奠定了如今广东地名文化景观分布的格局。在人口迁入的同时，区域人口繁衍和土地开发，人地矛盾又日渐为族群地名文化扩散提供了条件，再加上社会制度的发展和健全，这些最终皆成为广东地名景观形成的重要影响因素。

| 第五章 |

广东地名文化景观特征

第一节　广东地名数据来源及依据

记录在地图上的地名，其多寡视地图的类型与比例尺大小而定。同一类型的地图上，其比例尺较大的，所有地名概较比例尺较小者为多。为了有效反映目前广东地名文化景观现状，保持资料的共时性和空间统一性，本资料选取广东省地图出版社于 2004 年出版的《新世纪广东省地图集》（市区图比例尺介于 1/80000 ~ 1/16000 和县级图比例尺介于 1/400000 ~ 1/80000）作为蓝本进行地名收集。因地名具有相对稳定性，虽然近几年广东地名有所变化，但聚落地名则相对稳定，选取 2004 年广东省地图出版社出版的《新世纪广东省地图集》并不影响广东地名研究结果，且仍具有代表性。数据统计主要包括该地图册所有市（县、区）行政区划图中区划地名、聚落地名（含街道办地名）、自然地名、文化地名等类型地名，但不包括街道（巷）地名、单位地名或由单位转化的文化地名等，目的在于力求充分突显占绝大多数的聚落地名。因为深处底层的聚落地名才是区域地名系统中最能有效地反映人地关系及其发展历史的一个子系统，它不仅能反映地名本身的地域特征，还显示出地名所在的农业生产场所的面上的特征。众所周知，聚落地名一旦产生，很长时间内都有历史的稳定性，所以它在区域历史地理研究中具有很重要的意义，可为研究当地自然地理环境的变迁、历代人口的迁移和历史时期区域经济的特点等提供原真的信息①。因此，聚落地名最能反映广东省的地名文化景观"内容"，是地名收集的重中之重。根据统计，共收集地名 38021 个（包括部分重名）。对此第一章中"全省地名数据库建立"中有细述。

第二节 广东地名文化景观概况

地名作为一种文化现象，不仅是注记地理实体或地域空间的一种符号，同时也是一种既可悟又可视的文化景观，有着丰富的地理、历史、语言、经济、民族、社会等科学内涵，它所体现的地域概念和地域精神也是地域文化的重要内涵。广东作为岭南文化的主体，是由广府文化、客家文化和潮汕文化三种亚文化及其他少数民族和土著文化组成的。这种由南越文化与中原汉文化、楚文化和其他外来文化融合而成的广东区域文化，虽然其处在共同的文化特质（即岭南文化）之下，但相互间还有一定的差异。反映在地名上，则是有着强烈的岭南地域特色，蕴藏着宝贵的历史文化遗产，深刻揭示广东地名文化内涵及其地域差异的特点与规律，有助于在更深层面上理解岭南文化的特质和风格。

表 5−1 广东省政区／面积／人口／地名统计

地（市）名称	县（市/区）名称	面积（km²）	人口（万）	地名（条）	人口密度（人/km²）	地名密度（条/km²）	地名规模（万人/条）
广州市	越秀区、海珠区、荔湾区、天河区、白云区、芳村区、东山区、黄埔区	1484.2	583.9	700	3934.11	0.47	0.83
	番禺区	1314	96.2	605	732.42	0.46	0.16
	花都区	969	61.9	354	638.49	0.37	0.17
	从化市	2009	53.3	483	265.31	0.24	0.11
	增城市	1741	83.4	542	479.04	0.31	0.15

① 吴必虎：《分析聚落地名，研究地理环境》，《地名知识》1988 年第 5 期，第 34 页。

续表

地（市）名称	县（市/区）名称	面积（km²）	人口（万）	地名（条）	人口密度（人/km²）	地名密度（条/km²）	地名规模（万人/条）
深圳市	福田区、罗湖区、盐田区、南山区、宝安区、龙岗区	2020.0	468.8	350	2320.79	0.17	1.34
珠海市	香洲区、金湾区、斗门区	7650.0	78.6	199	102.75	0.03	0.39
汕头市	金平区、龙湖区、濠江区、澄海区	1308.4	268.2	549	2049.83	0.42	0.49
	潮阳区、潮南区	716.8	203.9	375	2844.59	0.52	0.54
	南澳县	106.0	7.3	106	688.68	1.00	0.07
佛山市	禅城区、南海区	1228.4	160.9	588	1309.83	0.49	0.27
	顺德区	805.0	111.0	427	1378.88	0.53	0.26
	高明区	967.0	28.5	329	294.73	0.34	0.09
	三水区	874.0	38.7	310	442.79	0.35	0.12
韶关市	北江区、浈江区、武江区、曲江县	350.07	94.3	569	268.89	0.16	0.17
	乐昌市	2391.0	51.4	571	214.97	0.24	0.09
	南雄市	2469.0	45.6	534	184.69	0.22	0.09
	仁化县	1821.0	17.5	350	96.10	0.19	0.05
	始兴县	1936.0	23.9	376	123.45	0.19	0.06
	翁源县	2217.0	37.6	425	169.60	0.19	0.09
	新丰县	2045.0	23.6	491	115.40	0.24	0.05
	乳源瑶族自治县	2126.0	19.7	417	92.66	0.20	0.05
河源市	源城区、东源县	4123.6	81.9	513	198.64	0.12	0.16
	和平县	2310.0	48.3	442	209.09	0.15	0.11
	龙川县	3076.0	85.5	462	277.96	0.15	0.19
	紫金县	3939.0	78.6	608	199.54	0.15	0.13
	连平县	1995.0	37.0	450	18.55	0.23	0.08
梅州市	梅江区、梅县	3080.0	91.1	400	295.78	0.13	0.23
	兴宁市	2059.0	112.7	353	547.35	0.17	0.32
	平远县	1431.0	25.0	363	17.47	0.18	0.07
	蕉岭县	952.0	22.5	272	236.34	0.29	0.08

续表

地（市）名称	县（市/区）名称	面积（km²）	人口（万）	地名（条）	人口密度（人/km²）	地名密度（条/km²）	地名规模（万人/条）
	大埔县	2436.0	52.0	407	213.46	0.18	0.13
	丰顺县	2825.0	66.2	365	234.34	0.13	0.18
	五华县	3220.0	118.6	390	368.32	0.12	0.30
惠州市	惠城区、惠阳区	1326.0	32.5	488	245.10	0.37	0.07
	惠东县	3317.0	69.7	530	210.13	0.16	0.13
	博罗县	2530.0	77.7	513	307.11	0.20	0.15
	龙门县	2308.0	31.8	466	137.78	0.20	0.07
汕尾市	城区、海丰县	2188.0	120.6	555	551.19	0.25	0.22
	陆丰市	1515.0	152.1	510	1003.96	0.34	0.30
	陆河县	1005.0	29.1	380	289.55	0.38	0.08
东莞市	—	2465.0	156.2	640	635.99	0.26	0.24
中山市	—	1800.1	136.0	611	755.51	0.34	0.22
江门市	蓬江区、江海区、新会区	1784.0	131.1	606	734.87	0.34	0.22
	台山市	3187.0	99.3	512	311.58	0.16	0.19
	开平市	1611.0	67.9	335	421.48	0.21	0.20
	鹤山市	1045.0	35.6	331	340.67	0.32	0.11
	恩平市	1632.0	47.0	354	287.99	0.22	0.13
阳江市	江城区、阳东县	2271.6	106.7	606	469.71	0.27	0.18
	阳春市	3952.0	104.7	469	264.93	0.12	0.22
	阳西县	1409.2	46.9	471	332.81	0.33	0.10
湛江市	赤坎区、霞山区、麻章区、坡头区	1360.0	143.1	509	1052.21	0.37	0.28
	雷州市	2994.2	149.2	530	498.30	0.18	0.28
	廉江市	2711.2	150.0	580	553.26	0.21	0.26
	吴川市	901.8	99.9	280	1107.78	0.31	0.36
	遂溪县	2007.0	97.6	557	486.30	0.28	0.18
	徐闻县	1542.9	63.7	531	412.86	0.34	0.12
茂名市	茂南区、茂港区	926.8	118.7	229	1280.75	0.25	0.52
	电白县	1508.0	122.1	374	809.68	0.25	0.33
	信宜市	3079.0	122.2	523	396.88	0.17	0.23

续表

地（市）名称	县（市/区）名称	面积（km²）	人口（万）	地名（条）	人口密度（人/km²）	地名密度（条/km²）	地名规模（万人/条）
	高州市	3760.0	157.1	589	417.82	0.16	0.27
	化州市	2214.0	140.0	481	632.34	0.22	0.29
肇庆市	端州区、鼎湖区	709.0	47.3	273	667.14	0.39	017
	四会市	1252.0	42.1	325	336.26	0.26	0.13
	高要市	2196.0	73.0	473	332.42	0.22	0.15
	广宁县	2466.0	53.9	412	218.57	0.18	0.13
	德庆县	2262.0	35.3	495	156.06	0.22	0.07
	封开县	2714.0	46.6	540	171.70	0.20	0.09
	怀集县	3379.0	92.5	544	273.75	0.16	0.17
清远市	清城区	853.8	54.3	307	635.98	0.40	0.18
	英德市	5626.0	104.9	526	186.46	0.09	0.20
	连州市	2655.0	50.3	415	189.45	0.16	0.12
	佛冈县	1264.5	30.8	266	243.57	0.21	0.12
	清新县	2562.6	69.7	352	271.99	0.14	0.20
	连山壮族瑶族自治县、连南瑶族自治县	2551.0	26.9	447	27.05	0.18	0.06
	阳山县	3419.0	52.5	399	153.55	0.12	0.13
揭阳市	榕城区、揭东县	1031.5	186.3	411	1806.11	0.40	0.45
	普宁市	1519.0	201.2	481	1324.56	0.32	0.42
	揭西县	1373.0	89.3	247	650.40	0.18	0.36
	惠来县	1133.5	108.0	329	952.80	0.29	0.33
潮州市	湘桥区、潮安县	1417.0	141.3	542	997.18	0.38	0.26
	饶平县	1673.0	95.1	402	568.44	0.24	0.24
云浮市	云城区、云安县	1964.7	58.7	570	298.77	0.29	0.10
	罗定市	2235.0	108.7	404	486.35	0.18	0.27
	新兴县	1523.0	44.9	287	294.81	0.19	0.12
	郁南县	1857.0	47.8	439	257.40	0.24	0.11
合计	全省	178000	8642	38021	485.51	0.21	0.23

资料来源：根据《新世纪广东省地图集》（广东省地图出版社，2004）统计整理所得。

至 2003 年年底，广东省计有 21 个地级市、23 个县级市、42 个县、3

个自治县、54 个市辖区，1483 个乡（镇），361 个街道办，约 35500 余个聚落（村）。根据对全省地名规模①和地名密度②统计，地名主要集中在人口稠密的珠江三角洲、韩江三角洲和沿海地带以及城镇密集地区，地名密度均超过 0.25 个/km²，且地名规模也相对较大，表现出聚落稠密、集中，规模大；粤北、粤东北山区和粤西部分区域则数目较少，地名密度皆低于 0.25 个/km²，地名规模也相对较小，表现出聚落稀疏、分散，规模小。地名分布与人口、城镇分布呈正相关关系，表现出明显的空间不均衡性。

在这些地名中，常见的地名字（包括通名字、专名字和部分附加字）主要有坑、塘、山、大、村等 5 个，都超过 2000 个，占统计数的 30.10%，近 1/3。坑字有 2555 个，塘字 2298 个，山字 2255 个，大字 2220 个，村字 2118 个。"坑""塘""山"反映广东地名命名中自然地貌因素的重要性；"大"字反映当地人的喜好，据覃晓航研究，历史时期的古越人还有时把"大"和"官"视为同义词，体现了后来人深受古越人"以官为大""以大为荣"观念的影响；"村"字则是后来居上，显示出全国通用语在广东的传播和扩散。在 1000 ~ 2000 个的有水（1795）、下（1635）、石（1591）、头（1357）、田（1305）、新（1286）、岭（1145）、屋（1145）、上（1019）等 9 个字，占统计数的 32.29%。其中"水""石""田""岭"等依然是直接反映地貌形态，"下""头""上"等作为附加字也有一部分附加在地貌类型上，充分反映自然地理实体在命名中的分量。两者共占 62.39%，远远超过半数。在 500 ~ 1000 个的主要有龙（922）、坪（909）、岗（893）、南（869）、沙（865）、黄（845）、东（836）、洞（797）、场（777）、口（724）、围（720）、尾（663）、河（640）、竹（627）、西（622）、园（604）、子（597）、仔（588）、白（585）、三（553）、湖（541）、江（532）、里（529）、高（518）、溪（506）等 25 个字。在这些首尾字当中，方位字具有明显的规律性，即二

---

① 地名规模是指每条地名中的人口数，W = P/N，W 代表地名规模，P 代表区域总人口数，N 代表区域总地名数。

② 地名密度是指每平方公里地名条数 D = N/S，D 代表密度，N 代表区域地名总条数，S 代表区域总面积。

者多是相对出现的，甚至在某些市县出现次数完全相同。如对"上"和"下"字的统计中，阳江市二者皆为 29 个；云浮市二者皆为 40 个；江门市"上"为 23 个，"下"为 22 个；潮州市"上"为 37 个，"下"为 36 个，其他地市也相差无几。虽有些地市二者相差较远，但有其他字代替。如二者相差最大的河源市，"上"字有 114 个，"下"字则有 255 个，但"上"字在此有"头"或"顶"可以替代。其他相对字也是如此，如头与尾（美）、前与后（背）、大与小（仔）等，反映地方方言字对地名的影响。此外，全省地名文化景观还表现出明显的地名群分布格局，特别是方言地名分布与族群分布大致一致，下文有详细阐释。

第三节　广东地名文化景观类型特征

地名的分类是地名研究的重要课题，科学的分类必须以地名的性质及其语词特征为依据。系统的、科学的、实用的地名分类有助于我们认识庞杂纷繁的地名的内在规律，确定它们在地名分类系统中的位置，它对地名工作、地名档案、地名信息库的建立和地名的理论研究都有着现实的意义。对地名的科学分类必须充分反映地名与各种自然和社会现象的客观联系，抓住地名实质上的异同，不可只从地名词表面去分类[①]。但是，地名的分类由于地名的复杂多样和不同的目的、不同的依据、不同的标准、不同的研究方法，分类的结果也会不同，便形成了各种不同的地名分类法，国内与国外的分类亦存在着差异。

纵观以往的分类，虽然在名称和形式上千差万别，但在本质上不外乎以自然地理实体和社会人文事象为依据两种类型。在人类社会发展早期阶段，自然地理实体类型的地名较多，而社会人文事象类型的地名较少。根据华林甫统计，《禹贡》作为我国第一部区域性地理著作，就有 93 处山、水地名。除此之外，还有四海、衡阳、东陵等 13 处泛指地名。而人文地理实体名称虽有三类，即九州州名、少数民族名和属国地名，但其数量远少

---

① 靳尔刚、张文范主编《行政区划与地名管理》，中国社会科学出版社，1996，第 301 ~ 302 页。

于前者①。随着人口数量的增多和社会的发展，社会人文事象地名越来越多，后来居上超过自然地理实体类型地名，却是客观事实。本书在归结以前地名分类的基础上，根据广东区域地理环境条件和社会人文环境的历史发展和现实状况，划分为自然地理实体地名和社会人文实体及事象地名两大类，继而对每一大类再进行细分，又各自分为若干亚类型地名。但鉴于统计所得广东地名数量较多，规模较大，涉及空间较广，无法一一进行核实而类分之，故作者在此只对广东现有政区名称143条（包括广东省名）进行统计分类，政区释名详见本章表5-4。其引用皆来自《广东省志·地名志》，不再说明，特别加注的除外。

一　自然地理实体地名

1. 因山得名

广东地处岭海之间，地貌类型以山地、丘陵为主，故因山得名地名较多，全省政区名称中就有16条。分别为广州市越秀区、白云区、番禺区、花都区、深圳市南山区、博罗县、揭阳市、乳源县、乐昌市、怀集县、阳山县、英德市、肇庆市鼎湖区、高州市、化州市和湛江市坡头区。广州市花都区之名，据清《嘉庆一统志》称："花山在花县北，重峦叠嶂，亘数百里……本朝置县，因以得名。"再如乐昌县之得名，梁天监十七年（518）置平石县。隋开皇十二年（592）废平石入梁化县，开皇十八年（598）以县境乐石山及昌山，更名乐昌县。清《嘉庆一统志》亦载："昌山在乐昌县东。"《太平寰宇记》引《拾遗记》也说："县东有山名昌山……每至佳节为士庶嬉游之所，时呼为乐石，今取山为县名。"

2. 因水得名

广东地处热带、亚热带地区，降水量大，地表径流丰富，河流众多，地名依据自然地理实体中的水体命名自然也就占有优势。根据统计，全省此类政区名称高达31条，它们是广州市荔湾区、韶关市北江区、浈江区、武江区、翁源县、深圳市、汕头市龙湖区、濠江区、廉江市、吴川市、四会市、龙门县、河源市、阳江市、清远市、潮州市、始兴县、新丰县、龙

---

①　华林甫：《中国地名学源流》，湖南人民出版社，2002，第9～12页。

川县、肇庆市端州区、高要市、佛山市三水区、南海区、遂溪县、江门市
江海区、蓬江区、珠海市、金湾区等。其中广州市荔湾区之名，据南朝沈
怀远《南越记》载："江南洲周回九十里，中有荔枝洲，上有荔枝，冬夏
不凋。"广东省地名志收录时，编为"因原有荔枝湾而得名"。再如廉江县
之得名，因九洲江龙湖至石角一河段称廉江，即今九洲江古称南廉水，在
上游亦称化龙江，天宝元年（742）更名廉江县。《方舆纪要》载："南廉
水……源出广西容县界，流入（县）。或曰化龙江支流也……唐廉江县以
此水名。"

3. 因方位得名

此类地名多是依据自然地理实体或人文地理实体为参照物（方位或部
位）进行附加命名，附加字主要有东、南、西、阳等。广东政区名共有 12
个，分别为广州市东山区、南澳县、茂名市茂南区、阳西县、阳东县、连
南县、揭东县、揭西县、东源县、惠东县、汕头市潮阳区和汕头市潮南区
等。如揭西县，因县地大部为原揭阳西部境地，故名揭西。

4. 因物产得名

全省此类政区地名共有 9 条，分别是广州市芳村区、东莞市、深圳市
盐田区、海丰县、湛江市麻章区、连州市、梅州市梅江区、大埔县和揭阳
市榕城区等。如东莞之名，东莞因地处广州之东，多以编莞席为业而得
名。清屈大均《广东新语》谓"东莞人多以作莞席为业，县以为名。县在
广州之东故曰东莞，亦曰东官"。再如大埔县，东晋义熙九年（413）置义
招县。隋大业三年（607），易名万川县，因境内河川众多而名，设治湖
寮。大埔县属山区县，"地无三里坪"，故有"山中山"之称。这里是客家
人结庐聚居的密集地方。明嘉靖五年（1526）分饶平县的清远等二都置
县，改名"大埔"。据清乾隆年间进士杨赞烈《邑名音义考》释："邑曷
为大埔名。盖俗呼水宜稻者曰田；呼平旷高原宜瓜果蔬麻者曰埔。埔者单
俗字，字书尚未收者也……茶山之麓，弥望平原，无虑数十百顷地。总呼
曰埔；埔固块莽矣哉。大埔之名，俗所由称也。"其意是以江河两岸冲积
的坝地和山地、旱地之广取名。大埔的得名还有个来由，据县志记载，当
时有位乡贤宋大布先生，乐善好施，爱民如子，崇文尚武，平等待人，其
道德风范，皆为群伦表率。他在乡数十年，按封建时代，富豪之家，食必

猪鱼酒肉，衣必绫罗绸缎；但他却与平民一样，身穿布衣，素食淡饮。在他的长期影响下，乡里士淳民朴，俭约为乐。许多富人亦弃艳就素，改穿粗布衣裳，乡里仁风日盛，誉播邻里。宋大布去世后，乡人即把其出生地改名"宋公塘"。嘉靖五年（1526），划地置县，乡人为纪念大布先生的仁举美德，联合呈请朝廷，将县命名为"大布县"。后因朝中有争议，为讨好两方，改名为谐音的大埔县。

5. 因形状得名

此类地名一般是依据自然地理实体的外貌或形状特征命名，广东政区名称中有5条，即深圳市龙岗区、鹤山市、曲江县、江门市和珠海市斗门区。如鹤山县之名，县治在鹤城，城北有山，其开如鹤，称鹤山，因以名县。再如曲江县之名，因境内江流回曲，故名曲江。

6. 因土壤得名

此类地名一般是根据土壤的色彩来命名，广东政区名称中只有1条，即湛江市赤坎区。以地土色赤，多低丘陡坎，名赤坎。

7. 因声音得名

声音得名的地名较少，广东政区名称中只有1条，即徐闻县。因近海，徐徐闻海涛声得名。据清康熙《徐闻县志》："徐闻迫海，涛声震荡。曰：是安得徐徐而闻乎？"此为徐闻得名之由（一说来源于古越语，即初建徐闻县治位于"有高亢旱地中的泉水村"①）。

8. 因气候得名

全省此类地名2条，即雷州市和电白县。雷州和电白县之名，皆因地多雷电得名。电白于梁大通年间（527～528）析高凉置郡，隋开皇年间建县，均以"电白"为名。因自电白至雷州半岛，地处粤西南，地多干旱，一年四季都有雷电，尤以夏季为多，常毁物伤人畜，因而便有电白、雷州之地名称谓，印证电白多雷电而得名。据《古今图书集成·职方典》载："因地有龙湫，遇旱祷之，雷电立应。"另光绪《高州府志》卷12亦载："电白得名，以邻雷郡。"一说电白初建定址时，其后山为宝山。在宝山的悬崖峭壁上有一岩洞名龙湫岩，深不可测。相传若投石至岩中，立即雷电

---

① 刘南威：《广东省今古地名词典·徐闻县》，上海辞书出版社，1991，第530页。

交加，白光闪烁，因而便将这个郡定名为电白郡。郡址设在高凉西北境，隋改郡为县时，治所未变，即今之高州市长坡旧城村。明成化年间，县治所自旧城迁神电卫城，但县名如故。

9. 因附加得名

全省此类政区名称有 3 条，分别是清新县、增城市和江门市新会区。如增城之名，因置县时为南海郡新增加的一个县而得名。据嘉庆《增城县志》卷一引旧志谓："后汉时南海郡属县仅六，献帝建安六年（201）增置此县，故名增城"（一说增城得名，是取嘉名。如据唐李吉甫《元和郡县图志》载："昆仑山上有阆风、增城，盖取美名也。"增城是取意于神话中美好的地方）。

二 以社会人文事象命名的地名

1. 因政治寓化得名

此类地名是以统治者的意愿而命名，共有 11 条，分别为从化市、汕头市澄海区、广宁县、连平县、和平县、普宁市、罗定市、仁化县、佛山市顺德区、开平市和饶平县。如顺德之名，明景泰三年（1452），在镇压黄肖养起义之后，析南海县东涌、马宁、鼎安、西淋 4 都，又新会县白藤等堡，置顺德县，取"顺天之德"之意以名县。再如从化之名，明弘治二年（1489）朝廷平乱后置从化县，取"远氓归化之义"而名。再如开平之名，取"开通敉平"之义。"开通"是指闭塞的地方开发通达的意思；"敉（音米）平"是使时局安宁太平的意思。

2. 因取嘉名

嘉名也称美名，表示人们对此地的美好祈盼。广东政区名称中共有 7 条，它们是德庆县、新兴县、云安县、肇庆市、阳春市、惠州市惠阳区和兴宁市。如德庆之名，据宋王象之《舆地纪胜》载，南宋绍兴元年（1131）因康州曾是高宗赵构封邑，登基后遂升康州为德庆府，以示曾因德受封之庆。再如兴宁之名，据清阮元《广东通志》，东晋咸和六年（331）置兴宁县，以兴宁江为名，并取"兴盛安宁"意。

3. 因人名得名

此类地名较为少见，全省政区名称中只有 2 条，分别是中山市和茂名市。中山之得名，是民国 14 年（1925）为纪念孙中山，而更名中山。茂名之名由来，县名以纪念该地晋代著名道士潘茂名，故名（但据《太平寰宇记》载，该道士实为潘茂，用以县名，实非潘茂名云）。

4. 因避讳得名

此类地名主要表现为两个方面：一是为避历史上皇帝或其家族姓名之讳；二是为避它地重名之讳。广东省政区名称中共有 12 条，分别是信宜市、梅州市、梅县、蕉岭县、紫金县、云浮市、郁南县、南雄市、五华县、潮安县、惠州市和台山市等。如惠州之名，隋开皇十一年（591）设循州治，五代南汉改祯州治，北宋天禧五年（1021）因避太子赵祯之讳改祯州为惠州。再如梅州之名，南齐建武四年（497）析海阳县于今地置程乡县，因纪念当地名士程旼而得名。南汉乾和三年（945）升设敬州，北宋开宝四年（971）因避宋太祖祖父赵敬之讳，改名梅州（但据光绪《嘉应州志》载，梅州名取自梅江，因沿岸多梅树得名）。

5. 因古城（包括驻地、古城址）或古村得名

全省此类政区名称共有 15 条，多为古城址或政区驻地，分别为广州市天河区、黄埔区、深圳市罗湖区、茂名市茂港区、汕尾市城区、河源市源城区、江门市江海区、清远市清城区、云浮市云城区、湛江市、湛江市霞山区、梅州市丰顺县、佛山市高明区、韶关市和揭阳市惠来县等。如天河得名于区内的天河体育中心。天河体育中心始建于 1984 年 7 月 4 日，原址为天河机场。天河机场建成于 1930 年，因机场建在天河村的土地上，故名。天河村原名大水圳村，建于宋代，因村前有一条大水圳而得名（圳为河涌，指现在的沙河涌）。据村中父老回忆和村史记载，改名经过如下：民国时期，大水圳村李姓居多，与当时广州军阀李福林所在的河南（今海珠区）大塘村等五村为同宗。民国 16 年（1927），李福林势力扩张，自以为可以独霸南方，于是将其出生地河南大塘村改为天池村，以寓天池出龙之意。接着，李福林派人到各村游说，以"天"字为头改村名，因大水圳村前有一河，即沙河涌，遂改名天河村。后来，李福林没落，天池村又改回大塘村。只有大水圳村改名后，人丁兴旺，而且"大水圳"读音不如"天河"顺口，天河村名遂保留至今。1984 年 7 月 27 日，中共广州市委正式发文作出筹建天河区的决定。"天河区"这个名称首次出现在文件上。1985 年 5 月 24 日，国务院发文同意设立天河区，天河区从此定名。

6. 因传说得名

此类地名一般出现较早，人们根据传说或历史事件对地名附以愿望。全省共有 2 条，即广州市海珠区和深圳市宝安区。如宝安之名，相传县境有产银宝山，宝山有"宝"，"得宝者安，凡以康民也"，故名宝安。

7. 因两地合并而各取一字得名

此类地名多是由行政区划调整所致，如合并或拆分等。广东政区名称中有 5 条，即封开县、陆河县、平远县、汕头市金平区和珠海市香洲区。如封开县之名，是由历史上封川、开建两县合并而成，故名。

8. 因谐音得名

谐音得名主要原因有二：一是原地名听起来较俗，以谐音字取雅名；二是因方言语音间的差异或相似，以谐音字取雅名。此类政区名称广东有 2 条，即深圳市福田区和惠州市惠城区。福田一名的由来，是源于南宋光宗皇帝赵惇绍熙三年（1192）。史书记载，上沙村始祖黄金堂的四子黄西为到松子岭南麓建村，开荒造田，块块成格，故名为"幅田"，后人谐音为福田，意为"德福于田"（一说是源于宋代所题"湖山拥福，田地生辉"一词）。惠城之名，因当地方言"鹅"与"惠"音谐，将"鹅"更为"惠"，故名。

9. 因讹误得名

广东政区名称中因讹误得名较少，仅有恩平市 1 处。名由思平而来。因"恩""思"二字形近而讹化为恩平。

10. 因古物得名

此类政区名 4 个，即佛山市、佛山市禅城区、潮州市湘桥区和佛冈县。佛山和禅城皆因铜佛像而得名。相传唐贞观二年（628），乡人于塔坡寺遗址掘得东晋时宾国人所遗铜佛像 3 尊，遂名佛山，又称禅城。佛冈名之来历，清嘉庆十八年（1813）置佛冈直隶厅。厅北观音山上有大佛寺，故名佛寺冈。

11. 由其他地名转变而得名

这类情况比较复杂，命名方式比较难以分类，故单列出来，广东政区名称有 3 条，即广东省、广州市和汕头市。

广东——广东的"广"与广州的"广"多认为二者皆来源于三国吴元兴元年（264）置广州而来。广东的"东"首次出现于唐咸通三年（862）分岭南节度使东部地置岭南东道，时治广州。北宋端拱元年（988）分广南路东部地置广南东路。明洪武二年（1369）将广东道宣慰司、海南海北宣慰司合并，置行中书省，简称广东省。清沿明制，设广东行省。民国以来一直称广东省名不变。广州——广州的"广"来源有三说。一说来源于广信县。三国吴黄武五年（226）分交州（治广信）置广州。但《晋书·地理志》说因战乱未能实行，直至永安七年，即元兴元年（264）交、广二州始正式分治。交州治从广信迁龙编，广州治番禺（今广州城）；二说与当时人们对东西距离普遍称为"广"有关；三说与广州第一任刺史吕岱原籍广陵郡有关①。而上述三说之"广"字则原为黄族土音而来"广"即"黄"，黄族为古越族一支②。广州的简称和别称则是传说古时有五仙人骑五羊带谷穗飞抵广州而得名③。

汕头——古时为一片苍茫大海，属海阳县。宋宣和三年（1121）属揭阳县。后因韩江、榕江泥沙冲积以及海浪顶托堆积作用，逐渐成陆。宋代，在现岐山镇湖头村至沟南村一带和金砂、鸥汀等处已有人定居从事渔、耕，并形成集市。元代，现光华埠一带有较大渔村，称下岭，华坞已成煮盐捕鱼村庄。明洪武二年（1369）因地扼"商彝出入之冲"，在厦岭设"蓬洲守御千户所"。嘉靖年间，沙脊向海延伸，人们设栅捕鱼，称为沙汕。万历年间称沙汕坪。清康熙五十六年（1717）建沙汕炮台，雍正年间简称汕头④。

---

① 张寿祺：《广州"广"字命名始源意识考》，载史为乐主编《中国地名考证文集》，广东省地图出版社，1994，第 199～206 页。

② 徐松石：《徐松石民族学研究著作五种》（上），广东人民出版社，1993，第 283～288 页。

③ 以上除注明出处外，皆依据《广东省志·地名志》和各市县区志或地名志，文中不再一一注出。

④ 汕头市地名委员会、汕头市国土房产局：《汕头市地名志》，新华出版社，1996，第 8～10 页。

第四节 广东地名文化景观分布特征[①]

一 EOF 模型运算

1. 研究方法路线

第一步：统计各类村镇通名占某个行政区域或区域单元总体村镇数的百分比值，目的是为利用模型方法和 GIS 技术分析提供原始数据；第二步：利用经验正交函数（EOF）对原始资料矩阵作标准化处理，用求实对称矩阵的特征及特征向量方法求出空间矩阵的特征值和特征向量，计算每个特征向量的方差贡献及其累积方差贡献；第三步：将全省行政区划地图进行数字化，通过数据格式的转换，实现空间数据库和属性数字的一体化；利用 ARCGIS 服务平台的空间分析服务功能，实现空间分析模块；利用 ARC-MAP 中的制作地图功能，根据需要输出地名空间分布图。这种做法能够以数字化方式较好地表现出全省地名景观的空间分布差异特征，具有相当的科学性和可比性。

2. EOF 模型方法

根据 86 个区域单元和 64 个地名通名百分比值建立通名数据库，即 F 矩阵模型。

$$F = \begin{pmatrix} f_{11} & \cdots & f_{1n} \\ \vdots & \ddots & \vdots \\ f_{m1} & \cdots & f_{mn} \end{pmatrix} \tag{5.1}$$

其中是 m 区域单元，n 是通名要素，f_{mn} 表示在第 m 个区域单元上的第 n 个通名百分比值。利用 EOF 将上式分解为空间函数和通名函数两部分的乘积之和，即

$$F_{ij} = \sum_{p=1}^{n} T_{ip} x_{pj} = t_{i1} x_{1j} + t_{i2} x_{2j} + \cdots + t_{im} x_{mj} \quad i = 1, 2, \cdots, m; j = 1, 2, \cdots, n \tag{5.2}$$

[①] 此部分已整理发表，见王彬、司徒尚纪：《基于 GIS 的广东地名景观分析》，《地理研究》2007 年第 2 期，第 238~248 页。

写为矩阵形式为

$$F = TX \tag{5.3}$$

其中

$$T = \begin{pmatrix} t_{11} & \cdots & t_{1n} \\ \vdots & \ddots & \vdots \\ t_{m1} & \cdots & t_{mn} \end{pmatrix}, \; X = \begin{pmatrix} x_{11} & \cdots & x_{1n} \\ \vdots & \ddots & \vdots \\ x_{m1} & \cdots & x_{mn} \end{pmatrix} \tag{5.4}$$

其中 T 为空间函数矩阵，X 为通名系数矩阵。根据正交性，X_{pj} 和 T_{ip} 应满足

$$\left. \begin{array}{l} \text{当 } k \neq l \text{ 时}, \sum_{j=1}^{n} x_{kj} x_{ij} = 0, \sum_{i=1}^{m} T_{ik} T_{il} = 0 \\ \text{当 } k = l \text{ 时}, \sum_{j=1}^{n} x_{kj} x_{ij} = \sum_{j=1}^{n} x^2 k_j, \sum_{i=1}^{m} T_{ik} T_{il} = \sum_{i=1}^{m} T_{ik}^2 \end{array} \right\} \tag{5.5}$$

设

$$\sum_{j=1}^{m} x_{kj}^2 = 1, \sum_{i=1}^{m} T_{ik}^2 = \lambda_k$$

将（5.2）－（5.5）式写成矩阵形式，即

$$\begin{pmatrix} F_{11} & \cdots & F_{1n} \\ \vdots & \ddots & \vdots \\ F_{m1} & \cdots & F_{mn} \end{pmatrix} = \begin{pmatrix} T_{11} & & T_{1n} \\ \vdots & \ddots & \vdots \\ T_{m1} & \cdots & T_{mn} \end{pmatrix} \begin{pmatrix} x_{11} & \cdots & x_{1n} \\ \vdots & \ddots & \vdots \\ x_{n1} & \cdots & x_{nn} \end{pmatrix} \tag{5.2a}$$

$$\begin{pmatrix} x_{11} & \cdots & x_{1n} \\ \vdots & \ddots & \vdots \\ x_{n1} & \cdots & x_{nn} \end{pmatrix} \begin{pmatrix} x_{11} & \cdots & x_{1n} \\ \vdots & \ddots & \vdots \\ x_{1n} & \cdots & x_{nn} \end{pmatrix} = \begin{pmatrix} 1 & \cdots & 0 \\ \vdots & \ddots & \vdots \\ 0 & \cdots & 1 \end{pmatrix} \tag{5.5a1}$$

$$\begin{pmatrix} T_{11} & \cdots & T_{m1} \\ \vdots & \ddots & \vdots \\ T_{1n} & \cdots & T_{mn} \end{pmatrix} \begin{pmatrix} T_{11} & \cdots & T_{1n} \\ \vdots & \ddots & \vdots \\ T_{m1} & \cdots & T_{mn} \end{pmatrix} = \begin{pmatrix} \lambda_1 & \cdots & 0 \\ \vdots & \ddots & \vdots \\ 0 & \cdots & \lambda_n \end{pmatrix} \tag{5.5a2}$$

上三式用矩阵符号表示为

$$F = TX \tag{5.2b}$$

$$XX' = I \tag{5.5b1}$$

$$T'T = \Lambda \tag{5.5b2}$$

为简单起见，设通名场 F 是用距平量表示，由（5.2b）式两边左乘 T'，右乘 X'，利用（5.5b1）式及（5.5b2）式得

$$T'FX' = \Lambda$$

将上式左乘 X'，注意到 $F' = X'T'$，及 F 场的协方差矩阵 $R = F'F$，有

$$R X' = X'\Lambda \tag{5.6}$$

或

$$\begin{pmatrix} R_{11} & \cdots & R_{1n} \\ \vdots & \ddots & \vdots \\ R_{n1} & \cdots & R_{nn} \end{pmatrix} \begin{pmatrix} x_{11} & \cdots & x_{n1} \\ \vdots & \ddots & \vdots \\ x_{1n} & \cdots & x_{nn} \end{pmatrix} = \begin{pmatrix} x_{11} & \cdots & x_{n1} \\ \vdots & \ddots & \vdots \\ x_{1n} & \cdots & x_{nn} \end{pmatrix} \begin{pmatrix} \lambda_1 & \cdots & 0 \\ \vdots & \ddots & \vdots \\ 0 & \cdots & \lambda_n \end{pmatrix}$$

由线性代数知识得知，矩阵 Λ 和 X 分别为矩阵 R 的特征值矩阵和相应的特征向量矩阵，即

$$\begin{pmatrix} R_{11} & \cdots & R_{1n} \\ \vdots & \ddots & \vdots \\ R_{n1} & \cdots & R_{nn} \end{pmatrix} \begin{pmatrix} x_1 \\ \vdots \\ x_n \end{pmatrix} = \lambda \begin{pmatrix} x_1 \\ \vdots \\ x_n \end{pmatrix}$$

根据齐次方程组有非零解的条件是其系数行列式等于零，求得 n 个根 λ_n，即为所要求的特征值，由于协方差矩阵 R 为实对称矩阵，故其所有特征值均为正实数，将其大小排列为

$$\lambda_1 \geqslant \lambda_2 \geqslant \cdots \geqslant \lambda_n \geqslant 0$$

根据

$$T_{ij} = \sum_{l=1}^{n} F_{il}x_{jl} \quad (i = 1,2,\cdots m; j = 1,2\cdots n)$$

求得相应于 λ_k 的特征向量 $\overline{x_k} = x'_{kn}$，即为展开的地名通名场的 n 个典型场。

依据

$$R_k = \lambda_k \Big/ \sum_{i=1}^{m} \lambda_i \quad (k = 1,2\cdots p,\ p < m) \tag{5.7}$$

$$G = \sum_{i=1}^{p} \lambda_i \Big/ \sum_{i=1}^{m} \lambda_i \quad (p < m) \tag{5.8}$$

求得每个特征向量的方差贡献和前 p 个特征向量的累积方差贡献。

二　结果分析

以选取的 64 个主要地名通名进行 EOF 运算，表 5 - 2 是前 8 个主分量的方差及累积方差贡献百分比。由表 5 - 2 可知，第 1 主分量的方差贡献占总方差的 51.84%，远大于其他各个主分量的方差贡献，它集中了 64 个通名最主要的信息，前 3 个主分量累计方差贡献为 71.83%，它们所对应的地名通名空间分布基本上代表了全省 64 个地名通名的最主要的空间结构。凭借地名学和文化地理学理论对前三项最有意义的通名系数及其所对应的空间特征向量做出分析。

表 5 - 2　EOF 分析前 8 个主分量的方差贡献和累积方差贡献

单位：%

主分量	1	2	3	4	5	6	7	8
方差贡献	51.84	13.31	6.68	3.07	2.73	1.70	1.22	0.93
累计方差贡献	51.84	65.15	71.83	74.90	77.63	79.33	80.55	82.48

从第 1 主分量空间分布可以看出，EOF 分析各个特征向量均为正值，反映出地名通名在全省空间分布是否存在着普遍性。

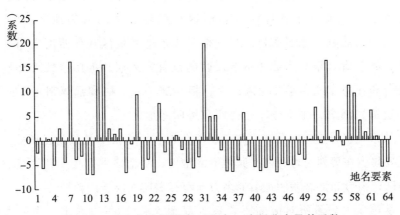

图 5 - 1　第 1 主分量要素（通名）空间分布及其系数

从地名要素系数（图 5 - 1）可以看出，当要素系数 Y > 15 时，有第 7、13、31 和 53 四个通名，即塘、大、坑和山。根据统计，四者都超过 2000 个，坑（2555）、塘（2298）、山（2255）、大（2220），共占统计数

的 30.10%，近 1/3（实际要比此数大）；当 15 > Y > 10 时，有第 12 和 57
两个通名，即村和水，村（2118）、水（1795）。当 10 > Y ≥ 5 时，有第
19、23、32、38、51、58、59 和 61 八个通名，即下、田、洞（垌、峒）、
头、石、岭、上和仔（小）。这 14 个通名在全省空间分布上明显具有普遍
性，其中以坑、塘、山和大等通名最为普遍。"坑""塘""山""岭"
"石"等通名反映的是广东自然地貌形态，其所代表的地貌形态——山地、
丘陵等占全省面积的 2/3，通名反映当地地理环境特征也就不足为奇。
"大"字反映当地人的喜好，"村"字则是受中原文化影响；"下""头"
等作为附加字也有一部分附加在地貌类型上。这从另外一个侧面也反映出
地理环境影响文化的产生，文化反映着地区的地理环境特征。当要素系数
Y ≤ -5 时，计有第 2、4、6、10、11、17、20、22、25、28、29、35、36、
40、41、42、44、45、46、47、63、64 等要素，即塱、排、寮、沥、滘、
基、厝、垄、华、坝、嶂、畲（輋）、磜、六（禄、陆）、板（曼、迈、
麻）、那、都、云、栏、圩、坳、陂等共 22 个通名，它们在全省空间分布
上均不存在着普遍性。如要素系数 Y 值较小的第 10、11、20、35、36、41
和 44 通名，即沥、滘、厝、畲（輋）、磜、板、都，它们的空间分布只集
中在某个小范围区域内，如塱、排、沥、基和滘等是珠三角水网地区特有
地名通名，主要分布在珠江三角洲地势低洼和水网密集地区；厝、垄、
华、坝等潮汕方言地名通名，多分布在粤东潮汕地区和粤西南雷州半岛等
地区；嶂、畲（輋）和磜等通名反映的是客家人居住的山区地理环境，其
主要分布在粤东北和粤北地区；六、板、那、云、栏和都等则是壮语（古
越语遗留）通名，主要分布在粤西和粤西南地区。

从第 2 主分量空间分布可知，EOF 分析各个特征向量分为正负值，正值
区主要集中在粤西、粤西南和其他沿海地区，负值区主要集中在粤东北和粤
北地区，该分布形态表明地名通名分布存在着明显的空间差异。

从第 2 主分量所对应的要素系数（图 5 - 2）可以看出，当要素系数
Y ≥ 3 时，有第 1、3、12、15、53 等要素，即涌、沙、村、南、新等通名，
它们主要分布在河流三角洲及入海口和广东其他沿海地区，包括珠江三角
洲、潮汕和粤西南沿海地区，而在粤北和粤东北广大内陆地区则极为稀
少。"涌"属粤方言，意小河汊道，演变为聚落通名，反映地势低洼、泥

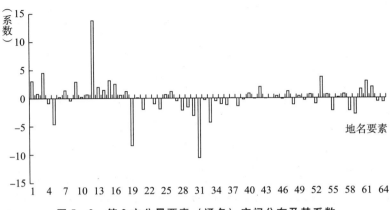

图 5 - 2 第 2 主分量要素（通名）空间分布及其系数

沙淤积、河汊纵横和水网密集的珠江三角洲流水地貌形态，聚落多分布在河汊高地上。"沙"除反映河口三角洲泥沙淤积的地貌景观外，也出现在海水顶托的沿海地区，人们以渔业生产为生，在此周围形成聚落，其意同"汕"相近。汕，即狭长的沙洲。"村"是宋元以来汉人不断南下，逐渐向广东沿海迁移和采用中原汉文化而形成的聚落通名；"新"作为附加字，则是相对已有地理实体而产生的地名通名，但也反映出汉人不断南迁和繁衍扩散的结果。"南"属方位地名附加字，是附加在自然地理实体或人文地理实体之上而产生的地名通名。当要数系数 Y ≤ −3 时，有第 5、19、30、31、33 等通名要素，即坪、下、背、坑、屋，其主要分布在粤东北和粤北地区，包括梅州全部、韶关大部、河源和揭阳北部部分地区，而珠江三角洲、雷州半岛和潮汕平原则极为稀少。"坪"指山区和丘陵地区局部的平地。《说文·土部》："坪，地平也。"《正通字·土部》："坪，地平处。"坑，指堑、沟壑。《玉篇·土部》："坑，堑也；丘虚也；壑也。"一说坑为古越语音译，意为"聚落"。"背"指山地、丘陵的侧面。"坪""坑""背"皆是客家人山区生活环境的反映，因为客家人到来后，多定居在交通不便、未被开垦的山区，可以躲避战乱，靠近赣南、闽西的粤东北、粤北山区就成为其落脚之地。"屋"指房屋，演化为聚落通名，反映客家人传统的宗族观念——聚族而居。同时，"屋"作为一种象征，反映出客家人对自己居住周围土地和财产强烈拥有的观念。"下"属方位地名附加字，同样是附加在自然或人文地理实体之上而产生的地名通名。

从第 3 主分量空间分布可知，EOF 分析各个特征向量亦分为正负值，正值区主要集中在潮汕和雷州半岛等地区，负值区主要集中在粤北、粤西和粤东等内陆地区，即表明地名通名在这两个区域存在着一定的差异。

从图 5-3 可以看出，当要素系数 Y≥3 时，有第 14、19、20、26、27、37、53 等要素，即龙、下、厝、美、埔、山等通名，其主要分布在粤东沿海地区，主要包括潮汕和雷州半岛等地区，而在粤北、粤西等内陆则相对较稀少。"龙"通"隆"，反映移民抵达新居，总希望安居乐业的美好愿望，有时也指河流或泉。"厝"属闽方言地名通名，指房屋。"美"聚落通名，与"尾"字谐音，表示地理实体的一个方位。"埔"亦属闽方言地名通名，多指码头，有时亦指小块平地。以上诸通名反映出闽南人向广东东部潮汕地区迁移和闽南文化向潮汕扩散的文化现象。因为潮汕和闽南沿海同属沿海低平原，历史上交流往来频繁，而潮汕地区距离广州较远，又有山海阻隔，出现潮汕与闽南互为一体格局，有"视闽疏粤"传统，闽南人向潮汕迁移，其文化也随之扩散进来。当要素系数 Y≤-3 时，有第 7、16、33、38 等要素，即塘、南、里、洞等通名，其主要分布在粤北和粤西地区，在粤东及其沿海地区则较少，主要包括韶关西部、清远北部和肇庆以西西江走廊等地区。"塘"反映的是地势低洼地区的环境特征，主要分布在河流沿江地区；"南"通"湳"，表示水意，是古越语遗留地名通名；"里"属壮侗语，一指寨，一指小水溪。"洞"属音译字，通"峒"或"峝"，指山寨，属壮、黎、瑶族地名通名，主要分布在粤西和粤西北的山

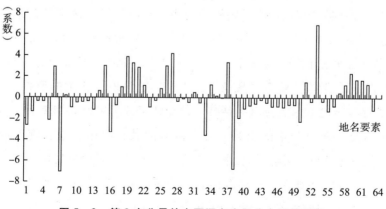

图 5-3　第 3 主分量的主要通名空间分布及其系数

地、丘陵地区。以上诸通名明显反映出古越语遗留地名痕迹，后演变为壮族和瑶族的地名通名。造成此种现象的根本原因在于该地区历史上频繁的民族活动，特别是古越族演变为壮族的西迁和瑶族的南移及其后来的北缩。此类通名中壮语通名与广西壮族地名在空间上连成一体，瑶族通名在聚落景观上体现出其山地文化特征。

三　广东地名景观的空间特征

通过对广东省64个主要地名通名进行 EOF 运算，并对3个主分量空间差异进行分析，得出以下主要结论：（1）广东地名文化景观空间分布呈现多样化特征，主要通名空间分布差异明显。塘、坑、大、村、山、沙、溪等通名全省空间分布较为普遍，各自空间分布范围较大；沥、滘、厝、垄、屋、畲（輋）、礤、板、六、都、那、云、栏等通名分布相对集中，各自空间分布范围相对较小。（2）在64个地名通名中，山、水地貌类型地名分布普遍，空间范围广，且与全省地貌分布特征相一致，如塘、坑、山、水等；族群或方言地名分布较为集中，且与全省社会历史人类活动相一致，如沥、厝、屋、板、六、都等。山、水地貌类型地名空间分布范围与全省地貌类型分布和族群或方言地名空间分布范围与全省社会历史人类活动区皆呈正相关关系。（3）64个地名通名明显地将全省地名划分为4个相对独立的区域，即粤东北和粤北客家方言地名区、粤东南及粤西部分潮汕方言地名区、珠江三角洲及其他粤方言地名区和粤西及粤西南壮语地名区。这种分布格局，除反映全省地貌类型特征外，主要归因于全省历史人类活动的结果，即与历史时期民族、人口迁移活动相关。（4）研究地名可以揭示和反映地区的地理环境特征。从广东省地名通名研究中可以发现，地名对环境的指示作用非常明显。因为，人类在改造自然景观、创造文化景观的同时，必然会或多或少地遗留下适应或改造自然环境的诸多痕迹。（5）反映部分地名通名的扩散或融合现象。如塘、坑、洞等地貌类型地名，起初作为民族（或族群）或方言地名通名使用，后因人口迁移或社会文化交流等社会历史因素，扩展为全省使用较为普遍的地名通名，在全省范围内表现为既有分布普遍性，又有其空间差异性。此外，结合对全省地名数据统计和64个主要地名字的 EOF 模型运算结果，我们还可从中发现全省地名景观具有以下宏观特征。

1. 岭南自然地理环境特征的突显性

作为文化景观的地名景观，常常是自然环境的折射物。在所统计的38021个地名中，表示自然地理环境特征的地名占绝对优势，其中以"山""水"地名为最多。如以"塘""坑""岭""岗""山""石""坪""嶂""峒""崀""坡""水""潭""河""溪""江""湾""涌""冲""埔""滘""沥""围""沙""那""龙""澳""坳""凹""圳""埔"等为首尾字地名，占到75.45%。若统计所有以地貌特征为地名字的地名则更多，估计要占到所有地名的近90%，充分表明岭南多样性地貌类型特征在地名中的反映，自然地理实体在地名命名中的重要性。另外，即使在以自然地理实体命名的地名内部，对于所谓的"山"和"水"地名也有明显的反映。根据统计，包含"山"（有岭、丘陵、坡地等）的地名主要分布在粤东、粤北和粤西山地、丘陵地带；而包含"水"（有塘、坑、陂等）的地名主要分布在珠江三角洲、各河流两岸和山地、丘陵间地势低洼地带。此种格局与广东省地貌分布基本一致。

其次为动植物地名，如以"竹""杨（梅）""桑""麻""枫""茶""荷""蕉""荔（枝）""榕""柚""樟""龙""马""牛""鸡""鱼""狮""鹅""螺""凤（凰）""鹤""鲫鱼""鲤鱼""马""鹊""鸭""虎""象"等命名的地名也较多存在，反映出岭南亚热带、热带生物多样性特征及其对地名文化的影响。最后也有以矿产（锡、铜、铁、银等）、盐（场）、土壤颜色（赤、红、白等）、气候特征（如雷公等）等命名的地名。充分反映出岭南自然地理环境的多样性和地名命名中的自然地理环境特征。

2. 地名通名的多样性和开放性

地名通常由通名和专名组成，即通常所说的"通名定类，专名定位"。地名中的通名，从含义说必须能明确地表示某种地理实体的类别；从结构说必须能单说或者能分离、能替换（和专名分离开来，替换不同的专名构成同类地名）。影响通名分布的因素主要包括自然环境、语言区域和历史文化。由于广东地处我国南方边陲，有着自己独特的区域文化和方言特征，这在地名中表现极为鲜明。即通名表现出特有的多样性和开放性。在所统计的38021个地名中，除坑、塘、山、村、头、屋、岗等通名地名数量较多外，其他通名不下 700 余个，分布相当分散。在这些通名中，既有北方中原的通名用字，又有当地方言用字；既有反映地理环境用字，也有反映人类活动用字；既有古越族语用字，又有不同时代特色用字；既有吸收中原文化的通名用字，又有接受海外文化的用字。充分反映出广东地名在通名用字上的多样性和开放性。同时，在通名多样性的现象下，亚区中的通名群的集中性也是显而易见的，与方言分布大体一致。如"屋""嶂"等客家方言通名分布在粤东、粤北和其他客家人居住地；"厝""洋"等通名分布在粤东潮汕人居住区；以"那""罗"等壮语通名字分布在粤西和粤西南靠近广西的地区；而"涌""沥"等通名则主要分布在粤语流行的珠江三角洲地带。

3. 齐头地名分布的集中性

在我国地名中，可以说，绝大多数为齐尾式地名，即通名在后，专名在前。但在岭南，却存在相当部分齐头式地名。在广东，这部分地名主要集中分布在粤西和粤西南，即西江流域和珠江口以西，特别是在肇庆、云浮、湛江和茂名等市，靠近广西一带最为突出。这在清人屈大均的《广东新语》和民国时期徐松石的《粤江流域人民史》中皆有论述。另外，徐松石在罗列了"那""都""思""古""六""罗""云"等字的倒装地名之后，又总结出"壮族地名具有分类密集的现象。例如，云字地名集中于广东的南部和广西的东部；罗字地名也集中于同一个地方；六字地名集中于广东的西部南部和广西的中部东部；思字地名的集中地带也与六字相同"。如此集中的分布还有，"调字博字潭字的地名，则多在广东的极南，至于良字都字和古字的地名，除东江和北江的北段以外，粤江流域其他各地都很普遍"①。根据司徒尚纪研究，表示自然地理特征的壮语地名，如"洞（峒、垌）、罗、六（禄、渌）、黎、陇、弄、南（淊）、濑、塘、潭"等字，"以广西至为集中，在广东主要分布在西南部和中部，次则北部，而东江、兴梅、粤东（潮汕）地区则很少，甚至几乎绝迹"②。

从表 5 - 3 可以发现，表示水田或田地、反映岭南稻作文化"那（纳）"

---

① 徐松石：《徐松石民族学研究著作五种》（上），广东人民出版社，1993，第 204 页。
② 司徒尚纪：《广东文化地理》，广东人民出版社，2001，第 354 页。

表 5-3　广东齐头式（壮语）地名主要用字分布统计

地市通名	广州	深圳	珠海	汕头	佛山	韶关	河源	梅州	惠州	汕尾	东莞	中山	江门	阳江	湛江	茂名	肇庆	清远	潮州	揭阳	云浮
那/纳	1	0	0	0	0	0	0	1	0	1	0	0	23	41	81	29	0	1	0	0	1
罗	25	4	0	1	24	40	17	16	11	14	3	1	12	16	21	16	80	18	2	4	37
都/多	5	0	0	3	4	3	4	4	9	1	0	2	5	1	3	1	22	1	2	3	10
云	8	0	0	9	11	14	1	1	3	1	2	2	15	5	6	18	32	12	4	4	46
古/过	16	3	0	5	7	35	16	7	12	8	3	7	24	10	11	18	42	27	12	4	16
六/禄/渌	9	0	0	8	7	7	8	1	5	2	1	8	10	8	34	34	27	20	0	1	15
洞/峒/峝	54	2	0	3	27	219	65	14	62	13	4	0	49	87	49	143	129	169	5	10	83
调	0	0	0	0	0	0	0	0	0	0	0	0	0	0	25	2	2	1	0	0	0
博	1	0	0	1	1	2	0	1	1	2	3	0	0	0	10	5	0	0	0	1	1
潭	35	0	0	1	10	20	15	25	16	18	5	2	21	10	25	12	6	28	5	31	2
黎	7	1	0	1	15	4	5	1	2	2	2	1	3	2	19	5	9	14	0	1	9
合计	161	10	0	32	106	344	131	72	121	62	23	23	162	180	284	283	349	291	30	59	220

资料来源：依据《新世纪广东地图集》（广东地图出版社，2004）整理和统计所得。

字地名，主要分布在江门、阳江、茂名和湛江等地，即接近广西的粤西南地区。若从两广来看，又以十万大山为根据地，向两侧散开，广东其他地区则很少。"罗""都（多）""云"三者以西江流域为主要分布地，其次为粤西南地区，其他地区则相对较少。"古（过）""六（禄、渌）"二者除粤西和粤西南外，还扩及北江流域，如韶关、清远等地。"洞（峒、峝）"和"潭"则已被其他少数民族或族群接受，扩展到全省，但仍以北江偏西为主要分布地，显然与壮族和瑶族等其他少数民族活动有关。"黎"、"调"和"博"则正如徐松石先生所说"多在广东的极南"，即粤西南的雷州半岛一带。

4. 地名词汇的民族性（或族群性）和方言性

地名起初是地理环境的"真实"表现。后来随着社会的发展，越来越多的人类构造物和人类活动事件进入地名，地名的社会文化性逐渐增强。因此，地名成为人类文化的重要组成部分，"地名是人类活动的化石"成为公认的事实。而文化又具有区域性和民族性，使得地名也成为民族和区域的重要表现形式之一。广东地名的民族性主要表现在古越族和壮族地名的大量存在，地名用字更多地体现出方言成分。在所统计的38021个地名中，壮族、畲族、瑶（排）族、黎族等地名皆有反映。壮族地名大部分为古越族地名的遗留，前面已论及。畲族、瑶族、黎族地名主要反映带有"畲""瑶""黎""洞（峒、峝）""輋"等字的地名。据统计，全省带"瑶"字地名80个，带"黎"字地名103个，带"輋"字地名27个，而带"洞（峒、峝）"字则高达1190个，表明"洞（峒、峝）"字已被其他民族借用，成为地名通用字。除此之外，方言字在广东地名中则大量存在。如"涌""沥""滘""朗（塱、崀、埌）""礤""崀（嵊、崬、崟）"等。全省"涌"字地名共有177个，"沥"字63个，"滘"字83个，主要分布在珠江三角洲河网密集地带；"朗（塱、崀、埌）"共有213个，分布较为普遍，说明深受古越族语影响；"礤"字有103个，"崀（嵊、崬、崟）"字有168个，主要分布在粤东、粤北和其他客家人聚居区；以方言字"厝"为地名用字的地名也多达111个，主要分布在潮汕人居住区。此外，还有大量的因借用而产生的谐音地名。如尾与美、棠与塘、马与麻、巢与寨、后与鹤、龙与隆、霞与下，等等。出现这种现象的原因，主要是古越人及后来演变的壮族、黎族等没有自己的文字，沿用汉字偏旁进行造字；其次，汉人到来后，杂处其间，采用音译当地古越语地名所致。

四　广东省族群地名分区

64 个通名中，反映社会文化特征的通名数量多，且分布相对集中，主要分布在民族或族群聚集区或遗留区，以及其所形成的方言区。造成这种现象的根本原因显然与历史上广东民族或族群的形成、迁移和融合紧密联系在一起。如魏晋南北朝以来，中原汉人为躲避战乱等原因选择在闽粤赣交界山区生存繁衍，形成客家文化区，后因人口膨胀、山区地少人多，逐渐外迁和扩散而形成的地名文化区；由于潮汕地区在地理位置上与福建的漳、泉一带接壤，同属沿海低平原，而潮州与广州相离较远，且有关山阻隔，导致历史上潮汕人与闽南人交往很多，历代居民的迁徙，促使粤东一带的居民也使用闽南话，在潮汕一带形成闽南语区，俗称"潮汕话"，自然也会在地名上有所反映，形成闽南地名文化区。后因潮汕人沿陆路和海路向粤西南及海南等地迁移，也使得在粤西南和海南出现潮汕方言和地名文化区①。另外，珠江三角洲是一个特殊的复合型三角洲，三角洲平原上分布着 160 多个岛丘，表现为丘陵、台地和残丘，是由三江携带大量泥沙在珠江口淤积和不断围垦的结果。由于地势低洼，泥沙和岛丘将原是汪洋大海一部分的珠江口分割包围，形成塘基、河汊与低山、台地纵横交错分布格局。若将河汊道计算在内，三角洲平均河网密度超过 800m/km²②。沥、滘、涌等是小河的河汊道，塘、朗（塱）、潭、基、围等是生产环境的真实写照。因此，全省此类通名在空间上大致表现为面状结构分布。

作为自然和人文地理实体的专有名称，地名显然是自然和人文地理实体的映射物。依据"先入为主"和"名从主人"的命名原则，地名更多的体现了人们认识自然和人类社会本身的思维方式。在数学模型和现代技术条件下，如何将地名的自然地理属性和社会属性融汇在一起，探讨地名文

① 李新魁：《广东的方言》，广东人民出版社，1994，第 263～265 页。司徒尚纪：《岭南历史人文地理——广府、客家、福佬民系比较研究》，中山大学出版社，2001，第 257～258 页。
② 蔡人群：《富饶的珠江三角洲》，广东人民出版社，1986，第 15～19 页。

化内涵将是今后所面临的课题。本书是对这一方法和技术的初步尝试，将广东省主要地名从量化关系上解释其空间分布结构和地名文化的区划，与事实基本吻合，也期望能为量化方法和技术手段运用到文化地理学其他文化景观或文化现象等方面的研究提供借鉴。同时，对于体现人类思维等方面的社会文化现象能否用量化的方法和技术手段进行运算和科学的解释，还有待更深入地探讨和研究。

第五节　广东政区地名文化景观特征①

政区是国家为了有效治理国土，根据实际需要，对其进行的行政区划，政区拥有区位和范围、行政中心等特性。政区地名即是二者的结合，一般是指具有一定范围的行政区划的名称。政区的命名，即政区名称来源多是依据该区域的地理实体、人文事象或体现统治者的意愿等方面。通过对广东政区地名的研究，可以透视广东的地理、历史、人文等其他自然与社会文化现象。截止到 2003 年 12 月，广东省现有的 143 个县级及以上行政单位，其地名特征主要表现为：

表 5 - 4　广东省现代政区名称统计

序号	市县 （区）名	命名缘由	名称最早 出现年代	距 2004 年时间
1	广州市	因其他地名转变而来，一说因族姓（黄族）或方言（东西为"广"）得名	三国（264）	1740
2	越秀区	因山（越秀山）得名	1950 年	54
3	东山区	因山和方位得名	明成化年间	约 520
4	海珠区	因传说（海珠石）得名	清乾隆年间	约 250
5	荔湾区	因水（荔枝湾）得名	晋代	约 1700
6	天河区	因村（天河机场、天河村）或因事件得名	民国	约 60

---

① 此部分已整理发表，见王彬、黄秀莲、司徒尚纪《广东政区地名文化景观研究》，《热带地理》2011 年第 5 期，第 507 ~ 513 页。

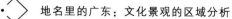

续表

序号	市县（区）名	命名缘由	名称最早出现年代	距2004年时间
7	白云区	因山（白云山）得名	明清时期	约400
8	黄埔区	因村（浦村）和物（凤之谐音）或因姓（黄）或因水（黄木河）得名	南宋	约850
9	芳村区	因特产（花）或谐音（荒）得名	明（1374）	630
10	番禺区	因山（番山和禺山或番山之隅）得名	秦（前214）	2218
11	花都区	因山（花山）得名	清（1685）	319
12	增城市	"为南海郡新增加一个县而得名"或嘉名（昆仑山上有阆风、增城）	汉（201）	1803
13	从化市	政治寓化得名，"远氓归化之义"	明（1489）	515
14	韶关市	因明清在此设税关而得名，一说因韶石得名	清（1670）	334
15	北江区	因水（浈、武两江在境南汇成北江）得名	晋代	约1600
16	浈江区	因水（浈江流过）得名	晋代	约1600
17	武江区	因水（武江流经东缘）得名	晋代	约1600
18	翁源县	因水（滃江之源）得名	南朝（554）	1450
19	深圳市	因水（深圳河）得名，"深圳河流经，河沟深浚"	明（1410）	594
20	宝安区	因传说（县境有产银宝山）得名，"得宝者安，凡以康民也"	晋（331）	1673
21	福田区	因谐音（幅谐幅）得名	宋（1192）	812
22	罗湖区	因村（罗湖村）得名，古越语地名	清康熙年间	约300
23	盐田区	因昔日造田晒盐而得名	清康熙年间	约300
24	南山区	因山（大小南山）和南山村/南山乡得名	民国（1931）	73
25	龙岗区	因山形（龙岗）得名	清（1881）	123
26	汕头市	因其他地（沙汕头）转变而得名，"沙脊伸入海，人们设栅捕鱼"	清（1669）	335
27	金平区	两地合并，各取一字（升平区、金园区）	2003年	1
28	龙湖区	因水得名	2003年	1
29	濠江区	因水（濠江）得名	2003年	1
30	南澳县	因方位和因水得名，"澳为泊船之地"	隋代	约1400
31	澄海区	政治寓化得名，"澄靖海氛或海宇澄清"	明（1563）	441
32	鹤山市	因山形如鹤而得名	清（1731）	273

续表

序号	市县 （区）名	命名缘由	名称最早 出现年代	距2004 年时间
33	徐闻县	因地近海而得名，一说来源于古越语	汉（前111）	2115
34	廉江市	因水（廉江）得名	唐（724）	1280
35	吴川市	因水（吴川水）和族姓（吴家）得名，"有吴家地，纳三川之水"	隋（589）	1415
36	茂名市	因人（纪念该地晋代道士潘茂名）得名	隋（607）	约1400
37	茂南区	因方位（位于茂名南部）得名	1984年	20
38	茂港区	因港口得名	2001年	3
39	信宜市	因讳（避宋太宗赵光义之讳）得名（以前因近信/招义山各取一字得名）	宋（976）	1028
40	广宁县	政治寓化得名，"广泛安宁"	明（1559）	445
41	封开县	两名合并，各取一字，"封川、开建"（二者皆因水得名）	1952年	52
42	德庆县	嘉名，因德"受封志庆"	宋（1131）	873
43	四会市	因水（津水浈江建水龙江）得名，"四水俱臻，因以为名"	秦代	约2200
44	博罗县	因山（罗浮山）得名或因古国得名（战国时此处小国名缚娄演变而来）	秦（前214）	2218
45	龙门县	因水（龙门水）得名或因物（龙门寨）得名	明（1496）	508
46	梅州市	因讳（避宋太祖祖父赵敬之讳）、因水（梅江）和物（江岸多梅树）得名	宋（971）	1033
47	梅江区	因物产（梅树）和水（梅江）得名	1988年	16
48	大埔县	因地宽广而得名，"茶山之麓，弥望平原，无虑数十百顷地，总呼曰埔"	明（1526）	478
49	平远县	两名合并，各取一字（武平与安远），一说政治寓化，"平定远方"之意	明（1563）	441
50	蕉岭县	因讳（避河南省镇平县之讳）和因山（蕉岭）得名	民国（1914）	90
51	汕尾市	因与汕头相对而得名，一说谐音得名（汕美）	1988年	16
52	（汕尾）城区	因城驻地得名	1988年	16
53	河源市	因水（连平河、大埔河、忠信河）得名，"县北三百里有三河之源"	南朝（483）	1521

续表

序号	市县（区）名	命名缘由	名称最早出现年代	距2004年时间
54	源城区	因县治（河源县城）得名	1988年	16
55	紫金县	因讳（避福建和广西记安县）和因山（紫金山）得名	民国（1914）	90
56	连平县	政治寓化得名，"九连克平"之意	明（1633）	371
57	和平县	政治寓化得名，"望和平"之意，袭旧县治名（和平峒）	明（1518）	486
58	阳江市	因水（漠阳江）得名	隋（606）	1398
59	江城区	因城驻地得名	1952年	52
60	阳西县	因方位（设县时位于原阳江县西部）得名	1988年	16
61	清远市	因水（中宿峡）得名，一说嘉名，袭沿洌江之义，取"清洁清澄"之意	南朝（507）	1497
62	清城区	因政府（清远）驻地得名	1988年	16
63	连山县	因山（黄连山）得名或因物（黄连）得名	隋（601）	1403
64	连南县	因方位（连县之南）得名	民国（1946）	58
65	中山市	因人（孙中山）得名	民国（1925）	79
66	潮州市	因水（海潮）得名，"因临大海，潮流往复"	隋（591）	1413
67	湘桥区	因物（广济桥/湘子桥）得名	唐末	约1100
68	揭阳市	因山（揭阳岭）得名	汉（前111）	2115
69	榕城区	因物（榕树）得名	宋（1140）	864
70	揭东县	因方位（设县时位于揭阳东部）得名	1991年	13
71	揭西县	因方位（揭阳西部）得名	1965年	39
72	普宁市	政治寓化得名，"普遍安宁"	明（1564）	440
73	云浮市	因避讳（避湖南省东安县）和因山（云浮山）得名	唐（742）	1262
74	云城区	因市（云浮）驻地得名	1994年	10
75	新兴县	嘉名（取临新江而兴旺之意），一说因水（新江）得名	晋（351）	1653
76	郁南县	因避讳（避河北西宁县）和因水和方位（郁水之南）得名	民国（1914）	90
77	云安县	嘉名，"云浮安定之意"	1996年	8
78	罗定市	政治寓化得名，"讨平罗旁而至安定"之意	明（1576）	428

续表

序号	市县（区）名	命名缘由	名称最早出现年代	距2004年时间
79	乳源县	因山（县北丰岗岭有溶洞，产钟乳石，并有水南流）得名	宋（1167）	837
80	乐昌市	因山（乐石山和昌山）得名	隋（598）	1406
81	仁化县	政治寓化得名，"为仁德所感化"之意	南朝（齐）	约1550
82	曲江县	因水形（境内江流回曲）得名	汉（前111）	2115
83	始兴县	因水（始兴江）得名，寓"开始兴盛"之意	三国（263）	1741
84	南雄市	因避同名（河北雄州）而得名	明（1368）	636
85	怀集县	因山水得名（怀高岭、怀溪水、洊江水集中于县城西部）	南朝（436）	1568
86	阳山县	因山（阳岩山，日出先照）得名	汉（前111）	2115
87	清新县	从清远分出，与旧相对	1992年	12
88	佛冈县	因山（佛寺冈）得名或因物（大佛寺）得名	清（1813）	191
89	英德市	因山（英山盛产英石）得名或政治寓化"承恩积德"之意	宋（1195）	809
90	新丰县	因水（新丰江）得名	南朝（483）	1521
91	东源县	因方位（设县时位于河源东部）得名	1993年	11
92	龙川县	因水得名，"县有龙穿地而出，即水流也。"	秦（前214）	2218
93	兴宁市	取嘉名，"兴盛安宁"之意，一说因水（兴宁江）得名	晋（331）	1673
94	五华县	因讳（避福建长乐县之讳）和因山（五华山）得名	民国（1914）	90
95	梅县	因讳（避宋太祖祖父赵敬之讳）/因水（梅江）/因物（江边多梅树）而得名，一说因两次"梅王"封地而得名	民国（1912）	92
96	肇庆市	嘉名，肇为始，庆为吉庆，"开始吉庆"之意	宋（1118）	886
97	端州区	因水（西江从德庆至高要河段古称端溪）得名	隋（589）	1415
98	鼎湖区	因山（鼎湖山）得名	1982年	22
99	高要市	因峡谷（高要峡）得名，一说为壮语地名	汉（前111）	2115
100	三水区	因水得名，"三水（西、北、绥江）合流"	明（1526）	478
101	顺德区	政治寓化得名，"顺天之德"	明（1452）	552

续表

序号	市县(区)名	命名缘由	名称最早出现年代	距2004年时间
102	东莞市	因特产（莞席）得名	唐（757）	1247
103	海丰县	因特产（水族）得名，"南部大海中'水族甚多'"，或临海物丰	晋（331）	1673
104	惠东县	因方位（惠阳县东部）得名	民国（1946）	58
105	惠来县	因县治惠来都得名	明（1525）	479
106	陆丰市	两名合并，各取一字（陆安、海丰）	清（1731）	273
107	电白县	因气候得名，"地多雷电"	南朝（439）	1565
108	高州市	因山（窦江与石骨水间有高凉山）得名，一说高而凉爽的山岭	南朝（528）	1476
109	阳春市	嘉名，取"漠水之阳，四季如春"之意，一说因方位得名	南朝（523）	1481
110	化州市	因山得名，"州治石龙之上，居高临下，有龙德正中，变化不测之妙。"	宋（980）	1024
111	恩平市	因讹误（思讹误为恩）得名	唐（622）	1382
112	阳东县	因方位（设县时位于原阳江县东部）	1988年	16
113	开平市	政治寓化得名，"开通敉平"之意	明（1573）	431
114	台山市	因避讳（避湖南、广西新宁县）或因山（三台山）得名	民国（1914）	90
115	遂溪县	因水（遂溪河）得名，"溪水合流，民利遂之"	唐（757）	1247
116	雷州市	因气候得名	唐（634）	1370
117	湛江市	因旧县（椹川，亦称湛川）得名	民国（1945）	59
118	赤坎区	因土壤（以地土色赤，多低丘陡坎）/地形而得名	1984年	20
119	霞山区	因村（霞山村）得名	1980年	24
120	麻章区	因有麻章镇且多有剑麻及章鱼而得名	1981年	23
121	坡头区	因有坡头圩和地处一山坡高处而得名	1984年	20
122	连州市	因物（黄连）或因山（黄连山）得名	隋（590）	1414
123	丰顺县	因旧镇（丰顺镇/丰顺营）得名	清（1738）	266
124	饶平县	政治寓化得名，"三饶太平"，一说"饶永不瘠，平永不乱"	明（1478）	526
125	潮安县	因讳（避山东海阳县之讳）得名	民国（1914）	90

续表

序号	市县 （区）名	命名缘由	名称最早 出现年代	距2004 年时间
126	惠阳区	因袭惠州市名，嘉名（惠与阳皆吉祥意）	民国（1912）	92
127	惠州市	因讳（避赵祯之讳）得名	宋（1021）	983
128	惠城区	因谐音得名（鹅与惠）	1988年	16
129	佛山市	因古物（铜佛像）得名	唐（628）	1376
130	禅城区	因古物（铜佛像）得名	唐代	约1350
131	南海区	因水（南海）或袭南海郡得名	秦（前214）	2218
132	江门市	因"两山对峙如门"得名	元末明初	约650
133	蓬江区	因水（蓬江）得名	1994年	10
134	江海区	因水（江海相连区）得名	1994年	10
135	新会区	"因析原四会县地新置，故名"	隋（589）	1415
136	潮阳区	因方位（山之南，大海之北）得名	晋（413）	1591
137	潮南区	因方位（潮阳南部）得名	2003年	1
138	珠海市	因地当珠江口沿海而得名	1953年	51
139	香洲区	两名合并，各取一字（香埠与九洲环）	清末	约100
140	金湾区	因水得名	2001年	3
141	斗门区	因地形似斗而得名	1965年	39
142	高明区	因古村（高明寨）得名，一说取高爽明亮地形之意	明（1475）	529
143	陆河县	两地合并，各取一字（陆丰/田河）	1988年	16

注：名称最早出现年代是指该行政区专名最早出现的年代，但部分并非是作为行政区划名称。如"广州市"最近建置年代是1921年，"广州"一词则最早出现在三国吴国于324年因交广分治时设置的"广州"，只是当时广州还没演变成专名。

资料来源：本表行政区划截至2003年12月底；根据广东省各市县（区）地名志整理而成，部分参考各市县（区）志。

一　广东政区名称的时空特征

从时间上看，广东现有的143个市县（区）级政区名称留存时间超过1000年的达53个，约占全省市县政区名的37%。其中留存2000年以上的政区地名10个，约占7%；留存1500年以上的27个，约占19%。留存500年以上的广东政区地名达71个，约占1/2，表明广东省现有一半政区地名在明代及明代以前就已产生；从政区地名诞生的朝代看，隋代以前，广东现有政区地名 31 个，约占 1/4；到了清代，已达 95 个，约占全省现有政区地名的 2/3。同时，晋代以来，广东政区地名开始增多。历经唐、宋，至明代达到顶峰。仅明一代，广东现有政区地名就出现 21 个。民国时期也出现 14 个，主要是针对当时全国政区地名重名现象进行更名。中华人民共和国成立后，由于旧的政区多不适应新的上层建筑和经济基础的发展，国家对行政区划进行摈弃或改造，致使广东出现 34 个新政区地名。特别是改革开放以来，因社会经济发展需要，国家实施"市管县"和"撤县（市）设区"体制，广东作为国家试行省份，政区多有调整，出现大量以"市"和"区"为通名的新政区地名，但专名多保留不变。

表 5–5　广东省政区名称留存时间统计

个数及占比		2000 年以上	1501~2000 年	1001~1500 年	501~1000 年	101~500 年	100 年以内
市县（区）数		10	17	26	18	22	50
占比（%）		7	12	18	13	15	35
累计	个数	10	27	53	71	93	143
	占比（%）	7	19	37	50	65	100

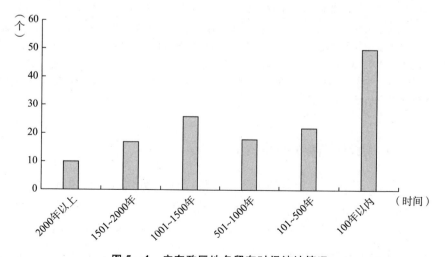

图 5–4　广东政区地名留存时间统计情况

表5－6　广东省历代政区名称出现历史时期统计

个数及占比		秦	汉	三国	晋	南朝	隋	唐	宋	元	明	清	民国	中华人民共和国成立后
市县个数		5	6	2	9	9	10	9	11	1	21	12	14	34
占比（%）		3.5	4.2	1.4	6.3	6.3	7	6.3	7.7	0.7	14.7	8.4	9.8	23.8
累计	个数	5	11	13	22	31	41	50	61	62	83	95	109	143
	占比（%）	3.5	7.7	9.1	15.4	21.7	28.7	35	42.7	43.4	58.1	66.5	76.3	100

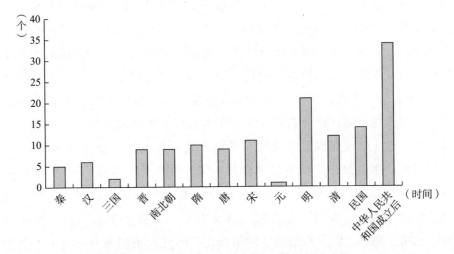

图5－5　广东政区名称出现历史时期统计情况

从空间上看，广东政区名数量随着时代的变迁表现出不均衡的变化规律。究其原因，政区的设置与历史时期的区域开发是密不可分的。一般情况下，一个地方经济发展程度越高，其政区建置数量就愈多，反之亦然；反过来，一个地方政区建置数量愈多，表明该地区经济发展程度就越高，反之亦然。所以，周振鹤先生提出："政区的置废和分布情况的变化，实际上是经济兴衰和人口变迁的一项动态指标"[①]。秦汉以降，粤地初开，始置郡县，至今已有2000余年。在全国政区演变总体形势下，广东政区也经

---

① 周振鹤：《中华文化通志·地方行政制度志》，上海人民出版社，1998，第280页。

历了一个漫长而曲折的发展过程与变迁，在政区体系建置、疆域范围、治所分布以及分等等方面都显示了广东作为一个政治区域的地方特色及其空间演变规律①。从统计情况看，秦汉所设置的 11 个政区名称——南海、番禺、四会、博罗（傅娄）、龙川、高要、阳山、曲江、徐闻、揭阳、增城，其中南海（作为岭南三郡之一，管辖范围约相当于今广东全省，驻地在番禺）、番禺、四会、高要等 4 个政区位于西江及其附近地区，增城、博罗和龙川位于东江河谷，阳山和曲江位于粤北，粤西南和粤东各只有徐闻和揭阳 1 县。究其原因，三国以前，广东的开发主要集中在西江、北江上游和东江中下游地区，其中尤以西江和北江上游（当时属政区广西和湖南两省）等地区为最，而广大的粤东和粤西南地区以及珠江三角洲下游地带还是人烟稀少之地。正如司徒尚纪所说："按广东开发历史阶段，在空间上自北向南，从西往东，交汇于珠三角，继及沿海和岛屿。这在郡县设置中得到反映。秦定岭南，顺五岭通道、沿江而下，在西江、东江、北江设郡县。"所以，"宋代以前，广东开发重心在粤北和西江地区，除了军事因素，还在于这些地区地势高旷、气候干爽，颇适于中原人生活。而珠三角和沿海低地，气候湿热且多台风，瘴疠严重，北人视为畏途，不敢久居。所以唐代广州以西、西江沿岸到高州一带，以及北江流域、州县数量多，人口密度内地密，沿海疏，与今日相反。五岭一带连州、韶州、西江端州、新州、泷州、康州、古高凉（高州等）人口密度最高，广州附近较疏，潮州、梅州、海南岛最疏，说明珠江、韩江三角洲未真正开发，为瘴疠笼罩之下"②。宋代以后，因中原汉人大量迁入，加上土地利用方式的变更，使得珠江三角洲、粤东及沿海等地区土地大量被垦植，经济得到较大发展，政区设置也相应有所增加。到了明代，此种现象已完全改观。珠江三角洲和粤东、粤东北成为全省发达地区，经济发展水平明显高于其他地区。根据统计，在明代出现的 21 个县级政区名称中，其中广州市的东山、白云、芳村、从化、深圳、顺德、三水、高明、广宁、开平等 10 个处于珠江三角洲及其附近地带，大埔、平远、饶平、普宁、惠来、连平、和平、澄海、龙门等 9 个位于粤东或粤东北地区，粤北只有南雄 1 个，西江西段

---

① 司徒尚纪：《广东政区体系——历史·现实·改革》，中山大学出版社，1998，第 83 页。

② 司徒尚纪、许桂灵：《广东发展史略》，《岭南文史》2005 年第 2 期，第 1～10 页。

有罗定1个，广大的粤北、粤西、粤西南则在开发进程中放慢步伐。此外，明代县级政区的设置，以弘治、嘉靖、隆庆和万历年间为最多。这种地域和时间的分布，绝不是偶然的，它有着深刻的政治、经济和国防背景，在某种程度上也表现了它们所在地区经济地理面貌的差异。珠江三角洲除顺德、从化两个政区出于政治原因设置外，其他9个的设置主要与该地区商品经济的发展有很大关系。粤东和粤东北大多数政区设置则主要归因于统治需要，其中加强封建统治的国家机器，镇压农民反抗是最主要的依据，而加强封建剥削，征收税粮也是政区划分的关键因素之一。

二　广东政区名的命名特征

据本章5.3.1和表5-5来看，全省143个政区地名中，可分为20类（作者在本书中采取大多数学者的观点进行分类，以避免误解和歧义）：（1）因山得名，16个，占11.2%；（2）因水得名，31个，占21.7%；（3）因方位得名，12个，占8.4%；（4）因政治寓化得名，11个，占7.7%；（5）因取嘉名，7个，占4.9%；（6）因特产得名，9个，占6.3%；（7）因人得名，2个，占1.4%；（8）因避讳得名，12个，占8.4%；（9）因古城或古村得名，15个，占10.5%；（10）因形状得名，5个，占3.5%；（11）因传说得名，2个，占1.4%；（12）因附加得名，3个，占2.1%；（13）因两地合并而各取一字得名，5个，3.5%；（14）因谐音得名，2个，占1.4%；（15）因讹误得名，1个，占0.7%；（16）因声音得名，1个，占0.7%；（17）因气候得名，2个，占1.4%；（18）因土壤得名，1个，占0.7%；（19）因古物得名，4个，占2.8%；（20）由其他地名转变而得名，2个，占1.4%。其中因山和水得名合计共47个，占32.9%，约占全省政区名的1/3。若考其各自渊源，二者所占比例会更高，如封开县名是因封川和开建两县合并，各取一字得名，考封川和开建之名，二者分别是因封川水和开建水而得名；再如天河区名是因旧村（天河村）得名，考其渊源，天河村原名大水圳村，建于宋代，因村前有一条大水圳而得名（圳为河涌，指现在的沙河涌）。由此可见，山、水对政区名影响之大。

表 5 – 7 广东省 2003 年政区名称命名类型统计

类型	数量	占比（%）	类型	数量	占比（%）
因山	16	11.2	因传说	2	1.4
因水	31	21.7	因附加	3	2.1
因方位	12	8.4	两地合并	5	3.5
因政治	11	7.7	因谐音	2	1.4
取嘉名	7	4.9	因讹误	1	0.7
因特产	9	6.3	因声音	1	0.7
因人	2	1.4	因气候	2	1.4
因避讳	12	8.4	因土壤	1	0.7
因古城（村）	15	10.5	因古物	4	2.8
因形状	5	3.5	其他转变	2	1.4
			合计	143	100

资料来源：依据各政区地名志整理统计所得，下同，不再一一注明。

从命名类型分布的时间段来看，越早出现的政区名称，自然地理实体特征越突出；越晚出现的政区名称，社会人文事象特征越明显，且总的情况是全省政区名中以社会人文事象得名数明显多于以自然地理实体特征得名数，反映出政区名称的文化特性。根据统计，秦汉时期，全省出现的 11 个政区名中就有 10 个是以自然地理实体命名的，只有增城 1 个属于社会人文事象命名。其中秦代出现的 5 个政区名称全部是以自然地理实体为依据命名的，体现出人类早期活动对自然认识和适应的生产生活过程。直到唐代，这种现象才基本改观，唐代全省以自然地理实体命名的政区名称有 4 个，以社会人文事象为依据命名的政区名称有 5 个，二者基本持平。以后就朝着相反方向快速发展。如宋代全省 11 个政区名称中，有 7 个是以人文社会事象为依据命名的，以自然地理实体为政区名已降到 4 个，反映了人类活动在改造和适应自然环境的过程中逐渐增强。元代以后，社会人文事象在政区名称中已处于绝对优势。明代，以自然地理实体与社会人文事象命名的政区名比例为 4：17，清代为 1：11，民国为 1：13。中华人民共和国成立后，二者比例也达到 8：26。自然地理实体命名方式的比重下降，社会人文事象命名方式的比重提高，一方面，反映出政区命名方式的多样化，人类活动对地名命名影响的增加；另一方面，政区命名方式的变化，使得政区名称内涵不断丰富，政区地名文化趋向多样化。

表 5-8　广东历代政区地名命名方式统计

类型	秦	汉	三国	晋	南朝	隋	唐	宋	元	明	清	民国	中华人民共和国成立后	合计
自然	5	5	1	7	7	7	4	4	0	4	1	1	8	54
人文	0	1	1	2	2	3	5	7	1	17	11	13	26	89

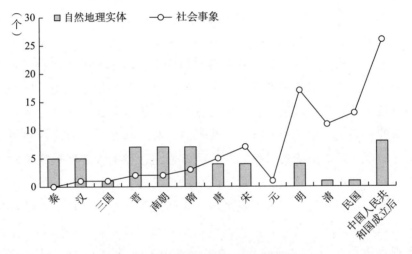

图 5-6　广东历代政区名命名类型变化

从地名本质上看，政区地名作为地名的重要组成部分，在社会交往中发挥着举足轻重的作用，是其他地名层的地名无法代替的。但在政区命名方式上，如何做到科学化和标准化，又能被社会所接受，使政区地名具有稳定性而不被轻易废除或更改，还是值得深入研究的。为此，史念海先生早在20余年前就总结："县的命名虽然可以有不少方式，但能够具有普遍的意义，命名之后，以能够有长时期的使用，则以有关地理方面的命名方式比较见长。而因山因水的命名方式，在普遍性和稳定性方面就更显得突出。"并且还引申说："古今县的命名是有一定的规律的，至少普遍性和稳定性是两条基本的规律。今后整理旧县名或另命名新县名，如果根据这样的规律办事，就能够争取历久使用，而不至于中途废省或改掉"①。史先生这个见解十分精辟，可作为今后政区命名指南。

三　广东政区通名的演变特征

通名和专名的区分，在一定程度上具有相对意义，在很多情况下，会相互转换，通名会当专名使用，专名也会变成通名，古今中外，不乏这样的例子。通盘来看，专名变通名的情况比较少些，这主要是因为通名本身就是有限的，专名变通名的例子也就不会太多。相形之下，通名变专名的现象远为普遍。但是，无论是通名变专名，还是专名变通名，都是地名发展演变的一个标志，是人类深刻认识地理实体和根据现实发展需要而进行的人为变更，是一种文化现象。现有的通名都是历史上积存下来的，故通过考证地名的沿革，分清新旧通名出现的层次，对于了解地名的得名之由和各地自然与社会的变迁都有重要的意义。通名在使用过程中，还经常被人们省略，特别是行政区划名和居民点的通名更是如此，而自然实体和人工建筑的通名则一般不能省略。究其原因，政区名在同一时代的建制中总是为数不多、形成明确的系列，并且经常使用，已为大多数人所熟知，居民聚落的通名虽然名目繁多，类别则很单纯，而且是最为常用的；而自然实体和人工建筑的通名因为类别繁多，系列复杂，相对少用，并经常与其他类别的地名共用一个专名，省去通名便容易造成混同②。此外，由于区域地理环境和区域文化的差异，通名分布是有一定规律的，即通名往往形成地名群，出现在某一特定区域。影响通名分布的因素基本有三，即自然环境、语言区域和历史文化。因此，通过对通名的纵向和横向研究，同样也可以揭示一个地区的自然和社会文化的变迁。政区名称作为地名的一个组成部分，同样具有上述特点和规律。在此，作者通过对广东政区地名的梳理，旨在找出广东政区名称通名的演变和分布规律，为将来政区更名提供借鉴。广东现有政区通名与全国其他省区完全一致，包括省、市、县、区等，共4个，这里只讨论市、县、区等3个通名。

从三者出现的时间来看，县作为政区通名出现最早，市次之，区最

---

① 史念海：《中国历史地理论丛》（第二辑），陕西人民出版社，1985，第36～47页。
② 李如龙：《通名丛议》，《地名知识》1990年第2期，第6～9页。

迟。"县"早在战国时即已诞生，起源于周的王畿。清赵翼说："置县本自周始，盖系王畿千里内之制"①。根据华林甫研究，关于周王畿内的具体建县，史料记载很少。公元前 635 年，当时因晋文公勤王有功，天子赐与原、温等县，于是文公任命赵衰为原大夫、狐溱为温大夫②。不仅周天子在王畿内置县，秦、楚、晋、齐、吴等国也在自己的领地内设县。诸侯国中最先设县的是秦国。《史记·秦本纪》载："武公十年（前 688），伐邽、冀戎，初县之；十一年，初县杜、郑。"秦国不仅在新夺取的土地上设县，还合并原来的乡聚为县，商鞅变法时，一次性用这种办法设了 41 个县③。当时诸侯国中设县最多的要数齐国。齐桓公赐予管仲 17 个县④，齐灵公一次性赏给叔夷 300 个县⑤，足见县作为政区通名已被广泛使用。而置县最少的是南方的吴国，仅有 1 县记载⑥。此后 2000 余年的历史长河中，其间虽有其他政区通名出现，如州、府、厅、市、局等，但县作为行政区划的基层设置一直存在，有时与"州""府"同级并设，有时与"厅"、"市"或"局"并存。"市"作为政区通名出现在民国，而"区"则更晚，多在中华人民共和国成立后才开始作为政区通名使用。

　　三者在全省空间分布极不均衡。全省共有 54 个县级政区以"区"作为通名，45 个县级政区以"县"作为通名，23 个县级政区以"市"作为通名（这里不包括 21 个地级市名）。其中有 32 个以"区"为通名的政区位于珠江三角洲及其周围的粤中地区，粤东包括潮州、汕头、梅州、揭阳、河源和汕尾在内的 6 地区有 10 个以"区"为通名的政区，而广大的粤北和粤西仅有 12 个以"区"为通名的政区，空间分布极不平衡。其中广州、佛山、深圳、珠海等地区的县级政区名基本或全部是以"区"为通名。粤东的潮州、揭阳、河源、梅州、汕尾和粤北的清远及粤西和粤西南的云浮、阳江等地区各只有 1 个以"区"为通名的政区名。其他地区即使有多于 1 个以"区"为通名的政区存在，也只集中在地级市驻地的中心城

①　（清）赵翼：《陔余丛考》卷 16《郡县》。
②　《左传·僖公二十五年》。
③　华林甫：《中国地名学源流》，湖南人民出版社，2002，第 15～16 页。
④　《晏子春秋》卷 7《重而异者篇》。
⑤　顾颉刚：《春秋时代的县》，《禹贡》（半月刊）卷 7，第 6～7 页。
⑥　《史记》卷 31《吴太伯世家》。

区及特殊地区；从以"市"为通名的政区分布看，有 8 个分布在珠江三角洲及其周围地带，3 个分布在粤东及粤东北地区，4 个分布在粤北地区，8 个分布在粤西及粤西南地区；从以"县"为通名的政区分布看，珠江三角洲及其周围地带已完全无以"县"为通名的政区，粤东和粤东北地区包括惠州在内的 7 个地区则有 22 个，粤北有 11 个，粤西和粤西南也有 12 个之多。反映出三者在空间分布上的极不平衡性。究其原因，归根结底是由于地区间经济、社会发展不平衡造成的。改革开放后，广东经济逐步增长，原先的平衡被打破，区域差异进一步扩大，政区体系格局也随之发生变化。这种区域差异主要是珠江三角洲与省内其余各区之间差距的扩大。国家根据经济、社会发展的实际情况，适时地实行行政区划体制调整，如自 1980 年起实施"撤县设市"和后来的"撤市设区"制度，形成目前政区体系分布格局。

另外，在广东政区名称中，还可以反映出"通名向专名转化"的地名文化现象。其中不仅存在着自然地理实体通名向专名转化的情况，也蕴含着社会人文事象地名通名向专名转化的现象。根据对广东省 143 个政区名称进行统计发现，河、江、水、山、海等曾一度作为专名使用，后又转化为通名，而如今又作为专名出现的自然地理实体名称，如天河区、陆河县、北江区、浈江区、武江区、阳江市、湛江市、三水区、东山区、南山区、台山市、连山县、阳山县、蓬江区、鹤山市、霞山区、南海区、珠海市等，此类山、水地名中的河、江、水、山、海等地名字在人类社会发展早期都是作为专名使用的，如"河"专指现在的黄河，"江"专指现在的长江，"海"则专指陆地周围的水域，等等。随着社会的发展，人们为区分处于不同位置的"河""江""水""海""山"等，才在其各自前面附加各种修饰成分，而其本身就变成了通名来使用。正如刘伉所说："河、江、水、海等，在《禹贡》成书时，都是专名，不能乱用……天长日久，地名逐渐增多，要进一步归纳，才有指类的需要，地理通名才应运而生。"① 如今，此类通名又被政区名专名化，即形成附加字＋河（江、海、水、山等）或附加字＋市（县、区）等结构形式。一方面，

---

① 刘伉：《略论地名的起源与演变》（上），《地名知识》1988 年第 1 期，第 7～9 页。

它反映了地名在发展演变过程中的规律，即专名和通名可以互相转化；另一方面，它又表明在社会发展进程中，人们依据实际需要，将地理实体转变成能够为人类服务的工具，使其失去原有的地名内涵。同样，历史上曾一度作为社会人文事象类通名使用的州、村、都、关等，后也逐渐被转化为专名使用了。总之，无论是自然地理实体通名的专名化，还是社会人文事象地名通名的专名化，在地名发展过程中二者却是普遍存在的现象，这也为将来地名中通名或专名的更名、转化提供了基础和借鉴。

通过对广东政区通名演变的梳理，可以看出，通名演变具有地名发展的自身演变规律。由于我国包括政区通名在内的地名研究不甚深入，没有进行全面的整理和考释，在现实使用中还存在不少问题。特别是政区中的通名是最需要标准化的，行政区划是国家直接管理的事务，最便于确立规范；但我国的政区通名还未能做到准确、严密，主要表现在市、区的通名使用混乱等方面。目前我国的"市"至少有4种：直辖市、省辖市、县级市和准县级的"单列市"，前两种市所辖的"区"也有两种级别，如此等等，造成书面语使用中的混乱和含糊不清。为此，市、区的等级太多，通名没有准确或完全表现出地名的定类特征，是值得深入研究和探讨的。

四　广东政区地名的语言结构特征

地名属于语言中的名词，在名词中属于专有名词。从语言学的角度讲，地名的研究可以属于名称学的研究。因此，在研究地名语词结构的时候，只能把地名划归为专有名词类，通过比较相同或相异，进而找出地名语词的特征，以利于地名标准化处理。经过漫长的历史岁月，地名已俗成一种有普遍意义的理想结构形式——"专名＋通名"。它不仅是理想构式，而且是俗成习惯式。但在口语使用过程中，若专名为双音节及其以上音节时，这时的通名往往被省略。如广州市的仑头村、土华村、京溪村，花都区的芙蓉镇、花东镇等，通常说成仑头、土华、京溪、芙蓉、花东等，把"村"和"镇"省略掉了。但专名为单音节时，就不能省略，省略后，意义就发生改变或意义指代不明了。如广州的岑村、冼村等，这里的"村"就不能被省略，省略掉了，就不是专有名词了，只是一个字，意义完全改变。鉴于地名中的专名特性，就语言结构方面来看，地名就具有语言结构构成上的某些特征，如偏正结构、联合结构、动宾结构及附加式等，如前面所列举的例子皆是偏正结构。地名的语言结构形式中，偏正结构绝对数量最大。政区名称作为地名的一个组成部分，地名的所有结构特征，政区地名也同样都具有。就广东政区名称来看，具有以下结构特征。

从音节结构形式看，全省 143 个政区名称中，除 2 个单音节政区名称外，即"梅县"和"城区"（属汕尾市驻地），其余 141 个为双音节政区名。所以，在口语使用过程中，"梅县"的通名"县"就不能省略，省略后，就失去政区名的意义。"城区"一名，从形式上看，属于地名；从内涵上分析，则属于内涵很大，外延很小的一个构成名词，虽有定类性，但无指位性，不具有地名的构成要件，并不能看作完全意义上的地名，建议政府部门进行更改。其余 141 个双音节政区名，皆可以在口语使用中省略通名。但从 143 个政区名的历史演变分析，历史上单音节政区名明显多于现在。根据考证，历史上曾出现过以"州"为通名的政区名有广州、端州、高州、化州、雷州、连州、梅州、潮州、惠州等 9 个，以"县"为通名的政区名有花县、梅县、连县等 3 个，以"村"为通名的政区名仅芳村 1 个，三者合计共 13 个，占 9.1%，远高于当今的 2 个（占 1.4%）。从专名的语言结构来分析，143 个广东政区名称中，97 个为偏正式结构名称，占 67.8%；其余 46 个政区名的其他结构构成仅占 32.2%，如表 5 - 9所示。

表 5 - 9　广东省 2003 年政区名称语言结构类型

语言结构类型	偏正式结构	附加式结构	联合式结构	主谓式结构	动宾式结构	合计
政区名数	97	21	13	8	4	143
占比（%）	67.8	14.7	9.1	5.6	2.8	100

通过对广东政区名称的结构分析，发现其名称基本符合汉语地名的构词规律，没有发现特殊现象，只是在历史发展过程中表现略有差异。语言是发展的、变化的，地名词组词法也应是发展的、变化的，具有一定的历史相对性，不同历史阶段的地名词组词法是对应一定历史时期的语言现实的。在语言学高度发达的今天，应进行更加深入的分门别类的研究，掌握不同层次的地名词组规律，为今后的地名更名和命名服务。而且，不仅要

研究地名语言的"共时性"规律，也要探讨其"历时性"演变过程；不仅有"宏地名"方面的研究，还应就"微地名"的要素进行分析等。所以，如何在今后的地名命名中，一方面使它更符合语言规范，另一方面使它又具有地名科学性和稳定性的特征，是今后学科研究的重点。

小　结

文化景观是人类文化与自然景观相互影响、相互作用的复合体，亦是人类活动在地域空间上的最终结果和表现形式之一。广东地名文化景观是广东地名文化在空间维度上的表现，亦是该区域的人们长期对环境作用的智慧结晶和体现，其景观具有类型、空间分布和文化内涵等层面的特征。本书在归结以前地名分类的基础上，根据广东区域地理环境条件和社会人文环境的历史发展和现实状况，将全省地名命名方式宏观地划分为自然地理实体地名和社会人文实体及事象地名两大类，继而对每一大类再进行细分，又各自分为若干亚类型地名。但鉴于统计所得广东地名数量较多，规模较大，涉及空间较广，无法——进行核实而类分之，故作者在书中只对广东省现有政区名称143条进行统计分类，得出自然地理实体命名9个亚类，即因山、水、方位、物产、形状、土壤、声音、气候和附加得名；以人文地理实体或社会事象命名11个亚类，即因政治寓化、取嘉名、人名、避讳、古城、两地合并而各取一字、谐音、讹误、古物及其他地名转变而得名。同时，在全省地名文化景观空间分布方面，通过数理统计和EOF模型运算，可以发现广东省地名文化景观具有明显的岭南地域环境特征，即岭南自然地理环境特征的突显性、地名通名的多样性和开放性、齐头地名分布的集中性、地名词汇的民族性（或族群性）和方言性等。另外，广东地名文化景观在体现岭南自然环境特征的同时，还更多地表现出广东复杂的族群和方言空间分布特征。根据对64个典型地名字统计运算进行分析，并落实到地图上，作者将全省地名文化景观划分为三大地名文化景观区，嶂、背、坑、岭、屋、畲（輋）、磜等通名，主要分布在粤东北和粤北，显然是客家地名文化景观区；厝、垾、华、坝等通名分布在粤东潮汕和粤西南部分潮汕人聚居区，与潮汕地区先民迁移、变动的社会历史分不开；

在广大的粤中及粤西地区则大量分布着以粤方言和壮侗语词为主体的地名，它们亦自成一区，称为粤方言地名文化景观区。造成这种现象的根本原因显然与历史上广东民族或族群形成、迁移和融合紧密联系在一起。如魏晋南北朝以来，中原汉人为躲避战乱等原因选择在闽粤赣交界山区生存繁衍，形成客家文化区，后因人口膨胀、山区地少人多逐渐外迁和扩散而形成的地名文化区。嶂、坑、岭、畲（輋）、磜、背等地名字是当地山区自然地理环境的真实写照，屋字地名则是客家人宗族社会文化的典型反映；潮汕地名文化景观区则是由于潮汕地区在地理位置上与福建的漳、泉一带接壤，同属沿海低平原，导致历史上潮汕人与闽南人交往甚多，历代居民的迁徙，使粤东一带的居民受到影响，也使用闽南话，在潮汕一带形成闽南语区，俗称"潮汕话"，自然也会在地名上有所反映，形成闽南地名文化区。同样，粤方言地名文化景观区也是与粤方言的形成、扩散和古越族历史上的演化分不开的。

在政区地名文化景观层面，全省 143 个政区名称中，广东省现有一半政区地名在明代及明代以前就已产生。中华人民共和国成立后，由于旧的政区多不适应新的上层建筑和经济基础的发展，国家对行政区划进行摈弃或改造。特别是改革开放以来，因社会经济发展需要，国家实施"市管县"和"撤县（市）设区"体制，广东出现大量以"市"和"区"为通名的新政区地名，但专名多保留不变。与此同时，广东政区名数量出现在空间上则随着时代的变迁表现出不均衡的分布规律。在三国以前，广东政区名主要集中在西江、北江上游和东江中下游地区，其中尤以西江和北江上游（当时属政区广西和湖南两省）等地区为最。唐宋以来，广东政区名称分布开始东移，并逐渐打破原有格局。到了明代，全省新设置的 21 个政区名称绝大部分分布在东江流域及其以东地区，从根本上改变了广东历代政区分布不均衡的空间分布状态。在政区命名方式方面，除绝大部分政区名称继续遵循传统命名依据外，亦有新的特征出现，即从命名类型分布的时间段来看，越早出现的政区名称，以自然地理实体特征得名越突出；越晚出现的政区名称，因社会人文事象得名越明显。此外，全省政区名称的通名、专名及其语言结构等方面也具有岭南地域文化的某些特性。从音节结构形式看，全省 143 个政区名称中，双音节政区名占绝对

优势；从语言结构分析，143 个广东政区名称中，偏正式结构所占比例
达 67.8%，附加式结构、联合式结构、主谓式结构、动宾式结构所占比
例分别为 14.7%、9.1%、5.6%、2.8%，具有与全国其他地区大体一
致的特征。

| 第六章 |

广东地名文化景观内涵

地名是一种文化现象，是文化的一种语言文字代号和表现。无论专名还是通名，对于文化而言，它在体现世界自然景观、历史文化景观的同时，也深刻地指示着历史上重大的政治变革、经济发展、民族迁徙、宗教信仰等状况。因此，地名对于理解区域文化现象，了解区域文化特征，体会区域文化活动，感悟区域文化内涵，具有积极的标引作用，透过地名可以领悟区域文化的综合含义①。

第一节　地名是地理环境的折射物

地名是地理实体的名称。一方面，地名反映地理实体的面貌和特征；另一方面，地名作为文化的"化石"，可以揭示地理实体的演变过程。故通过对广东地名文化内涵的分析和解读，可以透视出该区域地理环境的"共时性"和"历时性"特征，为研究广东地理环境的变迁和人地关系等提供佐证。

一　地名直接反映地貌特征

地貌特征地名分布较为普遍，这与广东省地貌分布特征基本相一致。广东地貌类型多样，山地、丘陵、盆地、冲积平原和河口三角洲、台地等相间分布，山地、丘陵约占全省面积的 2/3，在地名上也就突出表现为山

---

① 周佳泉：《地名的文化感悟作用》，《中国地名》1999 年第 3 期，第 38～39 页。

和水的地名类型所占比例较大，特别是以塘、坑、山、石、水、溪、沙等为通名地名规模相当庞大。

表 6-1 广东省"山""水"类型地名比例统计

单位：%

名称	类型		名称	类型	
	水	山		水	山
广州市	60.12	47.72	中山市	44.20	24.45
深圳市	37.72	44.56	江门市	52.22	56.45
珠海市	12.04	46.24	阳江市	27.25	36.43
汕头市	32.60	34.77	湛江市	65.18	76.6
佛山市	45.08	16.08	茂名市	56.05	80.54
韶关市	59.93	98.38	肇庆市	67.32	52.31
河源市	38.77	49.05	清远市	74.12	94.01
梅州市	60.09	89.04	潮州市	44.91	29.09
惠州市	34.02	41.42	揭阳市	17.7	54.22
汕尾市	16.44	26.68	云浮市	38.47	42.49
东莞市	40.75	35.50			

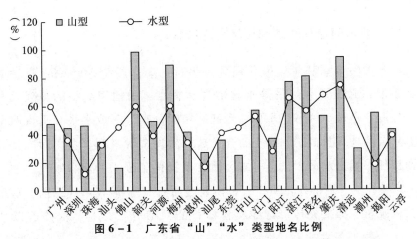

图 6-1 广东省"山""水"类型地名比例

注：本统计以地级市为单位。在统计过程中，按地名通名进行统计，同一地名存在被两次统计的可能，如石湾，"石"被作为山类地名统计，同时"湾"又被作为水类地名统计，所以在统计表中出现二者之和大于100%的情况，尽管如此，依然能反映出全省"山""水"类型地名比例规模。

资料来源：《新世纪广东省地图集》，广东省地图出版社，2004。

从统计发现，在以山和水地理实体命名的地名中，广州、佛山、东莞、中山、肇庆和潮州等以水为地理实体命名的地名超过以山为地理实体命名的地名，反映出上述地区属水网地貌，水文特征比较突出。如广州、佛山、东莞和中山皆处在河网密布的珠江三角洲河口地区，肇庆部分县、市虽处在三角洲以西、以北地区，但西江横穿肇庆，历史上西江水流量大，经常泛滥，冲决堤坝，沿岸人民多次筑基拦水，故形成以水为主的地貌形态，河、湖、堤、塘、陂等随处可见。潮州则地处沿海，形成以水为主的海岸地貌地名也不足为奇。汕头、江门、云浮等以山和水为地理实体命名的地名基本持平，汕头和江门虽地处沿海，但形成台地和水文地貌相间分布的景观，云浮地处西江走廊南岸，山地、丘陵被西江及其支流切割得支离破碎，形成了流水和山地、丘陵相间地貌形态。其余12个地市以山为地理实体命名的地名皆超过以水为地理实体命名的地名，反映出广东省广大的内陆地区是以山地、丘陵为主的地貌形态。这在韶关、梅州、珠海等山地为主的地区最为明显，如韶关以山为地理实体命名的地名超过以水为地理实体命名的地名近40%。所有这些都反映出自然地理环境对广东地名命名的决定性影响，从另一个角度来说，研究地名可以揭示当地或当时的地理环境特征。

二　地名间接反映地理环境变迁特征

广东地跨中亚热带、南亚热带、热带，加上地形的影响，兼具了寒带、温带、亚热带和热带等垂直地理性特点。而地貌类型的多样化，山地、丘陵、盆地、河谷、平原、台地等相间分布，形成水平和垂直两个方向上复杂的地理景观。水、土、光、热和生物资源极其丰富，为人类驯化生物品种，捕捞水产，创造丰富物质文明提供了强大的后备基地。古人亦云广东物产，"兼中外之所产，备南北之所有"①。但在宋代以前，这里却是森林遍布、瘴气充斥、毒蛇猛兽横行的"徼外"之地，居住着以"水上"为生的土著古越人。淮南王刘安谏汉武帝远征岭南说："南方暑湿，近夏瘴热，暴露水居，蝮蛇蠚生，疾疠多作，兵未刃血，而病死者十之二

———————

① 《邱文庄公集》卷8《南溟奇甸赋有序》。

三。"《隋书·地理志》亦载:"自岭以南二十余郡,大卒土地下湿,皆多瘴疠。"直到韩愈贬潮州时也表曰:"州南近界,涨海连天,毒雾瘴氛,日夕发作。"致使唐代很多贬谪岭南的官员,"辄苦瘴疠,莫敢往"①。瘴疠即由森林湿热之气郁积而成,主要指疟疾,实由森林中动植物及其果实的遗骸腐烂形成有毒气体,以及毒虫野兽等对人类危害的总称,表明岭南分布着大片繁茂的森林和众多的虫草。许多文献也都记载说岭南"山林翳密,多瘴毒"②。唐初诗人宋之问坐贬泷州(今西江罗定一带)还赋诗说:"(北江)两岩天作带,万壑树披衣。秋菊迎霜序,春藤碍日晖。翳潭花似织,绿岭竹成围。"③表明当时北江沿岸森林十分繁茂。大片繁茂的森林自然成为野生动物的渊薮,众多野牛、野象、野猪、虎等成了这片土地上的主人,河流、池塘里的"水族"也成了人类生存的天敌和食物,故古越人有"文身断发,以避蛟龙之害"和"不问鸟兽蛇虫,无不食之"的习俗。南朝刘宋时王韶之《始兴记》记载有广东当时野象的分布:"始兴郡伊水口(约今韶关市浈水口入北江口一带)有长洲,洲广十里,平林蔚然,有野牛、群象。"宋代周去非《岭外代答·风土门》说:"深广之民,结栅以居……考其所以然,盖地多虎狼,不如是,则人畜不得安。"又说:"虎,广中州县多有之。"④野象也四处出没,《宋会要辑稿·刑法》记,淳化二年(991)四月二十七日诏:"雷、化、新、白、惠、恩等州山林有群象,民能取其牙,官禁不能卖。自今许送官,以半价偿之,有敢藏匿及私市与人者,论如法。"南宋淳熙年间(1174~1189)陆佃撰《埤雅》一书,记述粤北始兴、阳山一带俗呼象为大客。王象之《舆地纪胜·广南东路》追记五代南汉大宝五年(962)东莞一带因"海秋有群象食田禾",于是百姓自发组织起来捕杀野象,象骨后被集中,建立一个镇象塔,希望借助神灵的力量制止象害。南汉国竟还拥有一支十几万人的精锐象骑兵,后被赵匡胤的军队打败,可见当时东莞一带象数量之多。潮汕地区野象活动也很猖獗,宋代彭乘《墨客挥犀》说:"漳州地连潮阳,素多象,往往十数为群,

---

① 《新唐书》卷130《宋庆礼传》。
② 《宋史》卷90《地理志》。
③ (唐)宋之问:《早入清远峡》。
④ (宋)周去非著,杨武泉校注《岭外代答》卷9《禽兽门·虎》。

然不为害。惟独象遇之，逐人践踏，至骨肉糜碎乃去。"另据《宋史·五行志》载："乾道七年（1171），潮州野象数百食稼，农设穽田间，象不得食，率其群行道车马，敛谷食之，乃去。"宋代刘恂在其《岭表录异》中亦有记载，潮梅一带山区也是野象出没活动地之一，"广之属郡潮、循（今惠州）多野象……潮循人或捕得象，争食其鼻，云肥脆，尤堪作炙"。清光绪《嘉应州志》就记载了梅江流域许多以"象"命名的地名，如梅县石扇有象村，白渡有象湖，西厢有象湖塘，蕉岭新铺有象岭、象坪等。甚至宋代叶廷珪《海录琐事》中还对梅州象洞名称进行解释说："（象洞）在潮梅之间，今（宋）（福建）武平县，昔未开拓时，群象止于其中，乃谓之象洞。其地膏腴，稼穑滋茂，有美酿，邑人重之，曰象洞酒。"《广东历史地图集》还专门列图指出，野象在岭南唐宋以后消失地区，主要在梧州至茂名一线以东，包括西江中下游、北江、东江及韩江流域，标地名有始兴、阳山、肇庆、佛山、恩平、东莞、惠州，以及揭阳、潮州乃至福建漳州等。除陆上野兽大量生存外，水中鳄鱼也是猖獗。韩愈贬潮州而至潮阳，既视事，询吏民疾苦，皆曰："郡（城）西湫水有鳄鱼，卵而化，长数丈，食民畜产将尽，以是民贫。"[1] 根据徐俊鸣、司徒尚纪等人考证，鳄鱼滩在韩江上游梅江，鳄鱼溯江而上，已深入今梅州一带。另外，当时的虎患也非常严重。许多地方志及文献记载，广东多处历史上有虎患，如从化[2]、翁源[3]、南澳[4]、揭阳[5]、梅州[6]及珠江三角洲地区的三水、顺德、新会和粤西高州、吴川、茂名等。此外，屈大均《广东新语》卷21《兽语》也载"高、雷、廉三郡多虎……从化山中多虎……（博罗）罗浮有哑虎……土人皆云山中虎率不啸不吱，从不伤人，八九十岁老人，未尝闻有虎哮吼，亦可异也"。可见，历史上广东虎之分布是相当广泛的，从东到西、从北往南、从内陆到沿海，平原、山地等皆有虎的足迹，有的地区虎患到了"虎暴"的程度。据光绪《嘉应州志》卷30《灾祥》引录乾隆《嘉应

① 《旧唐书·韩愈传》。
② （道光）《慵讷居士·咫闻录》卷1《布客》。
③ （康熙）《新修翁源县志》卷1《方域志》。
④ （民国）《潮州志·丛谈志》，南澳虎。
⑤ （雍正）《揭阳县志》卷4《祥异和物产》。
⑥ （光绪）《嘉应州志》卷30《灾祥》。

州志》载雍正六年（1728）至七年（1729）的两年间，"虎患甚炽，平远、镇平连界地方伤人尤多。"康熙《新会县志》卷3《事纪》也载，嘉靖十年（1531）冬，"广海有虎暴，知县张文凤募人捕之"；到了康熙十一年（1672）夏五月，"廓外有虎暴，知县王家启为文驱之。时带廓诸山多猛虎，一月之内食樵薪者四人，乃为文祭于山川城隍"，已经到了要祈神驱虎的地步。但从记载时间来分析，多是明清时期。此现象表明，在明代以前，广东的自然生态环境适宜老虎生存。到了宋元以后，由于广东人口大量增加，人们被迫向山区进逼，山区因此不断被垦殖，破坏了自然生态环境，老虎被迫出山觅食，形成虎患。而在人与虎的斗争中，人类过分地捕杀老虎，使老虎数量不断减少，至目前已濒于绝种的境地。1999年3月19日《广州日报》报道，华南虎的繁殖几乎只能在近亲间"乱伦"进行①。历史上，由于大量动植物的存在，生活于此的人们便开始以其周围的地理实体进行命名，交流信息。因此，大量以竹、梅、麻、莲、杨、松、茶等植物名称和以虎、牛、马、象、鱼、龙、凤、鹤、鸡等动物名称为首尾字的地名比比皆是，遍布全省各个地方。

表6-2 广东植物地名统计

植物类	竹	樟	松	榕	桂	麻	梅	莲	茅	杨	蕉	茶	桃	合计
地名条数	572	80	163	59	89	154	239	186	144	172	81	185	73	2197
占比（%）	1.5	0.2	0.4	0.2	0.2	0.4	0.6	0.5	0.4	0.5	0.2	0.5	0.2	5.8

资料来源：《新世纪广东省地图集》，广东省地图出版社，2004。

表6-3 广东动物地名统计

动物类	虎	象	凤	牛	鹅	鹤	鸭	鸡	马	狮	鱼	龙	合计
地名条数	93	37	159	296	62	63	62	159	394	84	111	836	2356
占比（%）	0.2	0.1	0.4	0.8	0.2	0.2	0.2	0.4	1.0	0.2	0.3	2.2	6.2

资料来源：《新世纪广东省地图集》，广东省地图出版社，2004。

　　统计可以发现，以"竹"命名的地名远多于以其他植物命名的地名。究其原因，岭南地处热带、亚热带，又多山地、丘陵，利于竹的生长和繁

---

① 刘正刚：《明清时期广东虎患考》，《广东史志》2001年第3期，第25～27页。

殖，故在明代以前岭南到处生长着大片的竹林。苏东坡有诗曰："岭南人当有愧于竹。食者竹笋，庇者竹瓦，载者竹筏，爨者竹薪，衣者竹皮，书者竹纸，履者竹鞋，真可谓一日不可无此君也。"① 同书还对榕树进行了描述，"（榕）炎方之木，大者为榕。高十余丈，下荫数亩。枝叶蒙密，根柯臃肿，或盘踞如龙象蹴踏。初种，取榕枝如椽大者十余本，用藤捆束植之，一二年即成乔木。其所捆十余本生合作一树，无缝可指。枝上生根下垂，谓之榕须。须若至地则复成柯干，如栋柱相撑，互为联属，皆成连理。粤人立社多种之，以为神所凭依，犹以松以柏以栗之意。或乡落人居方位，嫌其空旷，亦植之。故虽历千百年，永无剪伐之患。岁久，其中空虚，有似洞壑，可蔽风雨，名曰'榕夏'。其上枯处时有香树生焉。炎精所结，非由人种。叶治小儿惊风最验。枝有白乳如漆，可贴金接物。苏颂云：欲得蛤蚧首尾全者，俟于榕树间。"由此可见，岭南不仅有大面积的野生植物分布，也有人们根据需要进行人工栽培的热带、亚热带植物。但明清以后，人口的增多，森林被砍伐，大面积土地被垦殖，改种粮食作物，野生植物几乎消失殆尽，野生动物也因失去生存环境几尽绝迹，沧海变桑田，荒山野林成家园，岭南的地理环境发生了翻天覆地的变化，但地名却为我们保留了历史的见证。

　　不仅动植物环境发生改变可以在地名中得到反映，地貌环境的变迁也可以在地名中得到印证。在此，作者以珠江三角洲新设立的南沙区和潮汕沿海地名为例进行解读以示之。在众多的南沙地名中，我们不难发现这样一些特殊字眼，如江、海、湾、涌、沥、滘、围、沙、冲、顷、坭、岗、挡、排、礁、角等。从这些字的表面意思看，它们是表示与水、沙、山等有关的地名用字。但通过仔细地分析，我们会不难发现，带这些字眼的地名，深刻反映了珠江三角洲的海陆变迁。如以海、洋、江、河、涌、冲、滘等为首尾字地名，说明在远古时代，或者在宋代以前，珠江口还是一片汪洋大海，虽然是浅海。但随着上游的开发，泥沙在河口的淤积，再加上人工的围垦，使得河口地区沙田不断成长，通过修堤筑渠，拦沙护田，三角洲地区演变成河网密布、纵横交错的河网水田地貌。大的江河变成小的

---

① （清）钱以垲撰《岭海见闻》，程明点校，广东高等教育出版社，1992，第50页。

支流，最后成为所谓的"涌""沥"，小面积地势低洼的地区就演变成"滘"，即小水坑。由于历史时期三角洲地区的人群面对的是汪洋大海，故起初以"海"称其附近地理实体名称。至今当地年长的老人还称"过江"为"过海"。而大量带"顷"的地名则更直接地反映了人们围垦沙田的数量或说明河口三角洲淤积成长的速度。现在那些被泥沙掩埋的浅海湾的地名更是诉说着沧海变桑田的历史。宋代以前的浅海湾，河口地区分布着众多的岛屿，但经过长时间的泥沙淤积，它们有的被掩埋在泥沙下面，有的露出地面，三角洲地带就形成了丘陵、山地、平原交错分布的格局。根据曾昭璇先生研究，万顷沙正当伶仃洋沉降区西部，清代初期仍为"乌猪大洋"一部分，是西、北两江沙水汇集沉积之处。万顷沙1838年出露水面，到今天（20世纪80年代）约为150年，已积出4万多亩沙田①。反映出巨大的海陆变迁现象。在潮汕地区许多以"洋""港""埭""埕""陇（垄）""塭"等为首尾字的地名，如枫洋、社光洋、南坑洋、洋肚、黄竹洋、内洋、大坡洋、下西港、港西、后港、大港、林厝埭、下埭仔、大埕镇、高埕、蔡陇、西陇、南陇、桃里陇、陇头等，亦反映粤东沿岸或韩江三角洲等地海陆变迁状况。如"埭"字潮音读 do[7]，音同袋，指拦潮土坝。《玉篇·土部》："埭，以土堨水。"堨同遏，意阻止、阻拦。《正字通》也记载云："埭，壅土为堰。"既然是拦水大坝，那么，称"埭"的地方肯定是滨海地区，仅澄海区就有尾埭、美埭、上埭、上埭尾、下埭尾、埭头、海埭等；滨海地区受海潮浸渍的田园，潮汕人称为"塭"，音 ung[3]，凡地名带"塭"字者，也必定是在海边，如澄海区的东塭、老田塭、公塭等；"陇"潮汕地区指江河或海边冲积而成的沙脊，如汕头的金陇、西陇、陇一、陇二、下陇等，惠来的寄陇、东陇、华陇等，澄海区的冠陇、东陇、内陇、横陇、陇尾、下长陇、梅陇等，在历史上也肯定都位于滨海地带②。此外，全省沿海地区以"盐""灶""场"等为首尾字地名，与历史上盐业生产有关，即以海水煮盐或潮水晒盐，多位于海岸或潮水顶托地区。但至今这些地名多远离海岸，甚至部分地名根本已看不出与海的一点联系，显然皆是海陆变迁之结果。

---

① 曾昭璇：《岭南史地与民俗》，广东人民出版社，1994，第212页。

② 林伦伦：《地名学与潮汕地名》，艺苑出版社，2001，第44～45页。

第二节　地名是区域社会经济发展的指示器

地名与经济活动关系极为密切。经济活动是人类一切活动的基础，也是人类最初认识和改造自然活动的结果。所以，认识地理实体的过程也是人类经济活动的重要组成部分。地名一开始就与人类社会经济活动有着不可分割的联系。考究地名可以窥见地方经济开发过程、方式和性质，间接显示经济开发的地区差异。这类地名广泛分布于各城镇乡村，占地名很大比例。秦汉以降，岭南逐渐开发，人类经济活动日益增多，历史经济地理与地名关系越来越密切，在地名上留下许多印记，成为广东地名研究的一项重要内容。

一　农业发展与地名

就土地开拓而言，此类地名多冠以田、园、围、洞、塘、基等与土地利用有关的字眼，如泥田、长田、大田、黄田、沙田、竹围、禾洞、豆坡、田心、新塘等。其中许多地名还有特定的含义，如新会荷塘多种莲；紫金古竹镇，因当地盛产苦竹得名（苦与古同音，后取谐音）。现以"围""基""塘""陂"等地名首尾字为例说明土地围垦在地名中的沉淀。广东的筑堤围田最早见于宋代，主要是人们与江海争地、进行生存斗争的一种手段，筑基围田，便于垦殖，挖塘修陂，便于疏水、灌溉和保护农田。它们主要分布在珠江三角洲和韩江三角洲及其他沿海和河流下游地段，但二者出现的时间不同，珠江三角洲的围田要早于韩江三角洲地区，原因是人口迁移时间不同，造成区域开发有先有后。宋代300多年间，从西、北、东三江干流两岸陆续修筑堤围大小28条。许多以"围"为通名的地名开始出现，如较早的羚羊峡下长利围、香鹅围、金西围、竹洞围、腰古围、太和围、桑园围等；东江的功礼竜围和北江的村头围、榕塞西围、罗格围、存院围等。经元至明，由于人口大量增加，人们与水争田的斗争更加激烈，而海坦迅速浮露也是一个重要原因，故明代开始大规模修筑堤围。除此之外，人们还在原来围内河涌两岸增修一些小围，如九江东方子围、赵涌围、北方围、保安围、鸡公围、土围、河澎围等①。据不完全统计，明代河岸防堤总长达22万多丈，围181条②。主要集中在甘竹滩和官窑涌以上的江河两岸，如高要的景福围、丰乐围、头溪围，四会、三水间的大兴围、灶岗围等，三水的鸦鹊围、高丰围、古灶围等，清远的上中下围、石角围、长岗围等，南海的良凿围、箕箕尻围、茶步围、波湾围、河塱围、良安围等，顺德的南顺东西围、白驹围等③。到了清代，堤围修筑和围垦进入了全盛时期，堤围的修筑已由河岸平原向三角洲的河地发展，主要集中在顺德、南海、中山、番禺等一带，即由"新成之沙"扩展到"未成之沙"。修筑活动以19世纪中后期的道光和光绪期间最多，以"围"字命名的地名也达到了历史之最。清代268年间，共筑堤200余条，总堤长达232093.2丈，年均筑堤长866.02丈，具体详见表6-4。

表6-4 清代（1644-1910）堤围修筑统计

地区	顺德	南海	番禺	东莞	中山	新会	清远	四会	高鹤	珠海	斗门	三水	合计
围数	113	51	27	4	56	6	3	1	2	2	12	1	278
占比（%）	40.6	18.3	9.7	1.4	20.1	2.2	1.1	0.4	0.7	0.7	4.3	0.4	100.00

资料来源：《珠江三角洲农业志》编写组：《珠江三角洲农业志（初稿）》（二），1976。

人口增加和大量堤围的修筑，许多聚落也出现在"堤""塘""围"附近并以此为聚落名，突出的是以"围"为通名的聚落名称。根据清代地方志统计，在罗定直隶州534个乡村聚落名称中，有68处"围"字地名，占12.73%④；在高要县则高达92处，占全县聚落总数的16.47%⑤；广宁县以"围"为通名的聚落名也有22处之多⑥；东安县还有36处以"陂"字为通名的聚落名称⑦；明代以来，潮汕地区的围垦也开始兴盛起来，大

---

① （光绪）《桑园围志》卷13《渠窦》，第9~13页。
② 佛山地区革命委员会《珠江三角洲农业志》编写组：《珠江三角洲农业志（初稿）》（二），1976，第33页。
③ 佛山地区革命委员会《珠江三角洲农业志》编写组：《珠江三角洲农业志（初稿）》（二），1976，第17~18页。
④ （康熙）《罗定直隶州志》卷9《闾里·乡村》。
⑤ （宣统）《高要县志》卷2《地理篇2·村镇》。
⑥ （道光）《广宁县志》卷3《疆域·陂塘》。
⑦ （道光）《东安县志》卷2《水利》。

量"海地"得到围垦，以"围""基""埭""堘""坝""陇""垄"等为首尾字的地名也大量出现在河流两岸、滨海低地等地区。所以有人称："凡粤之田，近海者虞潦，则有基围；近山者虞旱，则有水车。故凶荒之患常少"①。在所收集的38021个地名中，全省有665个以"围"字为通名的地名，约占2%，表明当时广东围垦发展的规模和影响。

二 手工业发展与地名

广东古代手工业发展或多或少能从历史遗存地名中体现出来，其中盐业、矿冶、陶瓷等行业最为典型，产业地名数量多、规模大。在明代以前，广东产盐以煮盐为主，多用灶、锅等，并建有场地和亭舍，由专门盐丁（被称为"亭户"）进行煮盐，所以广东沿海地区以"灶""锅""场""亭""堘""仓""汀""町"等为首尾字地名也不在少数。"堘"是闽粤一带的方言词，指滨海地区"不断被海潮浸漫而特置的海滩"，耕垦盐田，当时人谓为"依海筑场""开辟摊场"②，或称为"耕堘"。"仓"是用来保存盐的仓储。宋代在全国设有盐仓，几乎凡是有粮仓的地区，都有盐仓添列其侧，在闽粤之地设有"海场盐仓""海仓""转般仓"。故广东也遗存有一部分以"堘""仓"等为首尾字的地名。"町"原指田间、田界小路，在闽粤一带指盐田间堤坝，"汀"原指小水，在闽粤一带有时指为盐田注水的小沟，二者皆与盐业生产有关。广东盐业生产汉代时就有记载，在南海郡设置盐官，"南海郡，秦置。……县六：番禺，尉佗都。有盐官"③。说明汉代时期广东已有盐业生产。到了唐代，两广盐区的产盐地点增加到六个：东莞、新会、海阳、琼山、宁远、义伦④。宋代起，广东盐业生产便有了极为详细的记载，"广人煮海，其口无限。商人纳榷，计价极微数。内有恩州场、石桥场，俯迎沧溟，去府最远"。而且对煎盐过程描述栩栩如生，"但将人力收聚咸池沙，掘地为坑。坑口稀布竹木，铺蓬簟于其上，堆沙。潮来投沙，咸卤淋在坑内。伺候潮退，以火炬照之，气冲火灭。则

---

① （明）王临亨：《粤剑篇》卷3。
② （元）陈椿：《熬波图》卷上。
③ 《汉书》卷8《地理志·下》。
④ 《新唐书》的《食货志》，《地理志》。

取卤汁，用竹盘煎之。顷刻而就……自收海水煎盐之，谓之'野盐'。易得如此也"①。"恩州场"即宋时的"南恩州"之盐场，今之阳江市；"石桥场"即宋代的广东路惠州石桥场②。可见唐宋时期广东煮盐业技术已相当成熟。为了提高盐产，增加赋税收入，宋政府还专门招募人员去地广人稀的南恩州（今广东阳江市）煮盐。"绍兴元年（1131）二月，南恩州阳江县土生碱，募民垦之，置灶六十七，产盐七十万八千四百斤，收息钱三万余缗。"③ 广州附近，也曾"招置到盐户"，创置"静康盐场"④，表明政府对广东盐业生产的重视。经宋一代，全省共设盐场近30个，广东沿海从东到西皆有盐场或盐栅（盐场的基层单位）分布。至元朝时期，元政府还"始从广州煎办盐课"，大德四年（1300），"改广东盐课提举司"，管理各场的盐业生产和税收。元时，部分小盐场、盐栅进行了裁并，广东设盐场13个⑤。到了明清时期，广东的盐业生产水平明显提高。明政府在广东设置19个盐课司，对盐业生产进行管理。从另一个侧面表明，明代广东土地开发、经济、人口等都有巨大的发展。清代，"清之盐法，大率因明制而损益之"。但清政府也曾多次招民垦盐，"福建、广东、两浙招徕灶丁，垦复盐地、盐丘，报部升课者不绝"⑥。然而，为加强盐业管理，清政府又曾多次对广东盐场进行裁并，导致不同时期文献记载盐场数目和名称差别很大。《清史稿》记曰："广东二十七场，行销广东、广西、福建、江西、湖南、云南、贵州七省。"《大清会典》记载盐场名称21个，而《中国盐政史》说清初有盐场26个，后来合并为18个。从这些记载情况来看，清代广东盐场发展和管理的总趋势是利润微薄的小盐场不断被裁并到大的盐场或盐区，盐场数目越来越少，使得各个时期记载不一。但到清末民初，广东仍有18个较大的盐场，所产食盐除供广东本省需求外，还远销福建、江西、湖南、广西等周边省份。民国时期，广东盐业生产因战乱受到严重破

① （唐）刘恂：《岭表录异》，补遗。
② （宋）王存：《元丰九域志》卷9。
③ 王雷鸣：《历代食货志注释》（第二册），《食货志》（下），五（盐下），中国农业出版社，1985。
④ 《宋会要》，《食货志》27。
⑤ 《元史》，《百官志》7。
⑥ 《清史稿》，《食货志》。

坏，特别是抗战爆发后，两广盐场大部分沦陷于敌手。1934 年，广东共有盐场 13 个，主要集中在粤东。到 1939 年，广东盐场只剩下 6 个，主要分布在粤西。

表 6 – 5　历史时期广东盐场设置统计

朝代	盐场数目	盐场名称
唐代	6	东莞、新会、海阳、琼山、宁远、义伦共 6 县地，未见盐场名称
北宋	18	静康、大宁、东莞、海南、归德、黄田（以上三为盐栅）、海晏、博劳、怀宁、都斗、矬峒、金斗、净口、松口、三河口（以上三为盐务）、淡水、古龙、石桥
南宋	28	静康大宁海南、东莞、金斗、广（黄）田、归德、叠福、都斛、矬岗（峒）、海晏怀宁、博劳、官富、小江、招收、隆井、惠来、石桥、淡水、石隆、双恩、海陵、咸水、白石、博茂、那陇、茂晖、石零绿、官寨、蚕村
元代	13	靖康、归德、东莞、黄田、香山、挫（矬）峒、双恩、咸水、淡水、石桥、隆井、招收、小江
明代	20	靖康、归德、东莞、黄田、香山、双恩、咸水、淡水、海晏、矬峒、石桥、隆井、招收、小江、武郎、官寨丹兜、博茂、茂晖、蚕村调楼、东海
清代（末）	18	上川、淡水、大洲、啖白、小江、石桥、小靖、招收、隆井、东界、海甲、碧甲、海栅、河西、惠来（以上五为盐栅）、双恩、电茂、博茂

资料来源：根据《宋史·食货志》《宋史·地理志》《元丰九域志》《宋会要·食货志》《元史·百官志》《文献通考》《续文献通考》《明一统志》《盐法通志》整理所得，不包括当时属于广东所辖的今天广西和海南两省盐场。

历史时期广东盐业生产及盐场的设置和分布，必然也会在地名上留下印记，这为研究盐业生产发展提供了佐证。作者通过对广东沿海潮州、汕头、揭阳、汕尾、惠州、深圳、东莞、广州、佛山（历史时期曾经靠海）、中山、珠海、江门、阳江、茂名和湛江等 15 个地级市进行统计，共得以"灶"命名地名 30 个，具体为潮州的东灶，汕头的金灶镇、灶浦、墩灶，汕尾的灶背、下灶里，惠州的南边灶，深圳的灶下，佛山的瓦灶沙、灶岗（2 个）、丹灶镇、灶头，广州的石灶水库、大灶窟，江门的丹灶、神灶岛、盐灶湾，阳江的里灶、瓦灶、吉灶、盐灶、盐前灶，茂名的十二灶顶，湛江的东灶村、北灶（2个）、久恭灶、仁灶墩、盐灶；直接以"盐"命名的地名共得32个，具体为汕头有青洲盐场、盐鸿镇、下盐江，揭阳有盐岭河，汕尾有盐屿、盐町头、盐町，惠州有沙盐窝、盐洲镇、盐仓，深圳有盐田区、盐田港、盐田街办，佛山有盐前街办，广州有洛盐，江门有盐灶湾，阳江有盐灶、盐前灶、阳江盐场、新盐、盐田村，茂名有白盐头，湛江有盐灶、太平盐场、东山镇盐场、纪家镇盐场、徐闻盐场、东盐坡、盐庭、盐坡、盐田、盐井；以"场""围""亭""仓"等盐场设施命名的地名亦有相当数量，如湛江有新场、里场队、村场、老屋场、新屋场、东场港、东场、场内村、那亭、南亭圩、新仓等，汕尾有红场、大厝场、土尾新场、小坞场、茅岭场、兴田场、法留场、大埔场、老屋场、下仓等。此外，全省还有以"埕""町（汀）"等盐田命名的地名，如潮汕有砖埕、大埕镇、高埕、大埕等，汕尾有盐町头、盐町、埔町、禾町头等，汕头有下盐汀、欧汀、欧汀街办、高埕（2个）、古埕等。而以"围"命名的地名则更多，统计得潮州7个、汕头22个、揭阳11个、汕尾22个、惠州54个、深圳5个、东莞39个、江门39个、阳江11个、茂名5个、湛江5个等。也许这些"围"字地名中有相当部分不是直接与盐业生产相关，特别是在珠江口的围田。但在古代，广东海盐生产都在海边地势低洼地带，或挖地为坑进行盐业生产，却是事实，"以海潮沃沙，暴日中；日将夕，刮碱，聚而苦之。明日，又沃而暴之。如是五六日，乃淋碱取卤"[1]。所以，为固沙，人们在盐田周围多建有"池垡"，或"坑口稀布竹木，铺蓬箄于其上，堆沙。潮来投沙，咸卤淋在坑内"[2]，称为围田，这在潮汕地区相当普遍。所以，产盐与修筑堤坝、基围等是分不开的，"围"字地名也就与盐业生产连在一起了。总之，这些地方多以产盐设施和盐田生产状况来命名，反映了当时广东盐业生产的状况和特征。从分布空间（主要以"盐""灶"为对象）看，广东盐业地名主要集中在粤东潮州、汕头和汕尾一带，包括潮州市饶平县，汕头市澄海区、潮阳区、南澳县，揭阳市惠来县，汕尾市区、海丰县等沿海一带，惠州市惠阳区等；粤西主要包括江门市台山

---

① 《嘉泰会稽志》卷17《盐》。
② （唐）刘恂：《岭表录异》，补遗。

市，阳江市区、阳东区和阳西县，茂名市电白区，湛江市各市县，即在沿海呈带状分布格局下，又相对集中成片。其中又以海丰、电白、海康和徐闻县为主要产区，遗存下来盐业地名数量也相对较多。通过对广东盐业地名的统计，我们从中窥出历史上广东盐业发展的一些基本特征，特别是盐场的空间布局、规模和生产方式等方面，这为今后进一步研究广东盐业发展史提供了佐证和借鉴。

广东陶瓷业历史悠久，陶瓷产品名扬海内外。唐宋时期，广东就开始生产陶瓷，明清更盛。陶瓷产地主要集中在粤东的潮州、梅州，珠三角的广州、佛山及附近的惠州和粤西等地。而且明清时期佛山石湾陶瓷产量很大，有"石湾瓦，甲天下"之说。粤方言称陶瓷为缸瓦，故广东全省有许多以"窑（瑶）""瓦""碗"等命名的地名，如广州的碗瑶、茅岗瓦窑、瓦窑排、官窑镇，增城的瓦窑吓，东莞的瓮窑、窑山、砖窑头，中山的瓦窑头，电白的窑面，大埔的碗瑶、窑下、瓦窑下，平远的水口窑址、瓦窑丘，梅县的内窑，清远的瓦窑岗，廉江的踏窑村、窑村、瓦窑排，四会的瓦窑、灰窑头，阳西的瓦窑门、瓦窑岭，阳江的瓦窑口，恩平的石灰窑、窑底，鹤山的瓦窑，台山的瓦窑坑、窑岗，新会的窑头，潮安的碗窑溪，潮州的笔架山宋窑遗址，惠东县的碗窑围，惠州的瓦窑岗、窑下，等等。这些地名不但反映了广东陶瓷文化的辉煌成就，而且为古窑址调查、发掘指明了方向，为研究和保护陶瓷产业提供了素材。另外，广东又是有色金属之乡，唐宋以来矿冶业兴盛，明清时期达到鼎盛，也都在地名上深深刻下烙印，主要有以银、铁、铜、金和锡等命名的地名，在此不一一列举。

三 交通道路发展与地名

交通路线与地名也有着密切的关系，自古以来，任何一种交通制度都留下了地名印记。虽然社会不断发展，但自秦汉建立的驿传制度历久实施，直到近代新式交通兴起才被淘汰。近代以前所实施的交通制度、使用的交通工具和过去的交通要冲，因时间的流逝，也许今天已完全不复存在，却被地名或多或少地保存下来并成为古代交通发展的重要印证。从历代驿传设置来看，秦汉时五里一邮、十里一亭、三十里一驿，以里、亭为通名的地名开始出现。宋又修治，"每数里，置亭以憩客"①，扩大了"亭"字地名的范围和规模。宋代还增设邮铺，"铺"作为地名开始出现，如广州人入京，"由大庾岭步运至南安军，凡三铺"②。元设站赤，省称为站，成为现代车站地名之源。但是，由于我国南北气候条件不同，历史上驿传形成"南船北马"交通格局，故广东多水站和渡口。据陈大震《南海志》记载，元代南海路有马站 6 处、水站 11 处、馆驿 14 处、递铺 43 处、长河渡 43 处、横水渡 79 处，如当时番禺有涩湖站、马骑铺、大石渡、南站、官窑站、胥江铺、丹灶渡等；增城有乌石站、鹤子铺等；清远有回岐站、横石铺等；东莞有黄家山站、蕉利铺等③。林则徐于道光十八年（1838）自京赴广东禁烟，过梅岭进入广东，沿途记载各种交通制度和交通方式的地名一应俱全，如南雄来雁亭、新铺塘、水马头、丹铺塘、草铺，始兴总铺、太平铺，仁化平圃驿，韶关官滩汛、车头汛、乳源白沙汛，英德沙口汛、清溪汛、朗姑汛、江湾汛、大庙汛、黄江汛、白庙汛，清远山塘汛、塘头汛、上界牌、下界牌，三水芦苞汛、沙墩汛、牛尾汛、南津汛，南海常济汛、张槎汛等，反映了当时广东驿递发展状况。

此外，经过宋元时期的开发，广东商品经济开始繁荣起来，水路运输开始兴盛，故河流两岸出现许多以"埠（步、埗）""湾""渡"等为通名的地名。这些地方多是水陆交通要道，称为渡口，也成为人们主要选择的聚落点。如康熙年间，在罗定直隶州 534 个乡村聚落地名中，就有 26 处这类地名，平均每 20 个聚落便有 1 个渡口（不包括以"圩或墟"所设置的渡口）④。屈大均《广东新语》也说："自封川江口至高明，为鱼苗阜者九百所。"⑤ 鱼阜者，鱼花步也，为河湾中鱼花的捕捞点，足见当时西江上河埠的数量之多。至今肇庆仍有大埗、罗埗、黄埗、双埗、水浦、桂湾、龙湾、布基等，四会有大埗峒、罗埗咀、埗崀、下埗、埗心、进步、长湾塘、洛口等，高要有赤米埗、翠埗、平埗、大埗、高埗、察步、禄步、茶湾、

---

① 《宋史》卷 328《蔡挺传》。

② 《宋史》卷 263《刘熙古传》。

③ （元）陈大震：《南海志》卷 10《兵防》。

④ （康熙）《罗定直隶州志》卷 9《闾里》卷 5《乡村》。

⑤ （清）屈大均：《广东新语》卷 22《鳞语·鱼牌》。

孔湾、湾头、长湾等，广宁有狗壆埗，三水有大垌沙、大埇、后岗埗、鸡啼埗、米埗华、牧牛埗、桃埗、塘埗、禄步等，高明有渡头、渡水、上湾、下湾等此类地名。这些地名的留存对研究广东交通史和经济史都有着非常重要的价值和意义。

第三节　地名是区域社会文化变迁和更替的化石

地名是地区文化演进的标志。文化的发生、发展与该地区的地理生态环境变迁及人类群体的活动有着千丝万缕的联系。所以，一个地区环境的变化，人类群体的活动，往往被该地区的地理命名所记录。也就是说，透过地名，人们可以领悟出文化的变迁与演进，可以体会出文化的成因与渊源。

一　地名层印证民族或族群的变迁与分布[①]

地名层是指在一定区域内，或按地名群出现的历史时期，或按地名所指代的地域范围大小、从属关系，或按语种之不同所划分的地名层次。按历史时期划分，有新地名层和老地名层；按地域或从属关系划分，有主、从层次；不同语种地名层的划分，一般比前二者更为复杂，因为按语言划分的地名层，往往不会是统一的，新地名层的地名常是老地名层之地名的变形[②]。目前，针对地名层的研究多集中在"语种"和"历史时期"两个方面，如王维屏对蒙古语、维吾尔语和藏语地名语源及其结构规律的研究[③]，司徒尚纪对广东古越语、壮语和汉语地名层的研究[④]，陈正祥和蔡淑玲对台湾历史时期地名层的研究等[⑤]。究其原因，主要是这两个方面地名

---

① 此部分已整理发表，见王彬、黄秀莲、司徒尚纪《广东地名语言文化空间结构及景观特征分析》，《人文地理》2012年第1期，第39～44页。

② 褚亚平、尹钧科，孙冬虎：《地名学基础教程》，中国地图出版社，1994，第12～13页。

③ 王维屏：《中国地名语源》，江苏科学技术出版社，1986。

④ 司徒尚纪：《广东文化地理》，广东人民出版社，2001，第381～389页。

⑤ 陈正祥：《中国文化地理》，生活·读书·新知三联书店，1983，第210～234页。蔡淑玲：《台湾闽南语地名的语言层次与文化层次》，《台湾语言与语文教育》2003年第5期，第115～128页。

层特征的突显性。在语种地名层方面，正如苏联学者 B. A. 朱奇戈维奇所说："地名谱系是历史范畴，它们不是不变化的。现在地名谱系中占主要地位的语言在过去可能完全不存在，相反，现在居从属地位的语言从前可能占统治地位。这种变化的原因往往出自民族的更替。新到的民族接受了过去占统治地位的民族语言中的一部分地理名称，该区域为现在组成其地名背景的新地名层（топонимический пласт）所覆盖，而旧地名层只能在有的地方从其下面透过来。"① 即便如此，地名层次也绝不会是纯粹的，特别是对新地名层来说。因此，一种语言在外来语底层的基础上发展，这种过程不仅在地名学中存在，在一个地区通过相互影响或斗争也会发生一种语言被另一种语言战胜的情况，人们通常把被战胜的语言称作语言底层。由此可见，语种和历史时期地名层与区域的人类活动密不可分，地名是民族活动的"足迹"，故司徒尚纪提出"从文化层次参证地名结构"的论断。不仅如此，反过来，地名层也是印证区域文化层的一把钥匙。正如周振鹤所说："一个地区的居民成分及其文化类型的变化往往在地名上留下痕迹，其结果是不同类型的地名在同一个地区形成不同层次的积压。一个地区的地名历史层次可以跟文化的历史层次相印证。"②

　　综观广东地名文化层，从语种上明显可以分为三个层次。第一层次，即底层，是古越语地名，所代表的是古越族文化；第二层次，即中间层，是地方方言地名，所代表的是带有浓厚地方色彩的岭南文化；第三层次，即表层，是全国通用语地名，所代表的是以北方为基地发展起来的正统文化。从时间上来看，唐代以前基本上属古越语地名时期，宋至清前期为南方方言地名时期，清末以来为北方书面语地名时期。之所以这样划分，是因为地名是民族或族群活动的结果，它是与民族或族群和方言的形成与发展分不开的。但地名层之间的关系是复杂的，并受许多因素制约，底层地名能否保持，不仅决定于地名数量的多少，而且决定于外来人和本地人之间的关系。所以，广东能够形成多种复杂的地名层关系，不仅与土著文化的长期存在有关，而且与北方汉人接受土著文化和保留

---

① 〔苏〕B. A. 朱奇戈维奇：《普通地名学》，崔志升译，高等教育出版社，1983，第 120 ~ 121 页。

② 周振鹤、游汝杰：《方言与中国文化》，上海人民出版社，2006，第 146 页。

自己中原生产、生活习俗及地名构造模式等密切相关，二者相互作用，
缺一不可。

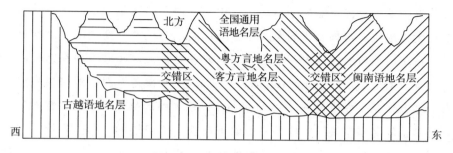

图6－2　广东省地名层分布

1. 古越语地名层

唐代以前，岭南生活着以古越人为主体的百越各族，他们在自己的土
地上创造了灿烂的古越族文化，地名即是其中之一。此类地名突出的特点
是不能用汉语去望文生义，音节方面绝大多数为双音节而极少单音节或三
音节，多为倒装结构，即齐头式结构，通名类型多样且分布明显具有民族
性和区域性等特征。壮侗语地名都是有意义的，大多由表示自然地理特征
的 nya^1 河、gul^3 溪、jen^2 山、$maeng^3$ 潭、$biing^2$ 坪、ya^5 田、di^6 地、o^2 地方、
gee^4 地方、ban^2 盘、jem^6 冲、$gueng^5$ 坳、ji^6 岭、bia^1 岩石等来充当。也有一
部分通名（或专名）是以 xai^6 寨、sen^1 村、$xang^2$ 场、gen^1 侗、miu^1 苗、ga^4
汉、yiu^2 瑶、dan^4 坦人等[1]人文地理实体特征来命名的[2]，如以 "那" "罗"
"都" "云" "六" "古" "思" 等为通名的齐头式结构地名。所谓齐头式结
构地名，又称顺行结构地名，就是 "通名＋专名" 结构地名，即通名在
前，专名在后，不同于汉语地名的逆行结构——专名＋通名结构，即通名
在后，专名在前。其实，这种语言结构更利于人的认知活动。根据奥塔马
顿的实验，一行自左向右排列的词素，如果其 "层次" 整个向左分支，即
修饰语在中心词之前，由于人类瞬间记忆存在一定的跨度，那么其左分支
的语言层次被认为是有一定界限的。这种向左分支而有界限的语言层次，

---

① 此处侗语地名的声母、韵母用侗文方案拼写，声调以数字标在音节的右上角，其与侗文
方案的对应关系为：1－L、P，2－C，3－S、t，4－X，5－V、K，6－，7－1、P，8－C，
9－S、t，10－X。
② 石林：《侗台语比较研究》，天津古籍出版社，1997，第101～117页。

叫逆行结构（regressive structure）。与此相反，如果向右分支，即修饰语一律后置，那么其层次被认为在人类利用瞬间记忆加工的范围内，能够无限地扩展，这叫顺行结构（progressive structure）①。壮侗语地名即属于顺行结构地名，这也许是壮侗语地名通名多样化的重要原因之一。在此，作者以"那"字地名为例进行阐述。

"那"或"纳"（古壮字为"那田"）在壮、傣、布依等民族语言中为"水田"，被用作地名以冠首通名。其特点是以种类田的俗称作为标志，采用"通名＋专名"的结构，构成以"那"或"纳"起头的齐头式结构地名，如那界、那都、那落村、那康、那罗、那吉等。从统计来看，"那"字地名在广东的分布主要集中在粤西南的湛江和茂名、阳江、江门西部等地，其他地区则几乎绝迹。覃乃昌将"那"字地名分布的区域称为"那"文化圈②；语言学者游汝杰在对"那"字地名的分布进行调查后也指出，"这些地方的土壤、雨量、气温、日照等都宜于稻作"③，所以，"那"字地名显然与早期古越人稻作文化发展密切相关。根据农业科研部门的调查，这一区域是世界上野生稻分布最为密集的地区。生活在这一地域的壮侗语族民族群体的先民，自新石器时代便开始了适应这一自然地理环境特点的稻作农耕方式，并形成据"那（水田）"而作、随"那（水田）"而居、以"那（稻作）"为本的传统生活模式。壮族民间流传着俗语："内湳眉巴，骨内那眉考"（doi mam mi pa, doi na mi khau），意即"水里有鱼，田里有稻（米）"，就是这种生活模式的写照，反映了生活在这个地域的民族群体共同追求的价值目标。正是在这种生产方式和生活模式的制约下，这一民族群体的实物文化、行为文化和观念文化，也都具有鲜明的"那"文化特征，如稻作农耕文化背景下不同季节盛行的各种民间传统节日及以"那"为中心的民间宗教活动等④。

在壮侗语地名中，"那"有时与"罗""南"通用，表示"田"义，

① 〔日〕桥本万太郎：《语言地理类型学》，北京大学出版社，1985，转引自石林《侗台语比较研究》，天津古籍出版社，1997，第113～114页。
② 覃乃昌：《"那"文化圈论》，《广西民族研究》1999年第4期，第40～47页。
③ 游汝杰：《从语言地理学和历史语言学试论亚洲栽培稻的起源和传布》，《中央民族学院学报》1980年第3期，第6～17页。
④ 覃乃昌：《"那"文化圈论》，《广西民族研究》1999年第4期，第40～47页。

成为同一类型的不同通名。故徐松石说："大体而论，现在壮族所用的'那'字，在两广粤语区域中已大半译为'田'或'地'字。两广地名冠首的'罗'字，有时即是壮区地名的'那'字。"又说："在两广地方，'那'字全部，'纳'字全部，并'南'字、'罗'字、'拉'字的一部分，乃是'田'的意义。"而在谈到"罗"字地名时也说："这个'罗'字比其他各字的意义稍为复杂。它有一部分与'那'通，即田字的意义。"① 足见壮语通名景观的复杂性和民族性，其在分布上与广西壮族地名区连成一片。但是，根据统计，"那"和"罗"二字地名都形成地名群，其分布空间具有明显的差异性，"那"字地名群多分布在珠江三角洲以西，最集中区为湛江、茂名和阳江等地；"罗"字地名群最集中区为肇庆、云浮等地，粤北的韶关和粤东北的河源也不少，全省其他地区也皆有零星分布。宋长栋根据地图、地名录和地方志等资料统计，也认为"那某"地名主要分布在从广西西南部，沿海而东经湛江地区和江门的恩平、开平、新会、台山而至中山和番禺。"罗某"地名主要分布在广东东部以西，经肇庆地区而达广西的来宾、上林、邕宁。在广东的宝安、花都、南海、三水、高明、高要、云浮、德庆、广宁、阳山和广西的苍梧、平南、贺县、平乐、柳城一线以东和以北无"那某"地名；在广西武鸣、扶绥、上思以西和广东徐闻等地无"罗某"地名。两者之间是交错区，两种地名均有。② 二者分布地域的差异，能否说明壮侗语地名内部的语言或方言差别，即不同区域和族群对同一地理实体称谓的差异？对此，宋长栋先生做过专门的探讨。他认为，"那"字地名和"罗"字地名是历史上用瓯、骆两个族群的语言命名的地名，其中"那"字地名群基本上是骆越的地方，"罗"字地名群基本上是西瓯的地方，"那"和"罗"两字地名群重叠部分亦即瓯、骆杂居区。西瓯和骆越属于百越不同分支或种属已是不争的事实，文献也多有记载。《史记·南越列传》记载道："越桂林监居翁谕瓯骆属汉：皆得为侯。"又说："瓯骆相攻，南越动摇。"所以，西汉扬雄的《方言》说"西瓯，骆越之别种也"。西瓯的分布，据《淮南子·人间训》记载，其当在今广

① 徐松石：《徐松石民族学研究著作五种》（上），广东人民出版社，1993，第189～197、446页。

② 宋长栋：《从封开地名看岭南文化源流》，《西江大学学报》1998年第2期，第36～43页。

西的镡城、兴安、九疑以南。《百越先贤志》也说："湘漓而南，故西瓯也。"骆越的分布，据《旧唐书·地理志》"邕州宣化县"条说："欢水在县北，本牂柯（牁）河，俗称郁林江，即骆越水也，亦名温水，古骆越地也。"顾炎武在《天下郡国利病书》中也说："今邕州与思明府凭祥县接界入交趾海，皆骆越也。"这些论述也得到考古方面的印证，蒋廷瑜在《从考古发现探讨历史上的西瓯》一文中认为"西瓯活动中心只能在五岭之南，南越之西，骆越之北，恰当今桂江流域和珠江中游（即浔江）流域一带。……骆越的活动中心当在我国左江流域至越南的红河三角洲一带"[1]。对于瓯、骆杂居区，《旧唐书·地理志》载邕州下都督府贵州（今广西贵县）郁平县"汉广郁县地，属郁林郡，古西瓯、骆越所居"。潘州，茂名"州所治，古西瓯骆越地，秦属桂林郡，汉为合浦郡之地"。唐代杜佑《通典》亦记载："贵州（今理郁平县），古西瓯骆越之地。秦属桂林郡，徙谪人居之。自汉以下，与郁林郡同。"[2]《元和郡县图志》也说义州（今广西岑溪县境）"为古西瓯骆越地"。所有这些皆可证明西瓯和骆越曾杂居过，其杂居区理应是广西东部和广东西部，即今日遗留下来的"那"和"罗"字地名群重叠区，两族群居住的其他地区则是"那"和"罗"字地名相对独立分布区。

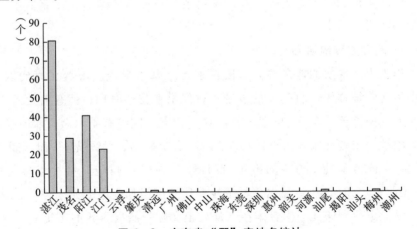

图 6-3　广东省"那"字地名统计

①　百越民族史研究会编《百越民族史论集》，中国社会科学出版社，1982，第 220 页。
②　（唐）杜佑：《通典》卷 183《州郡》。

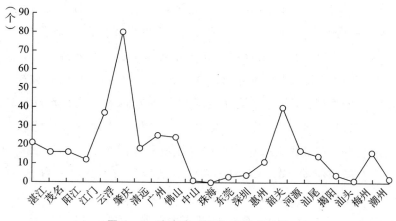

图 6-4　广东省"罗"字地名统计

除"那""罗"字地名外，广东还有"都""思""古""六（禄、渌、菉、陆等）""云""扶""峒（峝、洞）""黎""调""潭""南（湳）""大""板（班、番、曼、万、迈、孟、麻等）""弄""濑""良"等字地名，其亦皆为古越语地名，也不能用汉语意思去理解。其中峒、六、弄等有山谷、山野、山冲等意义，南、濑、潭等为水义，都、思、古、板等作村寨解。此类地名皆分布在广东中部往西，其他地区几乎绝迹，全国其他省份更是无迹可查，显然系古越族遗留地名，在此不作一一列举和考察。

2. 地方方言地名层

作为中间层次的地名层，大抵在宋代已基本形成。虽然在唐代以前，岭南生活着被称作"百越"的古越人，但早在先秦时期，就有荆楚人、中原汉人等南迁至广东。《史记·楚世家》记载，陆终有子六人，六曰季连，是为芈姓，与楚同祖。宋衷曰："芈姓，诸楚所出，楚之先。"而《世本》又说："越为芈姓，与楚同祖。"晋代顾微在《广州记》中更直接记曰："六国时，广州属楚。"显然楚与越在春秋战国时期就已开始来往了，这在考古学上也得到印证。廖晋雄在《从出土文物看始兴古代的历史》一文中说："始兴境内的浈江，自古就是南北交通要道，溯浈水东上，经赣江流域可达中原地区；顺浈水西下，经北江能直抵珠江流域。有关史料记载，始兴之地，商周是扬州之境，春秋为百越地，战国属楚。正是由于这种地理和历史的原因，其物质文化既有中原文化的特征，又有楚越文化的特点。比如始兴出土的青铜兵器剑、矛等，与中原和楚地出土的相似；而炊器鼎，不仅体形小，胎壁薄，腹底多有烟炱，而且铸造较粗糙，是一种典型的越式器，曾经引起考古界重视的、在始兴发现的战国铁制生产工具铁斧、铁锸，也与中原和楚地出土的相同。"[1] 梁钊韬在其《西瓯族源初探》一文中更直接说："吴起在楚国辅助悼王，曾发兵'南平百越'，把一批楚国贵族、罪人驱逐到岭南地区，因而民族关系除了骆、瓯之外，还有楚人，其中当然还有中原人。所以，楚国文化对岭南地区又有了进一步的影响。"[2] 到了汉初，司马迁在《史记·货殖列传》中列举了 19 个大城市，其中以广州等 9 个为最重要，说"番禺，亦其一都会也，珠玑、犀、玳瑁、果、布之凑"，暗示汉代之前就有中原人到过岭南进行贸易。然而北方汉人真正大规模南迁岭南，还是从西晋时起，大批中原汉人携家带口南迁岭南避乱，有的甚至是举族迁徙。唐末的战乱和天灾，使得这种迁移有过之而无不及。大批北方汉人南迁，但迁移岭南的路线和选择的生活地点不同，使他们在各自的聚居区独自繁衍发展。迁移南下的路线主要有东、中、西三条路线，东路主要是中原汉人通过吴越到达闽越，再经沿海到达粤东潮汕等地；中路主要是中原汉人通过江淮，经赣南到达粤东北梅州等地；西路早期是沿湘水经漓江，到达西江走廊地带，后期经大庾岭南下，沿北江到达珠江三角洲等其他地区。到宋代时期，三路中原汉人已在其聚居区形成各自的文化区，将广东地域重新分割为三，粤东为闽南文化区，俗称潮汕文化区，粤东北和粤北为客家文化区，粤中和粤西及粤西南为粤方言文化区。而先前的土著越人一部分被同化为汉人，融入所在的汉文化区，一部分退缩至粤西及粤西南山区，与后来的壮族相连成片，还有一部分则渡海到达海南，成为黎族主体。广东方言地名层就是在这个过程中逐渐形成而发展起来的，同时伴随大量方言地名的涌现。由于北方移民多聚族而居，故在地名上还多表现为以族姓为村名的现象，如李屋、张屋、罗屋、曾屋、王厝、李厝等。

明清时期，大量汉人逐渐进入山区、沿江、沿海及其他偏远地区，促

---

① 廖晋雄：《从出土文物看始兴古代的历史》，《韶关大学韶关师专学报》（社会科学版）1991 年第 3 期，第 15～17 页。

② 梁钊韬：《西瓯族源初探》，《学术研究》1978 年第 1 期，第 129～135 页。

进了广东的全面开发。广东经济已摆脱过去的落后状态，逐渐进入全国先进地区的行列，在农作物种植、引种和水利工程建设以及纺织、陶瓷及造船、矿冶、制盐等领域所取得的成就，都远远超过了前代。商业的繁荣，又促进圩市经济和贸易的发展。依据明代广东田地统计，广东耕地增加相当快，从明初洪武年间至万历二十八年，短短 200 余年间，耕地面积扩大近千万亩，成为广东历史上户均、人均耕地面积最多的时期①。

表 6-6　明代广东耕地面积一览

年代	耕地面积（亩）	资料来源
洪武二十六年（1393）	23734056	《万历会典》卷 17《田土》
弘治十五年（1502）	25578849	《后湖志》卷 2《黄册事产》
嘉靖十五年（1536）	25670475	雍正《广东通志》卷 21《贡赋志》
嘉靖二十一年（1542）	25696800	章潢《图书编》卷 90
万历六年（1578）	25686514	《万历会典》卷 17《田土》
万历二十八年（1600）	33417072	雍正《广东通志》卷 21《贡赋志》
崇祯五年（1632）	32738315	雍正《广东通志》卷 21《贡赋志》

资料来源：见潘燕萍、谢天祯《明代广东的粮食生产与运销》，《广东史志》1990 年第 1 期，第 56~60 页。

　　农业的巨大发展，为社会提供了更多的粮食及其他农产品供给；手工业技术水平的提高，为广东的区域开发和社会进步提供了技术上的支持。在此带动下，明清时期广东人口急剧膨胀，特别是粤东北的梅州和沿海的潮州地区，人多地少的矛盾非常突出。如《嘉庆一统志》载，嘉庆二十五年（1820）嘉应州田地山塘合计 1203724 亩，同年的各种丁口总数为 1385400 人，每丁口平均田亩山塘数还不到 1 亩（0.87 亩），若算上非丁人口，人均田亩数会更少。明天顺初年及嘉靖、隆庆年间，潮州府人户为 495 里（每里 110 户），仅次于广州府（1249 里），在广东省境各府中居第二位，而海阳县人户为 300 里，仅次于南海县（351 里），也居全省各县中第二位。又据清嘉庆二十五年（1820）统计，潮州府人口为 2180905 人，

<hr />

　　①　潘燕萍、谢天祯：《明代广东的粮食生产与运销》，《广东史志》1990 年第 1 期，第 156~160 页。

每平方公里 151.45 人，仅次于广州府（每平方公里 306.34 人），居全省各府中第二位①。总之，从明初至清中叶后期，潮州增加 1316101 户，相当于唐代潮州人户（4420 户）的 297.8 倍，故清代的潮州已有地狭人众、粮食不足之虞。人口的大量繁衍，人多地少矛盾的尖锐，迫使此类地区的人户开始外迁，寻求生存的空间。突出的表现是客家人和潮汕人的外迁，他们在向周边地区蔓延扩散的同时，也出现迁移或跳跃扩散的现象。一部分客家人向沿海、粤中、粤西等扩散，潮汕人除沿海岸向西扩散的同时，也出现一部分潮汕人迁移至雷州半岛和海南岛等地区。在迁移的过程中，他们将自己的文化，包括地名基本模式，带到新居地，出现明清时期广东方言地名文化扩散现象。如粤西地区及西江走廊地带出现许多以"屋"命名的地名，肇庆德庆县的独屋、旧屋埌，封开县的白屋、仇屋、男儿屋，广宁县的白屋、瓦屋，怀集县以"屋"命名的地名则高达 43 处。雷州半岛则存在大量以"宅""田""那"等命名的地名，如徐闻县的冯宅湖、潘宅村、黎宅、田头宅、邓宅、符宅、陈宅、张宅园、韩宅等，以"田"和"那"命名的地名分别达 21 处和 22 处；遂溪县有韩宅、文宅村等，以"田"和"那"为地名的分别为 15 处和 7 处；雷州市分别有宅、田、那字地名 14 处、14 处、15 处；等等。

经过数千年的发展、演变，特别是唐宋以来的开发，到明清时期，广东地名文化分布格局基本形成。

3. 全国通用语地名层

近代以来，广东作为中国打开国门的前沿阵地和国民革命的策源地，在西方现代科学技术和学科发展的推动下，地名命名和管理开始科学化，具有了近现代地名发展的雏形。在地名命名和地名普查过程中，出现许多"山""河""江""海""湖""岛""礁""群岛""半岛""海湾""滩""泉""峡谷""瀑布"等自然地名通名。在人文地名方面，以"市""区""乡""镇""村""工厂""公司""学校""大学""田""矿""公路""铁路""桥""机场""码头""港""科研所"等为通名的地名已遍布全省，表明全国通用语地名层格局已基本形成。新中国成

---

① 陈香白：《潮州三阳图志辑稿》（1989 年 3 月），转引自郭培忠《古代潮州人文地理初探》，《岭南文史》1992 年第 1 期，第 12～18 页。

立后，随着各项建设事业的全面展开，一批现代地名又涌现出来，如以"水库""水电站""渠""峡""温泉""发电厂""农场""林场""茶场""社""队""站""工程"等命名的地名深入全国各个角落。近年来，随着改革开放的不断深入推进，社会各项事业进入大发展时期，地名也走向全面发展阶段，各类新地名不断涌现，出现大量以"开发区""大厦""中心""超市""商场""购物中心""百货""批发市场""农贸市场""平安大道""花园""雅居""苑""山庄""别墅""新村""度假村""步行街""保护区""森林公园""景点（景区）""加油站""停车场""保税区""海关""客运站""大桥""立交桥""矿"等为通名的地名，而一些原有文物古迹、遗址也重新作为地名进入人们的定位系统，如以"塔""观""寺""庙""祠""堂""旧址""古迹""遗址""故居""城墙""纪念堂""纪念碑"等命名的地名，日益进入人们日常生活，成为地名中较为活跃的成分。

二 地名反映其他社会文化变迁

地名是文化内涵的标引。应该说许多地名来源于当地的自然景观、经济特征、交通运输、宗教、民族以至神话传说等因素。随着历史的演进，不同文化间发生着扩散、交流、整合等。但是地名的变化相对较慢，它具有顽强的延续性和稳定性，因而较好地保存了文化史的某些本来面目。所以，透过地名可以进一步深刻理解地域或民族文化的内涵。

1. 地名反映社会文化制度的变更

地名是社会文化的组成部分，也是上层建筑的组成要素之一。因此，从地名演变同样可以窥见一个地区社会文化制度的演变过程。广东自从秦代被纳入中原王朝版图以来，其社会文化也就被纳入了全国行列，中原王朝社会文化制度的演变皆可在广东地名中找到印证。

行政区划名称是反映国家或地区行政区划制度演变的指示器之一。自从广东归属中原王朝版图以来，其政区制度变化皆与中原王朝政区制度变革保持一致，如秦代的郡县制，汉代以后的州、府、道、路、省、厅、镇等设置。其间，虽然一些通名发生改变，但部分却作为专名被保留下来，如广州市、惠州市、梅州市、化州市、高州市、雷州市等的"州"字；另外部分通名虽然也被保留下来，但其性质却发生改变，如镇、厅、司、道等已不再具有当时军事、政治等其他内涵；还有一部分政区通名虽未被沿用到现在，但作为历史政区名称的一部分对广东行政区划名称产生重要影响。近代以来，出现的政区通名还有"区""市""局"等，皆在中华人民共和国成立后得到沿用。目前，广东政区通名与全国其他地区一样，包括省、市、县（市、区、自治县）、镇（乡）等，虽其层次和级别发生改变，却皆是历史上所出现和使用过的。

此外，中国县级政区以下政治制度称为"乡里制度"。从严格意义上来说，"乡里制度"并不属于行政区划制度，但其产生和发展却对基层或聚落地名产生重大影响。秦时，将全国分为36郡，郡下设县，并对县以下乡里制度进行了规制，"大率十里一亭……十亭一乡"①，即乡、亭、里三级制。乡、亭、里作为乡里制度的通名或专名一直沿袭下来，至今在广东聚落中还有不少，如广州市的联乡市、东乡、东乡村、沙亭、北亭、北亭村、南亭、三元里、珠华里、民里、东贤里等，梅州市的三乡镇、上八乡镇、下八乡镇、望梅亭、花亭、茶亭下、路亭下、长径里、塘肚里、徐坑里、甲子里等。魏晋南北朝时期，乡里制度一个突出特点是出现"村"的名称，如北魏孝文帝延兴二年（472）夏四月诏曰："比丘不在寺舍，游涉村落，交通奸猾，经历年岁。"②"乡村"连称也时有发生，如南朝宋臣谢方明说："囚逡巡墟里，不能自归，乡村责让之，率领将送，遂竟无逃亡者。"③"村里"连用也开始出现，如梁朝时，历任南谯、盱眙、竟陵太守的贪官鱼弘常常对人说："我为郡，所谓四尽：水中鱼鳖尽，山中獐鹿尽，田中米谷尽，村里民庶尽。"④ 到唐代时，全国已形成了"村"制，村作为国家乡里制度的基层组织而存在。至今，"村"作为聚落通名，无论是自然村还是片村（即行政村），在全国各个角落都得到应用。金元时期，乡里制度又添新的成员——"社"和"寨"。"社"名早在春秋战国时期就已出现，后到"隋唐时，有社之设立，由二十五户所组成，作为土、谷神

---

① 《汉书》卷19上《百官公卿表》7上。
② 《魏书》卷114《释老志》。
③ 《宋书》卷53《谢方明传》。
④ 《梁书》卷28《鱼弘传》。

之祭祀单位。唐代时，社之功能变成赈灾之组织"①。到了金元时期，"社"已演变成为一种发展农业的组织②。"寨"或"村寨"，原为女真部族的社会组织，后经被金封为"齐帝"的济南府知府刘豫进行一番改造，史载"是年（阜昌元年，即 1130 年）依仿金虏法，乡各为寨，推土豪为寨长"③。经过演变，"寨"作为聚落通名被保存下来，通行全国。至今，广东山区仍有许多以"寨"为通名的聚落，如连州市的俞屋寨、新寨、尖寨、龙坪寨、迳头寨、石寨，阳江市的长江寨、寨背、隔江寨、寨坳、黄屋寨，南雄市的高公寨、滩坡寨、梅花寨、王石寨、木公寨、军营寨、寨下等。事实上，元代乡里制度也有新的突破，如"改乡为都，改里为图，自元始"④，即实行"都""图"制，"都"作为基层组织也被保留下来，成为聚落通名的一分子。明代乡村行政机构，据有关方志所载，多半是乡都图、乡都里三级，也有的地方是乡保村里、乡保区图四级⑤，即乡、里、都、图、保、村、区、社、甲等并用。清代，乡里制度多沿袭明代，即将明以前乡里制度直接使用，主要有乡、里、区、社、城、镇、铺、厢、集、图、都、保、总、村、庄、营、圩、甲、牌、户、寨、堡、团、卡房等⑥。故此类地名在广东至今多有保留。近代以来，乡里制度逐渐科学化和法制化，主要有区、乡、镇、村、保、甲等，中华人民共和国成立后，保留区、乡、镇、村、巷等。至此，完成了历史上乡里制度的演变。但在今日广东地名中，皆可找到其踪迹。

综上所述，广东作为我国领土的一部分，全国行政区划制度演变或多或少皆能在广东地名中找到印记。反过来，通过广东地名文化内涵分析，在一定程度上和范围内，我们也可以窥见全国行政区划制度的部分演变与发展。

2. 地名反映人们宗教信仰或图腾崇拜

历史上，岭南生活着古越族的先民，秦始皇统一岭南后形成了长期的

---

① 张哲郎：《乡遂遗规——村社的结构》，载刘岱《吾土与吾民》，生活·读书·新知三联书店，1992，第 208 页。

② 赵秀玲：《中国乡里制度》（第二版），社会科学文献出版社，2002，第 34 页。

③ 朱希祖：《伪齐录校补》卷上。

④ （清）赵翼：《陔余丛考》卷 27。

⑤ 白钢：《中国农民问题研究》，人民出版社，1993，第 137 页。

⑥ 闻钧天：《中国保甲制度》，商务印书馆，1935，第 206 页。

汉越民族杂居局面。后来古越族渐渐同化于具有经济、文化及政治优势的汉族，岭南东部地区率先完成了民族融合的历史进程。现在岭南西部仍为汉族与古越族后裔——壮侗语族诸民族杂居①。在汉越民族融合的过程中，古越族作为世居民族，在地名上已形成了具有地域特征的古越族地名文化；汉族作为岭南之后来者，不可避免地部分使用原有地名，而新地名的诞生也难免受古越族文化背景的影响。虽然古越族文化大部分已不复存在，但透过所遗留下来的地名，我们依稀可以发现古越民族文化的痕迹。

岭南为亚热带地区，气候炎热，森林密布，山川交错，南边为东西延伸的海岸线。古越族在这样的自然地理环境中完成了渔猎经济到农业经济的社会进程，形成了自己的文化，产生了具有浓郁越族色彩的图腾崇拜文化。根据史书记载，他们主要以鸡、狗、鳄、雷、牛、鸟等为图腾崇拜对象。据李锦芳研究，越人对鸡的崇拜是古越人进入农耕社会以后产生的，越人盛行"鸡卜"便是以此为基础。过去，广东籍海外华侨在家乡娶妻，为节省路费，便由一只大公鸡"代替"新郎成亲，此可谓图腾信念遗风。至今，广东仍有许多以"鸡"命名的地名，如湛江市的鸡仔塘、鸡公埇、鸡公塘、鸡笼寨、鸡笠嶂、鸡笠山、鸡母陆、金鸡、鸡毛山等。根据统计，全省以"鸡"为首尾字的地名多达159处，分布范围从东到西、从北至南，遍及全省。

狗也曾经是渔猎经济时代古越族的崇拜对象，后来演变为"视犬为珍"或禁食犬肉等民俗。《文献通考》载，"獠人"（越人后裔）"若杀其父，走避于外，求得一狗，以谢其母，然后敢归。母得狗谢，不复嫌恨"②。现代广东仍有些地方禁食狗肉，显系对狗的一种崇拜心理存在。在地名上，广州有瘦狗岭、珠海和四会有石狗乡、茂名有石狗岭乡、化州有石狗塘乡等，据不完全统计，全省有45处以"狗"为首尾字的地名。

至于雷图腾崇拜，是由于岭南多雷，雷电威力无穷，古越人敬之为神灵，认为雷神是天上总管人间及公道的神，遂立庙祀之。道光《广东通志》载："海康（今雷州市）西南有雷祖庙，西北雷公山，东南擎雷山，下有擎雷水……五岭之南，俚俗犹存。今南人喜祀雷神者，谓之天神。祀

① 李锦芳：《图腾崇拜在岭南地名中的遗迹》，《地名知识》1989年第3期，第38～39页。
② （宋）马端临：《文献通考》卷328。

天神必养大豕，目曰神牲。"广东以"雷"为首尾字的地名很多，如湛江市的雷打沙、雷公塘、雷高镇、雷祖祠、雷城镇、雷州等。据不完全统计，全省"雷"字地名也达 47 处。另据李锦芳研究，两广地区含"巴或把"的齐头式结构地名中，除部分指山外，很多也是指雷。因为壮侗语中雷和山的读音只有音调细微差别，汉译甚为混乱，而非山之处却称"巴"，也与"雷王"崇拜有关①。除此之外，全省以"鸟""鳄"等为首尾字的地名中的图腾崇拜也非常明显，在此不再一一细解。

总之，地名所能折射出的人物、史迹、部族、方言、气候、地形以及物产等事象的自然和人文意义，恰恰是文化内涵的全部内容，无论就文化的广义还是狭义而言，地名对于感悟文化确确实实具有积极的作用②。一定的地名反映了一定的地域或民族的文化类型，较好地保存了历史文化某些本来面目。通过地名文化内涵，挖掘广东乃至岭南区域社会文化的方方面面的工作，还有待更深入、更全面地展开。

小　结

人类对客观世界的认识总是有一个从具体到一般、从个体到整体、从简单到复杂、从感性到理性的过程。最早的地名一般是表示个体的专名，然后有表示类别概念的通名，最后才有专名与通名连用的结构形式。而且，人们在给地理实体命名的时候都有一个着眼点，往往以某物的地理特征或人文特征来给其命名，故"地名的背后是有东西的"，即地名是区域地理环境和人文特征的重要标识之一，反映了历史时期区域地理环境和人类历史发展演变过程，并揭示出其"历时性"和"共时性"两个层面的内涵。

广东地名文化景观是当地地理环境的综合体。一方面，它反映了广东区域自然地理环境的面貌和特征；另一方面，它又是广东历史时期区域开发和社会发展及族群变迁的"活化石"。在自然地理环境特征方面，广东

---

① 李锦芳：《图腾崇拜在岭南地名中的遗迹》，《地名知识》1989 年第 3 期，第 38～39 页。
② 周佳泉：《地名的文化感悟作用》，《中国地名》1999 年第 3 期，第 38～39 页。

地名文化景观更多地体现在以地表形态特征为通名的地名数量多，规模大，分布广，并与全省地貌分布特征基本相一致。诸多地名所反映的地貌形态特征，有的依然保留，有的已消失得无影无踪。但无论如何，我们依然可以透过留存下来的这些地名，了解到历史时期广东地理环境的"原貌"，这为历史地理学者今后对广东历史地理环境的"复原"提供了借鉴。在区域开发和社会发展、演化方面，广东地名文化景观与广东的农业、手工业、商业及交通发展具有共时性发展特征，在社会层面上体现了民族或族群的变迁与演化，并在一定程度上反映了社会文化的发展和变化。

| 第七章 |
广东地名文化景观的地理分异和区划

　　广东地名文化内涵相当丰富，其景观多种多样，彼此之间相互交融和渗透，最终归结于区域，形成自己的区域个性。为了有效地对它们作出描述和分类，必须借助于区域概念，即划分不同的地名文化区。文化区直接揭示文化的空间差异及其分布规律，是文化地理研究的一个重大课题。离开区域概念，一切文化现象就失去依托①。

第一节　广东地名文化景观区划方法

　　广东地处我国南方，背靠南岭，面向南海，历来被中原王朝称为"化外之地"。直至明清之际，广东依然是北方人或流亡王朝避难的场所。其内部空间山川分割，交通极不便利，给区域间频繁交流带来阻隔。然而特殊的地理位置和空间结构，却极有利于小范围地域文化的保留和延续，形成多族群并存、共生现象，造就广东内部空间文化的多元化。正如《礼记·王制》中所讲"广谷大川异制，民生其间者异俗"，表明地理环境对地域文化具有巨大影响。所以，直到清代，广东境内在相互交流方面依然处于"重译乃通"的境地。

　　广东在方言、族群、宗教、地名等文化景观方面是我国最为复杂的省份之一，学者历来多有研究，方言和族群领域尤为突出。如在全国七大方

---

① 司徒尚纪：《广东文化地理》，广东人民出版社，2001，第409页。

言中，广东独占三种，即粤方言、客家方言和闽南方言，其间还夹杂着部分少数民族语言，如瑶语、畲语、黎语、壮语、回语、满语、疍语等。这些语言既有土著语言演化、遗留下来的古越语，也有在唐宋以后从中原或其他地区迁移而来的演变为汉语其他支系的方言，如客家方言和闽南语；该地区还有唐宋或明清以来迁移广东的信仰伊斯兰教的回民和信仰佛教的满人，其语言同样也在广东扎根繁衍，清代以来，学者对此多有研究。但从广东区域文化研究来看，文化区的划分多是以方言和族群作为标准，一般将广东区域文化划分为粤中广府文化区、粤东潮汕文化区、粤东北及粤北客家文化区以及粤西南多民族杂居区等，其间还夹杂着少数民族或土著文化区。它们各自既有大面积的聚集区，也有小规模的飞地型的点状或岛状分布区，形成大聚居、小杂居分布格局。由于文化区的形成有赖于当地的地理环境、历史发展以及上述二者结合而形成的历史区位关系，再加上人们在文化态度、价值观念和信仰等方面的不同，即使对同一文化景观不同的人也会有不同感受。因此，所谓文化区不仅受客观的文化特质的影响，同时也受人们主观态度与价值观的影响。虽然文化区可以从物理特性上界定，但有时候我们不得不从文化的模糊性出发，以文化的区域特征进行分析，这两方面因素共同作用的结果，才是人们理解文化及其区域的真正基础①。所以，对广东进行文化分区时，同样不能一概而论，要注意区域间的联系和衔接，即文化的过渡区域。

　　广东地名景观的地理分异即是对广东地名依据一定的标准或指标进行的地名文化分区，它遵循一般文化区的划分理论和原则。文化区是指某种文化特征或具有某种文化的人在空间上的分布，具有形式文化区、功能文化区和乡土文化区三种类型，所以，对地名文化区来说，其是相同或相近地名文化特质在地域空间上的分布。从划分内容来看，其具有单一文化要素划分的特征，属于形式文化区，但兼有乡土文化区的内涵。地名虽是文化的组成部分，但它主要是通过语言符号（音、形、意三者的统一体）这一载体被保存下来。所以，从直观上来看，地名文化区是单要素文化类型，但它并不等同于方言文化区。因此，地名文化分区并非像方言区或族

---

①　吴必虎：《中国文化区的形成与划分》，《学术月刊》1996 年第 3 期，第 10～15 页。

群区那样容易划分。

地名产生起初是以"名以实称"为原则，后来发展为"先入为主"和"名从主人"的命名原则，故地名反映地理实体和人类活动是不争的事实。但是，随着社会的发展，地名的命名、更名出现多样化现象，地名作为语言的代号，开始出现名不副实现象，越来越多的地名成为人们交流的工具而存在，即地名的符号化特征突显，地名失去了其原有的内涵和意义。况且，地名作为一个集合名词，其文化在呈多元化发展的趋势下，人类思维的符号化特征更加突出。正如池上嘉彦所指出的那样，"人类总是想给自己周围的事物赋予意义，而且，这时的'给予意义'完全是根据与人类自己的关系进行的。哪怕是对象属于自然界，也将根据它与人类的关系来判断其价值，然后编入人类世界。这个世界是个出色的文化世界。而且，人类掌握符号的活动与对这个世界的创造、维持，及在时间、空间上的交流——这一切文化性的活动都有着深刻的关系。人类确实是'使用符号的动物'"①。他还进一步指出："一般认为人类是从事构造化活动的动物，并且把自己所居住的世界秩序化。这就是把'自然'改造成文化的活动。这种主体性的活动是人类区别于其他受本能约束不得不停留在'自然'领域的动物的要点。"② 实际情形也确实如此，工具具有符号学意义上的解释性，它"诉说"的是人们对外部环境的理解和关于自身生存经验的体悟③。同时，人在符号交往过程中形成了文化，文化的生成反过来塑造了人性。符号、文化、人性三位一体，相互影响、相互作用，共同促进了社会历史的进步④。因此，从某种程度上来看，地名即是人化了的地理实体的意义的凝结和符号的表达方式。但这种"凝结"和"符号的表达"是通过语言来实现的，所以，语言成为阐释地名文化的钥匙。美国已故语言学教授萨皮尔（Edward Sapir）说："语言的背后是有东西的。并且，语言不能离开文化而存在。所谓文化就是社会遗传下来的习惯和信仰的总和，由它可以

---

① 〔日〕池上嘉彦：《符号学入门》，国际文化出版公司，1985，第6页。
② 〔日〕池上嘉彦：《符号学入门》，国际文化出版公司，1985，第133页。
③ 荀志效、陈创生：《从符号的观点看——一种关于社会文化现象的符号学阐释》，广东人民出版社，2003，第24页。
④ 荀志效、陈创生：《从符号的观点看——一种关于社会文化现象的符号学阐释》，广东人民出版社，2003，第12页。

决定我们的生活组织。"① 构成文化的整个社会行为领域，不管是语言的，还是非语言的，事实上都表现为以一种语言的模式进行"编码"的活动。西方汉学家们认为，中国的语言文字充满着象征，他们把这种现象称为中国人的贸易往来语言。爱伯哈德借用迪南德·莱森的话说："中国人的象征语言，以一种语言的第二种形式，贯穿于中国人的信息交流之中；由于它是第二层的交流，所以它比一般语言更有深入的效果，表达意义的细微差别以及隐含的东西更加丰富。"② 罗常培先生在研究语言与文化关系时也指出："在各国语言里有许多语词现在通行的涵义和它们最初的语源迥不相同。如果不明了它们的过去文化背景，我们简直推究不出彼此有什么关系来。可是，你若知道它们的历史，那就不单可以发现很有趣的语义演变，而且对于文化进展的阶段也可以反映出一个很清晰的片影来。"③ 从中我们可以看出，语言具有时代性特征，语言的代号——地名，同样也具有时代性表现的特征，但地名的工具性无疑是语言最显著的特征，人与人之间借语言以交流。但语言不仅是交际的工具，而且是一种社会文化现象，是人的一种存在方式，人在语言中存在，并通过语言进入现实世界。罗宾斯说："语言是唯一的凭其符号作用而跟整个文化相关联的一部分。"④ 帕默尔更直接地指出："获得一种语言就意味着接受某一套概念和价值。"⑤ 所以，我们不难理解，钱冠连华先生发出"语言——人类最后的家园"的呐喊。因此，语言不仅仅是（或主要不是）表达思想的工具或手段，语言就是思想本身，在语言的背后，并不存在任何隐藏的思想需要表达；我们对思想的理解正是在使用语言的过程中完成的，我们理解思想的过程就是理解语言的过程；语言不仅构成了我们的思想，而且构成了我们的生存方式，语言就是我们存在的最后家园⑥。在英美哲学家看来，语言既是人类认识活动的最后结果，也是人类认识活动的对象。语言在地域上表现为方

---

① 罗常培：《语言与文化》，语文出版社，1997，第 5 页。
② 〔美〕W. 爱伯哈德：《中国文化象征词典》，陈建宪译，湖南文艺出版社，1990，第 3 页。
③ 罗常培：《语言与文化》，语文出版社，1997，第 7 页。
④ 〔英〕罗宾斯：《普通语言学概论》，李振麟、胡伟民译，上海译文出版社，1986，第 43 页。
⑤ 〔英〕帕默尔：《语言学概论》，李荣等译，商务印书馆，1987，第 148 页。
⑥ 钱冠连：《语言——人类最后的家园》，商务印书馆，2005，第 2～3 页。

言形式，因为方言是语言的地形变异。因此，通过对语言的分析，我们可以从区域地名中解读出其文化特征。

　　总之，地名的区划并不等同于语言或方言的区划，即便语言是地名的载体。地名区划是对客观形成的，具有同一属性，同一类型的地名体系，按照一定的原则在一定地域上对其所进行的系统划分，是人们对各区域地名的命名特点及其形成、发展、变化规律的认识的基础上所作的理论概括，并通过它去进一步认识客观存在的各类型地名区。由于地名区划目前是地名学研究较少的一个领域，因而其原则还有待于进一步探讨。卢忠和甘华蓉在探讨中国地名区划时，提出保持地名区内的相似性、区际差异性和综合性等原则，使得所划分的地名区具有客观性、多元性和多层次性、稳定性和变化性以及区域性等特点，将全国地名粗略地划分为蒙语地名区、藏语地名区、壮语地名区、突厥语地名区、多民族地名区、汉语地名区、海域地名区等7个地名区①。不论其划分区域是否科学，但毕竟为地名区划做出了大胆尝试。苏联学者朱奇戈维奇在其《普通地名学》一书中，按照地名学的三个方面（即地理环境、社会历史、民族语言）提出以下三个原则：地理的（区域的）、语言的和历史的。作者解释说："现代的区域划分构成了地理原则的基础。绝大多数与区域规律有联系的科学研究（土壤研究、动植物研究、医药卫生研究、经济研究，等等）一般都遵循这个原则。地理原则可作为地名研究的基础。每个区域都形成了自己的地理术语和地理景观系统，相应有自己的地名景观系统和区域地名系统。因此，除地名分区的基本原则——地理原则之外，在个别情况下还必须使用语言学原则。"作者在谈到历史原则时却说："把历史原则用于地名分区，在我们看来是不适宜的，因为历史原则的标准是不确定的。……在描述外国地名特征时，不能不考虑国界（苏联地名、美国地名、法国地名等），因为国界反映当代现实，而过去则可能是另外的关系。"② 这些地名区的划分原则无疑为我们当今进行地名区划研究提供了基础和借鉴。

① 卢忠、甘华蓉：《中国地名区划初探》，《西南师范大学学报》（哲学社会科学版）1995年第1期，第80～85页。

② 〔苏〕B. A. 朱奇戈维奇：《普通地名学》，崔志升译，高等教育出版社，1983，第134～135页。

综上所述，由于广东在方言、族群以及地貌类型等方面的复杂性，广东地名景观的地理分异采取单一要素进行划分很难取得令人信服的结论。所以，作者采取"以方言为主，兼顾其他"的原则进行地名文化景观分区。但文化区又是一个历史范畴，一个动态概念。一方面，文化有其历史演变过程、发展阶段和连续性，即时间结构；另一方面，文化又有其空间推移变化，占用地域的扩大过程，即地域结构。因此，现在的文化景观区，即是时间推移和空间扩张的某个限度，是两者相对一致的统一体①。

第二节　广东地名文化景观分区

文化区通常由核心区、辐射区和过渡带三个部分构成，其特征是从一个范围较小、性质较一致的核心向周围地带逐渐减弱，但与其他文化区之间并无明显分界，在文化区与文化区间存在着明显的具有一定宽度的过渡带。因此，即使依据一定的标准或原则，划分文化区边界也是相当困难的。但为研究方便或其他需要，这种模糊边界并不影响人们对文化区的理解。根据文化区的基本属性，依照以下基本原则进行广东地名文化景观分区。

Ⅰ. 比较一致或相似的地名文化景观

Ⅱ. 具有同一属性和同一类型的地名体系

Ⅲ. 地名文化地域分布基本相连成片

Ⅳ. 具有反映地名文化特征的文化中心

最后，利用 GIS 技术进行聚类和色差分区，将广东省地名景观划分为三大区域，即粤东北和粤北为客家方言地名文化景观区，粤东沿海为闽南方言地名文化景观区，珠江三角洲及其以西广大地区为粤方言地名文化景观区。从宏观来看，方言地名区与方言区大体一致；从微观来看，方言地名区皆小于方言区，如中山客家方言岛则无客家方言地名存在，反映了操客家方言的中山客家人是清代以来迁入的。根据"先入为主"的原则，本地已深受粤方言覆盖，即使客家人到来，也被粤方言所融合。

---

①　司徒尚纪：《广东文化地理》，广东人民出版社，2001，第 409～410 页。

由于文化区内部文化特质的空间差异，即文化区内的非均质性，部分文化区可以进一步进行等级结构或层次的细化。一级区下有二级（亚区）或三级区（次亚区），形成范围大小不等、等级高低相套的文化空间结构体系。在这里，作者仅对广东地名文化景观区中的粤方言地名文化区进行二级文化区的划分，即文化区和文化亚区。此外，在名称上，采用通用的"地理区位＋文化特质（这里指代方言）"的表示法，将广东省地名文化景观划分为 3 个大区，即：

Ⅰ. 粤中—粤西粤方言地名文化景观区

Ⅰ-1. 珠江三角洲粤方言地名文化景观核心区

Ⅰ-2. 粤西西江走廊粤方言地名文化景观亚区

Ⅰ-3. 高阳雷粤方言地名文化景观亚区

Ⅱ. 粤东北—粤北客家方言地名文化景观区

Ⅲ. 粤东闽南方言地名文化景观区

第三节　广东地名文化景观区划分论

一　粤中—粤西粤方言地名文化景观区

本区位于广东省中部、西部和西南部，基本上属粤语方言区范围，只有少量空间点缀着客家和闽南方言区或方言岛，除客家方言区留下少数地名外，闽南语方言区则未见有其典型地名分布。本区主要包括珠江三角洲、西江和粤西南高阳，是广东覆盖面积最广的地名文化区。区内东、北、西三面分布着大面积山地、丘陵，河谷地带分布着少量冲积扇，山地、丘陵、台地、盆地、平原等相间分布，中部和南部为珠江三角洲冲积平原及沿海低平原，地貌类型多样，自然条件复杂。该区西江、贺江和绥江等河流贯穿其间，交通较为便利，是岭南文化发育较早的地区。先秦时期，中原汉人就已沿湘桂走廊，取道贺江，再经西江顺流而下，到达番禺（今广州）进行贸易，一部分汉人则定居在西江沿岸，成为岭南接受中原文化的前奏，拉开了古越语向粤方言演化的序幕。所以，有学者认为，位于贺江与西江交汇处的封开为岭南文化的发祥地和粤方言的发源地，是有一定的道理的。汉代以后，因北方多次战乱和灾荒，大批汉人南下岭南。

唐代大庾岭开凿以后，宋元时期南下汉人（客户）已超过当地的主户。广州地处三江交汇处，地理形势依山带河，周围分布着广阔的三角平原，成为汉人南迁岭南的集聚地。到了宋元时期，古越语已被粤方言取代，成为当地通用语言。广州作为岭南最大的"都会"——文化中心，博采各种文化养分，同时以其为节点，构筑起珠江三角洲文化核心区，形成对外辐射之势，推动粤方言沿西江、北江、东江等向外扩散，影响整个岭南文化发展过程和空间分布格局。而粤西南若干独流入海河流，如漠阳江、鉴江等，通过其北部低矮的分水岭，与西江南岸支流相沟通，在接受中原文化的过程中，同时也接纳粤方言的进入，被融入粤方言文化范围内①，从而在粤中、粤西及粤西南广大地区形成具有同质文化和景观的粤方言文化区，继而诞生其地名文化景观区。

1. 珠江三角洲粤方言地名文化景观核心区

三角洲是河口地区的冲积平原。河流在流入海洋或湖泊时，因流速减慢，携带泥沙的能力降低，泥沙不断沉积而形成三角洲。三角洲一般呈三角形或弓形，顶端指上游，底边为其外缘。地势低平，河流多汉道，河网密集，大部分是良好的农耕地区。这里所指的珠江三角洲其范围大致在三水、石龙、崖门之间，包括广州市、佛山市、江门市、中山市、珠海市、东莞市、深圳市和番禺区、南沙区、花都区、增城区、顺德区、南海区、三水区、新会区、斗门区、宝安区共17市（区），自然珠江三角洲已基本包含在内，同时考虑行政界线的完整，总面积约17000平方千米。

珠江三角洲是一个特殊的三角洲。其一，它的形状奇特，虽然也近似三角形，但底边靠陆，顶端向海，与一般三角洲正好相反。其二，它的河流入海口多，珠江八门入海，每个口门都很宽阔。其三，它是由多个三角洲组合而成，是个复合三角洲。其四，它的地貌形态特别，许多三角洲都是一望无垠的大平原，难以见到山峰；珠江三角洲却有大小山丘160多个，约占三角洲总面积的1/5，其中黄扬山、五桂山等海拔超过500米。其五，它的冲积层浅，平均厚度只有25米，而黄河三角洲沉积物厚达300米以上，长江三角洲也有100多米②。倒置的三角形和复合的三角洲使得珠江

---

① 司徒尚纪：《广东文化地理》，广东人民出版社，2001，第412页。
② 蔡人群：《富饶的珠江三角洲》，广东人民出版社，1986，第5~6页。

三角洲面积较大；多门入海和山丘、台地分布，使得珠江三角洲被河流、山丘等切割得支离破碎，河汊众多、河网密布；浅层冲积扇和沉积物使得珠江三角洲地势低平，积水洼地较多，容易筑基围塘；等等。特殊的地貌形态，在岭南越（粤）文化的作用下，形成独特的粤方言地名文化景观。此区以"水"为主或与"水"相关的粤方言地名景观突出，如涌（冲）、沥、滘、塘、沙、围、基等通名众多。屈大均在《广东新语·地语》中写道："下番禺诸村，皆在海岛中，大村曰大箍围，小曰小箍围，言四环皆江水也。凡地在水中央曰洲，故周村多以洲名。洲上有山，烟雨中，乍断乍连，与潮下上。"此种风貌是珠江三角洲地区自古就是海湾的一个明证，也是该地区从海湾到洲岛列布，再到形成水网平原过程的真实写照。

涌，粤方言，音 chong^1，指小的河流汊道或水道。沥，粤方言，音 li^4，在珠江三角洲地区原读"叻（leg^7）"，意为大河。与"沥"近义的词还有珠江三角洲水乡区所称的"海"，依《康熙字典》引《释名》之义，"海，晦也，主承秽浊，水黑"，就是"承"各"涌"流出的秽浊之水的河道，故此区居民把大河道通称为"海"。滘，粤方言，音 jiao^4，通"漖"。依《康熙字典》引《玉篇》释"漖"为"水也"，指河道相通处或水沟（朱光文先生细释为：一指较宽阔的河，一指两河或三河汇成"T"或"Y"形水道即三江口，以后者为最多，《广东新语》也持此义）。清俞樾《茶香室三钞·滘》："《英吉利广东入城始末》所载地名，有大黄滘、鸡鸭滘。注云：音呌，粤之俗字，云水边车轮声。""漖"字地名如伦漖、弼漖等。从表7-1和图7-1可以看出，通名"涌"多分布在广州、佛山、江门、中山、东莞等市，珠海和深圳相对较少，总的趋势是从北向南逐渐递减。造成此种现象的主要原因归结于珠江三角洲的倒置和复合类型。大量泥沙淤积在离海岸较远的河口处，空间分布较广，加上其他若干小型三角洲的沉积和山丘的分割，如东江三角洲、增江三角洲、三水三角洲、番禺三角洲、中山三角洲、新会三角洲以及潭江三角洲等，已将倒置的珠江三角洲底边空间分离得支离破碎，形成众多水道和低洼地，如顺德水道、潭洲水道、三支香水道、东平水道、甘竹水道、洪奇沥、沙湾水道、蕉门水道、鸡鸦水道、泥湾水道、磨刀门水道、江门河、睦州水道、虎跳门水道、石岐水道、小榄水道、陈村水道、倒运海、东莞水道、大汾水道等。据不完全统计，仅番禺三角洲就有大小水道 14 条之多。而靠近海岸的珠海和深圳两市则相对较少有泥沙沉积，分布着许多岛屿和河流入海口，形成岛、门相连景观。所以，河口三角洲地带比海岸三角洲的地貌景观类型丰富。同样，在自然景观基础上形成的文化景观类型也与之相对应，即河口三角洲的方言地名景观类型多于海岸三角洲的方言地名景观类型。图 7 - 1 中珠海和深圳处于此景观区的两个低谷点即边缘区，而佛山、东莞等则明显处于景观区的核心。在粤方言中，河流入海口称"门"，因此分布许多以"门"命名的地名，如鸡啼门、磨刀门、虎门、斗门、蕉门、横门等。"塘"字地名正是三角洲低水洼地的体现，"围"和"基"字地名则是三角洲民众与水争田的表征。

表 7 - 1　珠江三角洲主要地区的主要粤方言通名统计

单位：个

地区	涌（冲）	沥	滘	沙	围	塘	合计
广州	76	16	10	146	152	142	542
佛山	57	5	17	92	18	79	268
中山	23	4	4	42	51	8	132
珠海	5	3	0	5	10	1	24
江门	29	3	7	94	39	103	275
东莞	19	4	6	34	39	36	138
深圳	6	1	0	22	5	11	45

　　此外，与"水"相关的地名字还有海、湾、洲、堤、溪、洋、潭等，广州、佛山、东莞、中山等市相对较多，其中佛山此类地名多达 103 个，东莞也有 29 个。除此以外，本区与水文化相关的地名也占有相当比重，如农业中围沙造田所形成的以沙、围、基、塘、坑等和水产养殖业中以鱼、蚝、虾等为首尾字的地名遍布珠三角，形成独特的三角洲水网地名文化景观。

2. 粤西西江走廊粤方言地名文化景观亚区

　　西江走廊因其特殊的交通、地理位置，在岭南开发很长一段时间里具有举足轻重的作用。由于广东的开发次序表现为自北向南，从西往东，交

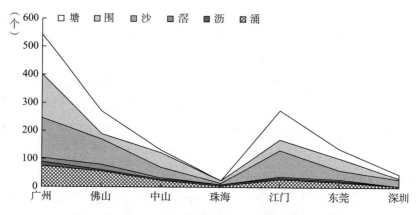

图 7 - 1　珠江三角洲主要地区的主要粤方言通名统计

汇于珠三角，继及沿海和岛屿①，所以，在唐代开凿大庾岭之前，地处重
要交通位置的西江走廊地带是中原汉人进入岭南或广东最早的地区之一，
在相当长的时间内，一直是广东开发最早和经济相对发达的地区，也是粤
方言形成较早的区域之一。根据研究现状来看，多数学者认为这一地区前
期是以封开为文化中心，后期是以肇庆为文化中心。由于西江从西向东横
穿本区，将山地、丘陵分离切割，形成类型多样的地貌形态，因此，在地
名表现上，既有与"水"相关的地名景观，亦有与山地、丘陵、河谷、冲
积平原、台地等地貌类型相关的地名景观，详见表 7 - 2。

表 7 - 2　西江走廊主要粤方言地名字简表

地名字	读音	字意	地名字	读音	字意
涌	chong[1]	小水道	埇	yong[3]	同"涌"，小水道
埔	bu[4]	小块平地	埗	bu[4]	津渡，码头
步	bu[4]	同"埠"，渡口或船舶停靠处	浦	bu[4]	小河边平地
氹	tan[2]	水塘或鱼塘	咀	zui[3]	山口
埌	lang[3]	同"塱"，指有泉水洼地	洞	dong[4]	山间平地
垌	dong[4]	山间盆地	堀	ku[1]	低洼地或河沟地

---

① 司徒尚纪：《广东开发史》，《岭南文史》2006 年第 2 期，第 1~10 页。

续表

地名字	读音	字意	地名字	读音	字意
埌	lang^4	田地	塱	lang^3	指"塌陷"，即有泉水洼地
崀	lang^2	山坡	坑	keng^1	指洼地
塘	tang^2	水塘	坳	ao^4	山坳，山深处
塝	bang^4	山间小路	径	jing^4	乡间小路

注：拼音后阿拉伯数字为该字读音声调。

资料来源：参见司徒尚纪主编《肇庆市地名志》，广东省地图出版社，1999。

　　同时，由于本区古代为南越人主要居住地之一，地理上与广西为邻，故地方文化明显带有壮侗语文化特点，在地名上表现为多壮侗语地名，如古、六（禄、鹿）、良、多、思、云、扶、那、罗、武、麻、坭、步、塘、垌（峒）、潭、南（湳）、兰（栏）等为首尾字命名村落、田地等。特别是含替、埗等字地名，在本区很常见。替，壮语意为塘；埗通埠，即渡口；垌（峒、崀），壮侗语，指田地，表明地形特征时，主要指山间盆地，实指山间面积较广的平坦耕地，或指田场，或指同一水源的一个小灌溉区，演化为聚落通名，相当于汉语的"村"。含这些字地名皆不可按现代汉语解释，它们属于古越语演化遗留地名。由于地缘关系，西江地区是壮侗语地名在广东分布最多最广的地区，粗略统计，其数目不下数百条，形成广东最大的壮侗语地名群。清代屈大均在其《广东新语》一书中专门进行了总结[1]；民国时期徐松石在《粤江流域人民史》中所列范围则更大，"古代两粤河流的土著都是僮人，只有粤省极东部分，今日潮汕地方，少有僮人罢了"[2]。此外，由于汉壮文化长期交流、融合，西江地区目前存在不少兼具汉壮地名特点的地名，形成地名叠加现象，如禄村、南村、良村、都巷村、蓝村、云溪、云英坑、麻竹埔、深六村、六埔口、罗村岗、罗活坑等，"村"字显系中原汉语通名，专名则属壮侗语地名，使本地区地名含义更加复杂，地名文化景观更加丰富多彩。这些地名在民族学、民族史学、语言学、民俗学、地理学以及区域史研究方面皆具有

① （清）屈大均：《广东新语》卷11《土语》，第340页。
② 徐松石：《徐松石民族学研究著作五种》（上），广东人民出版社，1993，第203页。

特别重要的意义，是该地区一笔非常宝贵的历史文化遗产，值得珍重。如封开县莲都镇的替吉，相传为明代建村，替吉为壮语，"替" 指池塘，"吉" 意为处，即塘边村落。良心寨则相传始建于元末，明初有孔姓居民大批来居。良心为壮语，"良" 在此指平地，"心" 同汉义，指中间，即村落位于平地中央等。

表 7-3　西江走廊主要壮语地名字简表

地名字	读音	字意	地名字	读音	字意
那	naz	（水）田	古	go	词头名，有时作量词
罗	lueg	山谷/山沟	六	loug	山谷，一说指荒岭
垌/峒	doengh	田地（垌）或弄场	扶	fuz	这边或那边
麻	mbanj	村寨	云	vunz	人
都	duz	门或量词只/条	思	seiq	村寨/溪流或用作量词
良	raengz	水潭或凉水	多	deih	（此）地
板	mbanj	村	兰	ranz	家
崇	ndoeng	森林	潭	daemz	水塘
替	daemz	水塘	南	namh	泥土或坭土或山梁
渌	lueg	山谷	濑	raiq	沙滩
班	mbanj	村庄	排	banz	斜坡
弄	lung	弄场	岜	bya	石山

资料来源：参见司徒尚纪主编《肇庆市地名志》，广东省地图出版社，1999；张声震《广西壮语地名选集》（汉文版），广西民族出版社，1988。

3. 高阳雷粤方言地名文化景观亚区

主要指漠阳江、鉴江流域，习惯上称为粤西或粤西南地区，包括阳江市、茂名市。历史上，这一地区长期为封建势力所难及之地，也是俚人根据地。所以，曾昭璇教授曾指出广信以南的粤西区古代为一 "国家"。当然这不是一般意义上的国家，而是一部族或民族。虽然当地俚人后来大部分被汉化，特别是在南北朝冼夫人治理阶段，但土著文化仍然根深蒂固。时至今日，仍在多方面表现出来。在地名上多表现为以那、六、米、番、芋、寮、调、良、潭、麻、盘、垌、坑、马等为首尾字的地名，也皆不可按现代汉语解释。其中又以 "那" 字地名最为常见，寮、调、潭、麻等字地名也为数不少。所以，徐松石在《粤东流域人民史》中说："'调'字、'博'字、'潭'字的地名，则多在广东的极南。"① "极南"实指这一地区，造成这一现象的根本原因在于古越族或后来的黎族长期在此聚居。中原汉人不断南迁广东，汉封建政权又难及此地，使得越人也不断向粤西退缩，在此繁衍发展，一部分演化为后来的黎人，一部分渡海到了海南，但其文化一直延续下来。由于本区河流多短小，地貌多台地，故与"水"相关地名明显不如珠江三角洲和西江走廊亚区突出，而所谓的"岭"字地名则相对较多。根据统计，茂名有116处，湛江则多达128处。此区历史上多为古越族和黎人聚居区，加上雷州半岛多火山群，地貌凹凸不平，故"峒"字地名亦相对较多。

另外，粤方言在珠江三角洲形成以后，因其强大的高位势能可以向周边地区传播和扩散，带动粤方言地名也随之传播和扩散。在传播和扩散过程中，以珠江三角洲为核心，通过摊大饼的方式向外蔓延扩散，最终形成今日之分布格局。当然，一方面文化的传播随着地域开发进程向其他地区推进，另一方面文化通过人群迁移播衍至其他地区，而粤方言地名文化的扩散显系二者合力为之。

二 粤东北—粤北客家方言地名文化景观区

本区位于粤东北和粤北，包括梅州、河源和韶关三市全部以及惠州市的大部分、清远市一部分。早在宋代，广东的三大方言区已经形成，它们的分布区域与当时政区界线部分重合，其中粤语和客家语分界线北段和南段与宋代政区界线完全一致；北段即宋英德府与连州的界线，南段即广州与惠州的界线，甚至中段即今新丰、佛冈和龙门（宋属广州）也与循州界线一致。客家方言区和闽南方言区的分界线当在大埔、丰顺之北，即跟梅州和潮州的政区分界线相吻合，不吻合部分界线则是后来移民的结果。这说明具有地方特色的广东三大方言区的地名格局也在宋代基本上形成，历史行政区划界线也可说是一种地名分界线②。客家方言聚落地名的分布格局，主要是客家先民在历史时期向岭南迁移和繁衍过程中形成的。客家先

① 徐松石：《徐松石民族研学究著作五种》（上），广东人民出版社，1993，第204页。
② 司徒尚纪：《广东文化地理》，广东人民出版社，2001，第344~345页。

民早在东汉末年或更早时期，由于种种原因便开始向闽、粤、赣交界山区迁移。历经南北朝、唐、五代、宋和元代，粤东不断有北方汉人迁入。大量客家人迁入和繁衍，在闽、粤、赣间形成客家聚落地名集中分布的景观。由于客家人多是被迫迁移到达岭南的中原汉人，又多选择在交通不便的山区进行聚集，所以，其地名景观明显带有北方汉人的思维意识、命名模式和山区地貌景观特征。其中"屋"字地名最为典型，"屋"指房屋，客家人用来命名其聚落，因其宗族房屋连成一起，称为"围龙屋"。但用"屋"字命名还有更深层次的原因，笔者认为它与中原魏晋南北朝以来形成的宗族制和土地占有制存在着密切关系。《说文解字》说："屋，居也，从尸，尸，所主也。"也就是说，屋是用来居住的，所标明的是屋的所有权。所以，客家人多以"姓＋屋"来命名其聚落，就是向周围人群传递其所居之房屋、所聚之村落以及以其村落为中心向四周延伸一定半径的土地等皆是其家族所拥有。这种思维方式和内容是与其在中原的生存环境密切相关的。魏晋南北朝以来，中原地区形成世袭士族家族制，世袭士族对权力和土地绝对占有；而无土地之人被迫沦为佃农，处于社会下层，长期无缘土地所有权。这样，社会各阶层便形成一种共同意念，土地就是财富和权力的象征。所以，在南迁的过程中，原士族家族仍保留他们在中原的思维模式和"贵族"特权及身份；而处于社会底层的佃户在到达新居地之后，他们也有机会逃脱世袭士族的剥削，那种强烈占有土地的愿望和思想就凸显出来，于是在客家人聚居地出现大量"姓＋屋"地名，形成客家特有的地名文化景观。事实上，早在客家文化研究早期，罗香林就曾对客家文化与客家屋宇之间的关系作过精辟的阐述，他认为："（客家人）最重视祖宗的手泽，最重视'光前裕后'的工作，每每建筑宗庙兼住宅式的大屋，以为崇祀祖先，繁衍子孙的基地……这是由以他们上代原是中原贵胄，虽辗转南下，而仍爱护祖宗盛名的缘故。"① 周建新更是一针见血地指出，"屋"字居住模式是客家人在抗争的路上，从边缘向中心挣扎的心理历程在残酷现实下衍生出的生存伦理观念诉诸建筑空间的体现②。因此，

---

① 罗香林：《客家源流考》，上海文艺出版社，1992，第189页。
② 周建新：《在路上：客家人的族群意象和文化建构》，《思想战线》2007年第3期，第17～22页。

聚族而居的居住模式及其所形成的以"屋"为单位的分类区隔，如闽西的土楼、赣南的围屋、粤东北的围龙屋等，不仅适应了当地的自然地理特点，更是那种离散、流亡的人生经历与历史记忆在文化中的积淀与呈现，是族群认同的思想结晶和现实表现。但随着南迁汉人不断增多，加上自身繁衍发展，部分客家人只好选择在山脚下或半山坡居住与生存，故在以往的地方志中，多把客家方言叫作"山话"，就是着眼于它的通行地域。在地名上，就表现出以"山"或山地特征命名的聚落名，如"嶂""礤""岭""坑"等。也有以耕作特征命名的聚落名，如"畲（畲）""背""埠""坂""嫲""塅"等。畲或畲，意为用刀耕火种的方法耕种田地。《广韵·麻韵》："畲，烧榛种田。"《集韵·麻韵》："畲，火种也。"后演化为聚落通名。汉人南迁，多选择在人烟稀少、交通不便的山区居住。在宋代以前，虽然北方中原汉人已有数次南迁岭南，但其主要分布在粤西和粤北地区，而广大的粤东仍然是以当地少数民族畲或瑶为主，且大片土地覆盖着繁茂的树林和草。汉人到来后，与当地的居民一起进行刀耕火种，开山辟林，故出现许多以"畲（畲）"为通名的聚落名。据统计，梅州市现存"畲"字地名超过100处，成为岭南最大的"畲"字地名集群，其他县市"畲"字地名也不在少数。所以，直到元代时文天祥在其《文文山全集》还说："潮与漳、汀接壤，盐寇畲民群聚。"清光绪《嘉应州志》亦记载曰："梅地古为畲、瑶所居。"此外，体现山地特征的客家地名字还有岰、崠、岩、湖等，山地的地理特点是山多湖少，这几个字体现了这一特点。"岰"在客家方言中读 in^{53}，来源于古代，原义是"山高貌"，今指"山冈"，如矮岰冈（小山冈），多见于客家地名。根据1989年出版的《梅州市地名志》统计，就有官岰、赤岰岗、天字岰、教子岰、步岗岰、曾荣岰、大墓岰、大岰等。后经过演化，"岰"变成"岌"（普通话读 ji^2，形容山势高耸），如梅州市的赤岌岗、九墩岌等。"崠"指"山脊"，古已有之，今客家方言将其传承下来。同时用它来指"屋脊"（屋崠），这是周围多山脊导致的类比结果。"岩"一般指岩石，由于客家山区岩石多，并且形成突出悬崖，所以产生了"悬崖突出"的意义。"湖"本指"面积较大的内陆水面"，但客家方言用来指"小水坑"和"积水洼地"。这是由于客家山区没有真正的"大湖"，叫"小水坑"和"积水洼地"为"湖"，也未尝不可①。

到了明清时期，随着客家人的大量繁衍，地权高度集中，加之极端繁苛的租税、严重的剥削和土客矛盾，客家人生活更加困难，于是有相当部分客家人从粤东、粤北向省内其他地区和外省迁移，出现以粤东和粤北为中心向南和向西扩散现象，在空间上表现为由中心向边缘扩散模式。他们通过占据式、墨渍式、蛙跳式、杂居式、闭锁式、板块转移式或蔓延式等方式移民，将地名景观从原住地向外扩散②，形成目前广东境内客家方言地名景观分布格局。现根据客家典型地名用字（如"屋""輋或畲""磜"等）进行 GIS 聚类处理和分区，发现在客家人向外迁移的过程中，南面在潮汕地区北部与福佬文化相接，东段大体上以凤凰山为界，西段大体上以莲花山南麓为界，西南面在惠州地区中部向南，一直延伸到香港岛，与粤方言相连。在文化交界地区，出现两种或多种地名文化杂错分布现象。如饶平县北部有萧屋牌、嶂宏山、东坑、南坑、深坑里、马坑、陂墩、石壁崇、坑子里、坪坑、凹背輋、大輋、老西輋、桐枳輋、磜尾、崠尾、赖屋、坪缺、白竹湖崇等客家方言地名；揭阳市与普宁市东部为潮汕地名群，西部和南部则系客家方言地名集群，如东部有丰美、新厝、洋古金、何厝围、华陇、林厝寨、新寮、青洋、郭厝寮、乌堆洋、社香寮、布袋寮、埔上、埔下、扬美、付浦、潮来港、华溪等，南部与西部有大排崇、犁头崇、杨梅坪、麻竹坑、湖背、安屋寨、白水磜、长山輋、雷公嶂、峨眉嶂、禾輋、坪里、磜仔下、水背岗、廖公田、丰田坑、橄榄脚、水北塘、岭下、黄公、坑尾、田仔坑等。

三　粤东闽南方言地名文化景观区

本区位于莲花山与南海之间，主要包括潮州、汕头两市全部，揭阳、汕尾两市南部沿海市县等。在地形上表现为平原地貌形态，系由韩江、榕江、练江以及西部的螺河等下游冲积而形成的平原（广东第二大平原），地势低平，河网交错，耕地连片集中，土地肥沃，是全省最宜农耕地区之一。但人口密度居全国之冠，人均占有耕地和活动空间非常狭小，人口对

---

①　温昌衍编著《客家方言》，华南理工大学出版社，2006，第 2 页。

②　周振鹤、游汝杰：《方言与中国文化》，上海人民出版社，1986，第 27～37 页。

环境压力很大。其东邻福建，在地理上本为一体，明人王士性说："（潮州）与汀、漳平壤相接，又无山川之限。其俗之繁华既与漳同，而其语言又与漳、泉二郡通。"[①] 即便在汕尾市，亦有同类记载，"海丰谓粥为糜，屋为厝，近潮多潮音，与闽漳泉相近"[②]。此外，其民多来自福建，俗称"潮汕"，在风俗、语言、信仰等方面与福建属于同一文化群落。历史上，福建人多地少，唐代以降，进入潮汕的闽人日渐增多，大抵在唐宋之际闽方言在粤东已经定型。许多福建常用地名传入粤东，成为本区地名文化的重要特色。

本区地名常用字主要有厝、社、坂、垵（安）、墘、塭、陇（垄）、美、寮、洋、汕、澳、埭等。其中厝为典型闽南语，意为房屋或家，转化为聚落通名。清代黄叔璥《台海使槎录·赋饷》记载："瓦厝、草厝共征银一千二百四两零。"潮汕人南迁粤东，为纪念故土，以其命名新居地，系典型移民文化。根据李如龙研究，厝为闽台地名常用字，在福建用作聚落等地名有3643处[③]。在粤东，根据不完全统计，潮州厝字地名有36处，揭阳有13处，汕头有28处，汕尾有46处。从地名结构来看，多属"姓＋厝"结构，即一厝一姓，说明移民聚族而居，地名文化特征明显。至于社、坂、垵（安）、墘、塭、陇（垄）、埭等字地名，俗字不少，有些则不见于古书（如垵、墘等），但作为地名在闽台却很常见。据《广东省今古地名词典》和《中华人民共和国地名词典·广东省卷》，此类地名在粤东数量较少，说明它们多为小地名，不为一般地名工具书所载。如饶平的上社、坂上、安田、下安、光陇等，汕头的上社、南社、蔡社、沟墘、金山塭、草塭、李厝、塭墘、公塭、新田塭、埭头、上埭等，汕尾的前中社、社尾、博社、社排、下社子、水墘、田墘、塭寮、新塭、大塭、青罗塭等，揭阳的社背埔、柏仔社、社径、社前、坂美等。此外，"陇"字地名也不少，潮安有12处，汕头有19处，汕尾有9处，揭阳有10处；"寮"字地名，饶平有13处，汕头有37处，汕尾有49处，揭阳有21处等。

潮汕地区面向海洋，故人类许多活动以海洋为舞台开展，海洋经济和

①　（明）王士性：《广志绎》卷4。

②　（光绪）《惠州府志》卷45。

③　李如龙：《地名与语言学论集》，福建省地图出版社，1993，第140页。

海洋文化至为发达。嘉庆《澄海县志》云，百姓"半不务农，而以渔盐为生"。光绪《潮阳县志》亦说："滨海以渔盐为业，朝出暮归，储仰自给。"在潮汕地名文化中与水相关的地名甚多，故水文化地名在闽南方言中占有重要地位，如以洋、汕、澳、汀、埔、坝、埕、围、畔等为首尾字命名的地名，且多为小地名。这与蓝色地名文化在粤方言中的地位相类，而与山地文化地名在客家方言中的地位迥然不同。粤东潮州、汕头、汕尾等所辖政区名称亦多反映其临海特征，从地名字意义来看，"汕"指狭长的沙洲，一说为捕鱼的栅薄，如汕头原处韩江三角洲之沙堤上，渔民常设栅薄捕鱼，栅薄古称汕，故名沙汕头，后简称为汕头[①]。"澳"意为海边弯凹可以泊船只的地方。"汀"指小水，《集韵·径韵》："汀，汀滢，小水。""埕"意指海滨利用海水晒盐的地方（田地），清顾炎武《天下郡国利病书·福建三·盐法》："土人以力画盐地为埕，漉海水注之，经烈日晒即成盐。"清黄叔璥《台海使槎录·物产》："各省盐或煎或晒，台地止于海岸晒盐。"后演化为聚落通名，如高埕、古埕、砖埕、埕坪、埕头、珠埕等。

到了明清时期，因人口对环境压力过大，加上潮汕人习海，本区一部分居民开始向粤西南雷州半岛和海南岛迁移。虽然雷州半岛未发现有潮汕典型通名——"厝"字命名的地名，但分布有许多以宅、田、余、原、院、那、麻等命名的聚落名。据有关考证，"田""宅"与闽语"塍""厝"读音一致，"余""原""院"韵母与闽语相同，"那""麻"声母与闽语相同，说明闽人迁移入雷州半岛留下地名。它们读音差异和用字不同，为后来音变结果，但无改于移民文化地域转移的事实[②]。此外，以华、美、尾命名地名数量也相当可观，徐闻达21处，遂溪也有7处。除此以外，雷州半岛还有许多以"洋"字命名的地名，据不完全统计，茂名市有亚洋、洋六水、洋头坪、洋桥、大洋、湖洋角、湖洋湾等，而雷州市则多达37处，反映了潮汕海洋文化在粤西南留下的烙印。

潮汕地名景观在从潮汕地区向珠江三角洲、粤西和海南省扩散过程

① 广东省地方史志编纂委员会编《广东省志·地名志》，广东人民出版社，1999，第91页。

② 司徒尚纪：《岭南历史人文地理——广府、客家、福佬民系比较研究》，中山大学出版社，2001，第273~274页。

中，其扩散方式与粤方言和客家方言明显不同，虽然在粤东沿海有蔓延扩散痕迹，但还是以迁移扩散为主，故在地名景观的空间分布上呈现并不完全相连现象，甚至出现"地名岛"。

小　结

文化景观是人类活动的成果，是人与自然相互作用的地表痕迹，是文化赋予一个地区的特性，它能直观地反映出一个地区的文化特征[①]。同样，地名景观的形成和分布也是与区域的地理环境特征和历史文化演进过程分不开的。广东地名景观的空间特征很显然与岭南地理环境和历史时期人口迁移及方言形成密不可分，它是古越人和中原南迁汉人活动叠加在自然地理环境之上的产物。在文化区划方面，广东地名景观区划遵循传统文化分区理论和原则。但作为语言代码，地名文化景观区划又有着自身独有的划分原则和要素要求。笔者采取"以方言为主，兼顾其他"的原则对广东地名文化景观进行分区。但文化区又是一个历史范畴，一个动态概念。因此，现在的文化景观区，即是时间推移和空间扩张的某个限度，是两者相对一致的统一体。因此，本书在统计广东主要方言字（词）规模的基础上，根据文化区的核心与边缘空间分布结构，将广东地名文化景观划分为三大方言地名文化景观区。从微观来看，方言地名区皆小于方言区。造成此种现象的根本原因在于地名依据"先入为主"的原则进行命名，在唐宋以前，古越人已先行对当地大部分自然和人文地理实体以岭南越（粤）文化进行了命名；宋代以来，汉人不断大量迁入，在部分保留越（粤）文化地名的基础上，他们又对部分人烟稀少地区自然地理实体和新增人文地理实体进行命名。因此，到了元代，广东地名文化景观已呈现古越语和汉语两个地名层格局。明清以来，在族群间经济、文化等相互交流、外向扩散，以及全国统一文化南下过程的共同影响下，广东地名文化景观又发生明显演化，呈现出复杂层次和族群分布态势，并随着族群的迁移或扩散形成核心—边缘分布的格局，即中心区—边缘区—另一中心区的空间分布格

①　周尚意、朱翔、朱竑编著《文化地理学》，高等教育出版社，2004，第301～315页。

局，在同一族群内部亦有其他族群小范围地名文化景观区或地名文化景观岛的存在。所以，广东地名景观的扩散与人口迁移（操同一方言族群的迁移）基本相一致，反映出各自的物质文化和人类活动对环境的塑造功能。

在全省三大地名文化景观区中，粤方言地名文化景观区因其特殊的地理位置和环境条件，呈现岭南特有的三角洲及其他地貌和粤方言景观，即多以山、水等地理实体为首尾字命名，并以粤方言呼之。加上历史上民族变迁的影响，本区（特别是中西部）至今仍遗存大量古越语地名，并与广西壮语地名连成一片，成为古越人遗留文化的见证。处于粤东北和粤北山区的客家方言因保留了中原汉语，并融合了部分畲语，在广东地名文化景观中也自成一区，形成广东典型的客家方言地名文化景观区。此区还与赣南和闽西客家文化区连在一起，成为中国最主要的客家文化源区。其地名突出特征是明显带有北方汉人的思维意识、命名模式和山区地貌景观特征。特别是大量以"姓＋屋"命名聚落，不仅适应了当地的自然地理特点，更是那种离散、流亡的人生经历与历史记忆在文化中的积淀与呈现，是族群认同的思想结晶和现实表现。与前两者不同的是闽南方言地名文化景观区则更多地呈现闽南语和海洋文化特征。历史上，福建人多地少，唐代以降，进入潮汕的闽人日渐增多，大抵在唐宋之际闽南方言在粤东已经定型，许多福建常用地名传入粤东，成为本区地名文化的重要特色。而面向海洋的地理条件，又为粤东人发展海洋文化提供了便利和外在基础，故在沿海地区出现大量以"水"或"水田"为特色的生产生活景观，在地名上也就自然表现出水文化地名景观。

| 第八章 |

广东地名文化遗产保护与地名信息库的建立

第一节　广东地名文化遗产保护

一　地名文化遗产保护概述

地名是各个历史时代人类活动的产物。它记录了人类探索世界和自我的辉煌，记录了战争、疾病、浩劫与磨难，记录了民族的变迁与融合，记录了自然环境的变化，有着丰富的历史、地理、语言、经济、民族、社会等科学内涵，是一种特殊的文化现象，是人类历史的"活化石"①。今天，地名除继续承担着交往功能外，还为许多领域的研究与开拓提供了释疑的钥匙。许多著名专家、学者皆认为地名对历史、地理、民族、语言、考古、经济、社会等领域的研究具有重要的佐证或现实意义。我国幅员辽阔，历史悠久，可谓世界地名文化资源的富矿。据统计，中国仅人文地理实体地名，千年以上的县名就超过 600 个，内涵丰富的古镇名近 1000 个，古村落名约 10000 个，具有历史意义的城乡中的古迹、古址、古物名等小地名则更多，自然地理实体中的传统地名亦难以统计。所以，地名已成为中华民族非物质文化遗产中一朵亮丽的奇葩。由于许多地名和文化遗产是紧密联系在一起的，因此，保护地名，即是保护民族文化遗产。但是在经

---

① 刘保全：《慎重处理地名用字，保护地名文化资源》，《中国地名》2002 年第 6 期，第 4 ~ 6 页。

济建设和地名标准化过程中，鉴于缺乏传统文化保护意识，一些地方随意更改古地名和有丰富文化内涵地名的现象时有发生。即使这些改动就当时的理由看都有一定的合理性，但从历史角度看，极少部分合理，绝大部分不合理，并且对地名文化资源造成严重破坏。因此，保护研究地名文化遗产、延续地名历史文脉、发展人类文明成果，已成为当前一项紧迫的任务。联合国地名标准化组织对保护地名文化非常重视，出台相应公约等，在地名保护方面不断在深度和广度上拓展，取得了显著成效。目前，世界上许多国家非常重视本国的地名文化保护和建设，有的国家还将有上百年历史的地名列为保护对象，我国大量富有丰富文化内涵和反映中华优秀传统文化的地名必须予以妥善保护。国内一些省市也已积极行动起来，在大力开展地名研究的基础上，开始了地名文化的保护。

从全国层面来看，中国地名文化遗产保护工程已于 2005 年年初开始实施，此工程由中国地名研究所、中国行政区划与地名学会负责，项目内容涉及地名文化遗产分类与存量评估、地名文化遗产鉴定标准体系、地名文化遗产评价与记录、地名文化遗产挖掘与利用、地名文化遗产艺术传播模式、地名文化遗产的保护方法、地名文化遗产国际学术交流等七个部分。为此，国家还专门成立了地名文化遗产评审委员会。可以说，地名作为民族文化遗产将受到保护，今后对地名随意进行变更的行为在一定程度上将受到限制。事实上，早在 2004 年，全国地名标准化技术委员会就发布了《关于加强地名文化遗产保护的通知》（地标委〔2004〕4 号），明确要求在地名标准化工作中，应加强对传统地名和有丰富文化内涵地名的保护，并从宏观上提出保护地名文化遗产的要求。从地方层面来看，各省市也相应加强了各自的地名文化遗产的保护，并发出通知，出台了相应措施，其中北京、上海、江苏、山东、浙江等省市地名文化遗产保护与发展走在全国前列。如北京的胡同名称保护，南京、济南等城市古地名的保护等。中国地名研究所专门就北京胡同地名文化遗产保护进行研究，南京市地名委员会于 2006 年年初出台了《关于加强地名文化遗产保护的通知》，对保护本市地名文化遗产的意义、保护范围和方法等作了简要说明。江苏省还于2005 年启动了全省地名文化遗产保护工程，一些有着丰富历史文化内涵的地名像古建筑一样，被列入了文化遗产保护名单。遵义市民政局还在全市范围内收集古地名文化遗产：凡距今一百年的县，且沿用至今的村、镇、街道、人文建筑名称；县以上古政区、古治所名称以及对其命名的历史背景、含义，有确凿的考证资料、文献。根据收集的资料，民政部门将组织相关专家对其进行分类、分级开展调查、考证，一旦确定，市民政部门立即上报省民政厅，对老地名进行登记注册加以保护。可以说，这些行为都为中国城市地名文化遗产保护发展注入了活力。

二　广东地名文化遗产现状

类型多样的地貌特征和复杂的语言景观，使得广东的地名文化呈现明显的岭南地域特色，在地名文化遗产方面，也有别于其他省区市。

1. 类型多样，内涵丰富

广东是一个语言复杂的省份。从构成上看，既有汉语的大方言土语，又有少数民族语言；从分布上看，既有块状独立分布，又有彼此混杂的交错分布，还有不时点缀的方言板块和方言岛。如此斑斓的语言景观，在其他省区市较为少见。作为语言符号的地名在类型上亦呈现多样性，且内涵丰富。

多样的地貌形态，为广东地名文化遗产的多样性提供了条件。在自然地貌特征描述上，不同地貌类型有各自称呼，即使同一地貌形态也呈现各自方言的特色。就拿田地来说，客家方言称之为"畲"或"峯"，表示山区开荒时刀耕火种的田地；潮汕话称之为"洋"，表示水田；粤方言区遗留的古越语却把水田称作"那"。再如对河流的称呼，粤方言有"沥""滘""圳"，其他方言多称之为"江""溪"，也有称为"龙"的。对池塘的称呼也有"塘""潭""坑"等。人文地理实体的地名称呼更是千差万别，最典型的莫过于客家方言的"屋"、潮汕话的"厝"、粤方言的"寮"或"芳"，壮侗语的"都""思""古""云"等，这些方言字皆表示村落，反映出广东方言地名类型的异常多样性。广东地名文化内涵异常丰富。广东地名文化的形成和发展与方言的形成与扩散是分不开的，在内容和形式上皆反映了不同历史时期民族或族群活动的印记，故广东三大地名文化景观区的存在充分表明了广东移民历史和民族融合的事实。在地名文化上，皆可从中寻到踪迹，并揭示出小范围的区域地理环境特征。

2. 分布广，规模大，数量多

从广东地名文化景观分区来看，每一方言地名类型都形成相对独立的空间分布格局，三大方言类型地名将全省空间完全分割，地名群特征突显。从地名群的数量关系来看，每一类型地名皆规模大、数量多。同时，在三大方言类型地名群外，还镶嵌有其他族群或方言地名，特别是粤方言地名区中的壮侗语或古越语地名群，而明清以来中原地名文化更是影响和分布于全省各个角落。从地名文化内涵来分析，每一地名群背后都蕴含着区域开发、民族迁移以及族群交融、退缩与扩散等文化变迁过程。

3. 破坏严重

随着全省各项建设事业的发展，特别是改革开放以来经济建设和社会事业的发展，在大量地名出现的同时，一些具有民族文化内涵或地方特色的历史上长期使用的地名遭到严重破坏，一部分地名进行了变更，一部分地名则遭遇消失的厄运，使地名文化遗产受到前所未有的损失。如广州市原东山区大塘街道的惠爱大街、承恩里、德政街、会龙巷、府学东街、长兴街、陈家里、敦和里、仁厚里分别更名为中山四路、承平里、德政中路、会同里、文德北路、长兴里、陈家巷、敦化里、仁康里[①]；惠州市桥东区的平一坊水东街、潮西庵巷、叶屋巷、曲尺巷、水东街平二坊、水巷仔茶叶巷、东门街、陈屋巷、高屋巷、严屋巷、龙井巷、屎巷仔、前营巷、万德巷、留源巷、井水巷、江屋巷、茂隆巷、马屋巷、苏屋巷、兴隆巷、何屋巷、永雅巷、北门街、北门横街、高营房、咸鱼街、招魁直街晒布场、招魁后街晒布场、牛皮炉、番薯行等分别更名为水东东路、水东东路一巷、水东东路二巷、水东东路三巷、水东西路、东新北巷、惠新东街、惠新东街一巷、惠新东街二巷、惠新东街三巷、惠新中街一巷、惠新中街二巷、惠新中街三巷、惠新西街一巷、惠新西街二巷、惠新西街三巷、惠新西街四巷、上塘街一巷、上塘街二巷、上塘街三巷、下塘街一巷、下塘街二巷、下塘街三巷、和平直街、事平横街、新南路、东新南路、新民街、新民后街、水东南路（西门南路）、西门北路（东江沙）等；桥西区也有许多地名变更，如大东路、万石坊、横廊下和打石街、四牌

---

① 广州市东山区大塘街道办事处编《大塘街志（1840—1995）》，广州市东山区大塘街道办事处印，1997，第29页。

楼、高第街和马屋巷、竹鹅里和府背巷、舍人巷、上湖、下湖、榨油路等分别更名为中山东路、中山南路、中山西路、中山北路一巷、公园后街、都市巷、五四路、国庆路、水门直街等①。乡村聚落也有相当部分进行了更名。更名后，许多具有文化内涵的地名消失，取而代之的是一些所谓的"时代"特色地名。但从长远来看，地名的更改永远赶不上时代的变化，因此，所谓的"时代"地名已失去了意义。更有甚者，相当一部分地名因人为原因而永远消失，给地名文化带来不可估量的损失。特别是中华人民共和国成立后，出于行政管理需要，曾把一些少数村合并或一些村因修建水库而搬迁，造成一些村落消失。如原增城市萝岗镇的竹篙围与松柏岗、岗头街与朝阳里、朗尾与黄泥塘等合并分别改称竹松村、岗朝村和小朗村等，还将东皋、凤岗岭、石潭、中山横岭等并入华甫村，白沙并入洋城岗，瓦窑山并入燕山，山并入塘山围，山道并入山下等，造成些许村落名称消失。而南浦村、大份村、樟屈村、珠塾村、横档村、大岭头村、邓园村、黄圳塘、高陂园、顺长、狗山、烧碳、榄山、星朗、善嘉、长平、高塘石、柯榔等因修建水库或其他方式的人口迁移等遭省废②。全省其他地区地名消失亦非常明显，地名文化遗产遭受巨大破坏。

从地名更改或消失的原因来看，一方面是出于国家经济建设的需要，如修建水库、地区基础设施建设等；另一方面是为了行政管理的方便或满足人们的喜好，主要是主观的省废或更名。从地名文化遗产消失的总量来看，后者占相当大比重，成为地名文化遗产消失的主要原因，不能不引起高度重视并加以遏止。从地名文化遗产消失的地区来看，城市地名文化遗产消失量和速度远大于与快于乡村聚落地名文化遗产消失量和速度，民族（或族群）和方言、古迹地名文化遗产破坏速度快于通用性地名文化遗产的破坏速度。究其原因，主要是城市转型过程中的"拆迁""改造"，以及城市化、郊区化，经济发展和基础设施建设也是地名消失的重要原因，民族（或族群）、方言地名在标准化（或国际化）、信息化过程中亦大量被更

① 因出现地名合并现象，故前后稍有不同。参见朱铁畅：《惠州市城市建设志》，紫金县印刷厂，1992，第38～49页。

② 广州市白云区萝岗镇人民政府编《广州市白云区萝岗镇志》，广东省农垦总局印刷厂，2001，第1～2页。

改。此外，地名所赖以产生或存在的环境也遭到破坏，地名文化遗产部分已失去原有内涵。

三 广东地名文化遗产保护

地名作为非物质文化遗产的组成部分，在遗产保护方面与其他非物质文化遗产保护有着相同或相似的要求、原则和措施。但作为语言符号和人们日常生活交流工具的地名，显然在现实世界中具有双重功效，一方面，它是人类语言、民族活动、社会变迁、经济发展等方面的"活化石"，有着传承文化的作用；另一方面，作为人们交往的定位指示器，它又具有现实的实践意义。故在文化遗产保护方面应采取适合地名本质特征的保护原则和措施，即在地名保护方面，既不能只从文化传承的角度，完好不动地全盘保存，如中华人民共和国成立初，国家对一些带有民族歧视或偏见的地名进行更改，显然是有必要的；又不能只考虑日常生活所需，为了方便好记、好写，甚或暂时的经济发展，随意更改而使之失去原有的民族文化色彩和内涵。新命名的地名，亦不能完全忽视历史和文化传统，不能不顾区域地理环境而随意命名。

1. 广东地名文化遗产保护原则

2003 年 10 月联合国教科文组织第 32 届会议通过的《保护非物质文化遗产公约》指出："'保护'指确保非物质文化遗产生命力的各种措施，包括这种遗产各个方面的确认、立档、研究、保存、保护、宣传、弘扬、承传（特别是通过正规和非正规教育）和振兴。"从这一概念中，我们可以看出："保护"是一项系统的文化工程，它包括深入民间的田野考察、清点，对非物质文化遗产的确认、评定，通过建立数据库等方法对非物质文化遗产立档、保存，对其文化内涵、审美价值的探索、研究，对传承人的扶持与保护，对非物质文化遗产的宣传、弘扬，以及做好传承中的振兴工作，等等。要做好上述一系列工作，首先就应该树立正确的保护理念，坚持正确的保护原则。就全省地名文化遗产保护而言，笔者认为，应该遵循以下四条基本原则。

（1）原真性原则

"原真性"的英文表示真的、非假的，原本的、非复制的，忠实的、非虚伪的，神圣的、非亵渎的含义。联合国于 1964 年通过的《威尼斯宪章》明确了原真性对文化遗产保护的意义，提出将文化遗产真实地、完整地传下去是我们的责任。这就是说，原真性是要保护原生的、本来的、真实的历史原物，保护它所遗存的全部历史文化信息。1994 年 12 月在日本通过的《关于原真性的奈良文件》肯定了原真性是定义、评估、保护和监控文化遗产的一项基本原则。坚持原真性原则，有助于提高对文化遗产价值的认识，坚持正确的保护理念和实践。虽然有关原真性的观念随着现代社会的演化和对遗产的认识的发展而发展，时至今日已远远超出了它的正统含义，但是人类求真求实的追求却是无止境的①。对于地名文化遗产保护的原真性原则就是要尊重地名的原本文化内涵或本义，在最大程度上保护地名的音、形、义不受破坏。广东省内分布和使用着大量带有民族或族群以及方言等特征和色彩的文化地名，若完全进行标准化或统一化更改，势必会造成此类地名区域文化特色的丧失，地名文化遗产保护也就失去意义。因此，保护全省地名文化遗产，即是保护地名文化遗产的原真性。但是，保护地名文化遗产的原真性并不是一成不变地继承，也不是完全否定地名的标准化或国际化。只要处理得当，二者是可以找到恰当结合点的，做到既能够保护地名文化遗产不受侵害，又能让社会各界接受而进行标准化，如"番禺"地名的沿用即是很好的例子。对于没有涉及生僻字、俗字或方言字的地名理应加以保护，不应因音、形、义等不雅就对其进行更改；对一些涉及生僻字、俗字或方言字的地名也应最大限度地给予保存和保护，只对少数极不规范的地名进行同音、同形、同义校正，尽量保持其原音、原形和原义。

（2）整体性原则

针对物质文化遗产保护所倡导的整体性原则，同样适用于非物质文化遗产的保护。根据非物质文化遗产保护的整体性原则，应该对非物质文化遗产自身及其生存空间这两个层面实施全方位保护。具体到地名文化遗产的整体性保护，一方面是要保护地名字的音、形、义，使地名所表达的内涵不受破坏；另一方面也要保护地名产生时的地理环境和人文环境不发生

---

① 李淑敏、李荣启：《论非物质文化遗产的保护原则》，《船山学刊》2005 年第 3 期，第 173～175 页。

重大改变。特别是那些以名胜古迹为依据而得名的地名更应如此，在保护时，应该得到优先保护。因为任何遗产都是特定环境的产物，抛开具体环境，文化遗产便会成为无源之水、无本之木。虽然"环境"之于物质文化遗产与非物质文化遗产，其影响程度有着相当大的区别——对物质文化遗产而言，缺乏整体性保护至多只是失去了解读该文化遗产的某些注脚，而对于那些具有活态性质的非物质文化遗产而言，没有了包括文化生态环境在内的整体保护，便会像端午赛龙舟没有了河流。没有对文化遗产生存空间的整体保护，非物质文化遗产保护只能是一句空谈①。

（3）社会性原则

在文化遗产保护工作中，政府的作用显然是非常重要的，如果没有各级政府的积极组织、调动与引导，文化遗产保护工作将很难进行，但仅靠政府显然无法达到文化遗产保护的最终目标。因此，在文化遗产保护特别是非物质文化遗产保护过程中，应充分发挥学术界、企事业界、新闻媒体及各级文化遗产保护组织的作用，同时调动广大社会民众积极参与。

在地名文化遗产保护过程中，政府应建立健全政策体系、法律体系、基金运作体系和组织管理体系。由于地名信息越来越具有巨大的经济效益，地名文化遗产保护理应得到企事业界的支持，而不能局限于眼前狭隘经济利益。学术界应积极加强地名文化遗产的研究和挖掘，使地名文化内涵得到充分展示。新闻媒体也应对文化底蕴深厚、内涵丰富的地名文化遗产多加报道和宣传，使更多的民众提高对地名文化遗产的认知，从而强化其保护意识。社会民众也应自觉对日常工作和生活中经常使用的地名多加关注，深刻理解其意义，而不是盲目地将其作为一个交流工具或符号视而不见，特别是对涉及自己民族或族群语言、文化内涵的地名应提高到一定认知高度，加以传承和保护。只有这样，全省多样化的地名文化遗产才能在今后社会经济、文化发展中得以保存和保护。

（4）多样性原则

文化是指一个民族在长期的社会发展过程中所形成的特定生活方式与生产方式。每个民族历史传统不同、生存空间不同，所创造的文化也会有

---

① 苑利、顾军：《非物质文化遗产保护的十项基本原则》，《学习与实践》2006 年第 11 期，第 118 ~ 128 页。

所差异，从而形成了世界文化的多样性。在非物质文化遗产保护过程中，人们在保护原产地文化的同时，理应对因流动与变异而衍生出来的各种亚文化类型加以保护。在联合国教科文组织大会上通过的《世界文化多样性宣言》也提出文化在不同的时空中会有不同的表现形式，这种多样性的表现形式构成了各人类群体所具有的独特性与多样性。文化的多样性是交流、革新和创作的源泉，对人类来说，保护它就像与保护生物多样性进而维持生物平衡一样必不可少。从这个意义上讲，文化多样性是人类的共同遗产，应当从当代人和子孙后代的利益考虑予以承认和肯定。地名文化遗产保护的多样性，就是依据全省内部各区域、族群和方言等自然和人文环境的特征，保护其固有文化内涵和特色以及书写、地名结构特征等，坚决杜绝在地名标准化和规范化的过程中采取一刀切的做法。如全省中自然地貌环境特征通名、族群或方言通名、壮语通名等皆应得到保护；壮语的齐头式结构地名更应得到高度重视和保护。此外，在具有悠久历史的名胜古迹、纪念地、古建筑、现存的古老街巷或在建设中已经消失的古城门、古街巷，凡能确认其地理位置的，应该设立彰显其历史、文化的标志碑牌，以弘扬区域悠久的历史文化，并解释其名称的来历、含义；亦可将具有丰富历史文化内涵的老地名、古地名设为主地名，在原实体周围派生其他名称，或在城市建设发展中确需改造原名称所指称的实体时，宜将其名称就地移植，作为其他新的地理实体的名称，使各类文化地名得到有效保护和传承。

2. 广东地名文化遗产保护内容及范围

全省的地名文化遗产保护应是全方位的，即从地名的书写、读音、意义、结构、位置和其他内容及特征入手保护。从地名用字保护来看，应重点保护广东民族（或族群）、方言字（词）及部分俗字或生僻字，在书写、读音、内涵、结构等层面尽量保持不破坏或更改，地名任何一个要素的更改，地名文化皆会或多或少地遭到破坏，甚至消失。从地名专名定位保护来看，具有广东地理环境特征的地名尽量保持不迁移或不作其他方式的移位。因为除语言符号表现形式外，地名还应包括其存在或延续的地理环境。如果地名发生迁移或位移，原地名已发生改变，不再是完整的地名，地名文化内涵亦随之改变。但人文地理实体地名发生位移，新地名却可以更清楚地表现出地名文化内涵。此外，地名发生迁移或位移后，在相当长的时间里，会给人们社会交往或其他交流带来不便，甚至引发部分社会问题。从通名定类保护来看，在定类的同时，通名更多呈现的是地名的地域环境和区域文化特性，即保护地名通名，就是保护区域文化，保护文化多样性。通名的定类性，在区域上更多表现为地名群的分布。从广东地名通名分布来看，客家方言、粤方言和潮汕话地名基本上三分广东，少量地名板块或地名岛和少数民族地名群杂错其间。在地名文化遗产保护中，这些皆应得到重视。

广东地名文化遗产保护涉及全省各个角落和地名的各个构成要素。目前从地名文化遗产更改或破坏程度来看，城市地名文化遗产破坏速度快于乡村聚落，文化古迹地名、民族（或族群）和方言地名文化遗产破坏速度快于非文化古迹和通用性地名文化遗产，人文地理实体类地名文化遗产破坏速度亦远快于自然地理实体类地名文化遗产。此外，在地名产生的地理环境遭到破坏后，地名文化遗产内涵已显得不够完整或失去原有意义。为此，在保护广东地名文化遗产时，应对全省各个空间地名文化遗产和地名组成部分进行保护。从地名文化遗产保护空间来看，城市内部地名文化遗产和具有丰富文化内涵的乡村聚落地名文化遗产应重点和优先保护，特别是对历史文化名城（如广州、佛山、肇庆等）内老地名、历史古迹和遗址名，以及新兴现代化城市（如深圳、珠海、汕头等）原有文化地名实行重点保护；从地名文化遗产组成来看，既要保护其非物质组成要素，如地名的音、形、义等，也要保护其赖以生存的物质构成要素，如城市文化地名所在的街道、街区、建筑物等，即保护地名的"位"，最终目的是保护地名文化遗产的完整性。

3. 广东地名文化遗产保护措施

地名文化遗产保护是一个系统工程，不是一朝一夕就能完成的事。而且，随着社会的发展，新地名的出现，一批原有地名会日益进入文化遗产行列，地名文化遗产规模会不断扩大。因此，保护地名文化遗产不仅需要政府的重视和投入，更需要全社会的参与。

首先应开展全省地名文化遗产普查。地名文化遗产是历史上形成并长期使用而被保留下来的地域文化和语言符号的综合体，它遍布在全省山岭、溪渠、江海、湖塘、风景名胜、文物古迹、纪念场所、古遗址、古建筑、街巷、村落以及人们观念中，并通过不同方言、文化、宗教等媒介表现出来。特别是底层小地名，更是隐藏在民间，很难被人发现、为人所知。因此，为真正有效地开展地名文化遗产保护，理应对全省进行一次全方位、拉网式的地名普查，并充分发挥群众在地名普查过程中的作用，真正将隐藏在民间的地名文化遗产挖掘出来，并加以保护。其次应积极开展地名文化遗产研究，挖掘地名文化内涵。作为一种重要的文化载体，在文化的传承过程中，地名蕴藏着民族、社会等多种文化内涵。地名具有稳定性特征，甚至在地理实体变化之后，其所携带的历史文化信息仍然保留在地名之中。朱自清先生在谈到南京时说："逛南京就像逛古董铺子，到处都有时代侵蚀的遗痕。"因此，在开展地名文化遗产保护的过程中，应积极加强全省地名文化遗产的研究，使得那些深藏民间和基层的地名文化得到彰显和发扬。同时，通过对区域或族群地名文化的挖掘，更能有效地提高人们对区域或族群文化的认同，激发他们对地区、民族文化的热爱，让更多的人认识和了解，从而最大限度地保护地名文化遗产。最后应建立和健全全省地名文化遗产保护法规，鼓励成立相关保护组织，建立地名信息库，规范地名文化遗产保护内容。

第二节　广东地名信息库的建立

一　地名信息库建立的必要性

新的时代带来新的机遇，信息时代不仅为地名管理工作提供了崭新的思维方式和快捷的工具，更提供了广阔的发展空间。建立地名信息库是信息化社会对地名管理工作提出的必然要求，是实现地名信息化，使地名这一社会基础公共信息更加快捷、准确地服务于社会的有效途径，是地名管理工作与信息技术的结合点，将为地名管理工作注入新的活力。随着经济的迅速发展，开发利用地名资源将越来越显示出它的重要意义。目前我国在地名资料的管理中，大部分地区尚停留在人工管理的水平，由于地名资料数据量大，进行查询、提取、检索、维护要花大量的人力、财力和时间，不但差错难免，而且查询的速度慢、可靠性低，已不能适应时代发展的要求。为了充分发挥地名资源的作用，需要把地名资料标准化、科学化，采用现代化的管理手段进行管理。虽然部分城市已进行了地名信息系统的开发和应用，如广东省东莞、中山等市的地名管理信息系统。但此类信息系统软件开发艰难且烦琐，输入的地名数量少，且地名信息不完全，仍然不能满足人们查询和科研的需要。政府应该组织开发具有一定水平的地名信息系统应用软件，以满足社会各阶层对地名的查询、统计、管理等需求。在省级地名管理信息系统开发层面，全国至今未有进展。

更为重要的是，伴随着经济社会的快速发展，地名的数量越来越多，地名称呼亦呈现多样化趋势，一些历史上从未出现或使用的地名开始进入人们的日常生活中，成为重要的交流工具和使用对象。在这种情况下，历史上所产生和使用的通名已远远不能满足地名发展需要和人们的喜好，地名管理部门迫切需要建立和健全未来地名发展的数据库，特别是地名通名信息库，使得未来地名命名有组织、有秩序地进行。故下文地名信息库建立即指地名通名信息库的建立。

二　地名信息库建立概述

为加快开展地名管理工作，更好地为社会服务，在现代技术的支持下，世界各地都在积极建立地名信息库。欧美、日本与中国台湾等在此方面成绩卓著，如成立于 1890 年、设在美国地质调查局（USGS）中的美国地名委员会（The U. S. Board on Geographic Names）在 1994 年已将美国境内近 200 万个地名加以资讯化，建立起地名资讯系统（Geographic Names Information System，GNIS），除通过网络（http：//mapping. usgs. gov/www/gnis）将其成果与社会大众分享外，同时也开发出各式的查询机制与应用案例，来推广标准化地名的使用，并展示地名资讯系统与 GIS 整合应用时的优点。我国台湾地区也建立了包括台湾地区地名网站、地名学名词解释汇编、台湾地区地名相关文献查询系统、新旧地名建档和行政区域沿革及建档等内容的地名信息库，并在整合地名文献、地名元数据建立、地名命名管理、地名标准化等方面做出了积极探索。我国大陆及一些发展中国家起步较晚，地名信息库建设和应用水平还有待进一步提高。仅从当前我国地名信息库建立情况来看，民政部地名研究所起步最早，于 1998 年 10 月设立了地名信息系统研究室，这是我国唯一专门从事地名信息系统研究的机构，其主要职责是研究并不断改进适合我国国情的地名信息系统的技术规范，逐步建立我国重要地名数据库，不断更新地名资料，对外提供咨询服务。由于地名信息数据类型繁多，数据量巨大，必须利用计算机网络进行严密组织才能高效率地工作，因此地名信息库建立的首要任务就是配备必要的计算机局域网络和输入、输出设备；其次，地名信息库的建立还必须开发一个适合地名专业需要，具有综合性、开放性、适应性、智能性、稳定性、安全性的软件，并随着相关软件技术的进步而不断改进、完善；在此基础上，最重要也是工作量最大、耗费资金最多、持续时间最长的是地名信息库的建立。2006 年 10 月 21 日，国家地名数据库建设和信息化服务工作会议在杭州召开，积极推进我国地名信息化建设，已呈现良好的发展态势。就广东全省来看，经济较发达的珠三角城市在地名信息化建设方面起步早，建设速度快，如东莞、中山、南海等市区已初步建立起了地名管理和社会服务系统，而广大的边远地区或山区的地名信息化建设工作还有待开展与深入。

目前来看，地名信息库的建立，主要是为便利地名信息的管理，即资料管理的现代化（系统化与计算机处理），并提高地名信息资源的调阅、查询、更改和印刷速度，节省人力、物力和时间；使地名资料管理具有易保存、耐腐蚀和保密性强等特点，实现资源材料统计的自动化，提高查询资料的准确性与可靠性，并与全国各地地名管理系统接轨，形成一个规范化、现代化的地名管理模式。从所开发的系统来看，地名信息，特别是地名属性信息内容比较匮乏，而且所收集的仅局限于政区地名和具有较大影响或知名度较高的地名，其远不能满足社会发展的需要，更不用说满足一般人士查询的要求。在地名结构组成建设方面，目前国内所有地名信息库并未从根本上解决新出现地名的通名或专名匮乏的问题，对地名资源还只是停留在初级使用阶段，即简单查询和统计。

三　广东地名信息库建立原则

广东地名信息库的建立本着"以人为本、立足区域、服务全省、面向全国"的宗旨和思想，积极加强全省地名通名信息库的建设。考虑到全省地理环境特征的多样性和族群、方言的复杂性，以及地名标准化和国际化的趋势，在建设地名信息库时应本着实事求是的态度，坚持族群（或方言）性原则、区域性原则和通用性原则。

1. 区域性和族群（或方言）性原则

由于地名是地区自然和人类社会特征的综合体现，是该区域的人们在认识自然、适应自然的过程中，叠加在自然基础之上的人类认识活动的结果，因此，地名无疑在最大限度上反映该区域的环境特征，既包括自然环境特征，也含有人文社会环境特征。广东特殊的山川特征和地理区位，以及历史上既封闭又开放的地理特征、人口迁移所形成的多族群性和居民大聚居、小杂居相融合的历史过程及空间格局等，使得广东形成更具有地域特色的地名文化景观，大量的族群或方言字通过地名呈现出来。即使同样的地理环境特征，在广东这样一个区域社会文化背景下，在对自然要素描述时也更多体现出本区域的文化特色，如对河流的称谓，北方多称河流为"河"，广东则多称之为"江"或"溪"，而更多的支流却被称作"龙"；对积水洼地也不仅仅是称为"坑"，更多地称为"塘""潭"，有时也称为"滘"，等等。因此，在建设广东地名通名信息库时显然不能忽视地域文化的影响。

2. 通用性原则

地名是在人们不断交往过程中产生和发展的，在某种程度上更具有工具和符号化意义。特别是在信息化社会和"数字地球""地球村"等不断发展的今天，地名命名更应该本着"服务社会"的宗旨，顺应地名标准化与国际化趋势，积极推进地名信息库建设的标准化和国际化，将区域地名建设与全国其他地区地名建设相衔接。所以，针对地名的命名，特别是当今新出现地名的命名或更改，大多数情况下都应本着方便人们在生活、生产、社会交往中的应用的目标，遵循科学化、规范化、不重名以及符合时代方针政策等要求，城市地名应好找好记并体现时代文化特征，乡村聚落名也应在通名方面遵循规范化和通用性等原则。在主地名和派生地名方面实行统一原则，派生专名均应与主地名专名相一致。此外，地名命名思想已从"取实予名"和"名从主人"发展到今天普遍接受的"约定俗成"，因为地理实体是不断变化的，名与实之间并非完全一致，即"名无固实"，而"约之以命，约定俗成，谓之实名"也就为社会所接受。因此，在当今地名命名与更改中，通用性显然更符合社会发展需要。

四 广东地名信息库建设内容与管理服务

下文根据全省所统计的 38021 条地名和各市、县、区地名志、地名录及历史地名等，按照地名命名基本理论，考虑到广东自然地理环境的区域性特征和人文社会条件的复杂性，并参照全国其他地区通名的使用，本着"立足本省、面向全国、通行世界"的原则，以地名的规范化和标准化趋势为导向，参照地名志分类标准和地名管理范围①，初步建立了全省通名（含部分常用专名）信息库，见表 8 - 1。

地名通名信息库的建设是一个动态的过程。随着社会经济、政治、文化的发展以及地理环境的变迁，地名通名会不断发生变化，部分通名会转化或消失，新的通名也会不断涌现。因此，在地名通名信息库建设的过程中，应及时地进行更改和增补，以满足社会不断发展的需要。另外，地名通名信息库的建立，能更好地对全省通名进行管理，并为社会提供服务。因此，地名管理部门应在建设过程中，加强对地名通名信息库的管理，对信息库内容的更改应慎重，更不能盲目报废旧通名和添加新通名。同时，地名通名信息库的建设应具有超前性，对未来通名发展做好规划，对地名命名起到引导或指导作用。在服务的过程中，应加强通名信息库的信息化建设，使资源共享，及时、方便、快捷地为社会提供通名信息，最大限度地发挥地名通名信息库的信息价值。只有这样，才能使地名在未来的命名、更改过程中更加科学、更加规范。

表 8 - 1 广东省地名通名信息库

类别	地名字
今古政区通名	省、市、县、自治县、区、城区、乡、镇、城关镇、办事处、居委会、街道办事处、管委会、管理区、部、郡、州、府、道、路、行省、布政司、边区、专区、行政区、行署区、区公所、地区、矿区、城关区、工矿区、中心区、督办区、人民公社、军、监、直隶州、散州、直隶厅、散州厅、安抚司、录事司、局、都、里、保、什、甲、社、牌、坊、厢等

---

① 靳尔刚、张文范主编《行政区划与地名管理》，中国社会科学出版社，1996，第 337 ~ 338 页。

续表

类别	地名字
聚落通名	塱、莨、罗、村、屋、厦、场、庄、圩、排、寨、坝、窿、梯、营、丰、莞、和、联、寮、禾、埔、店、步、吓、家、汾、益、邱、安、兴、堂、元、美、境、那、莫、门、阁、坊、圳、漖、架、围、拱、闸、鄱、宕、城、义、朗、队、坞、川、宫、斗、栅、向、窑、平、泊、利、会、栏、榭、渡、合、皋、灶、廊、野、凸、观、瑶、记、郊、紫、白、红、蓝、赤、乌、广、初、碧、深、同、尖、青、暗、浅、黑、厚、澄、腮、喉、眉、腰、颈、牙、罾、孖、丫、鼻、额、耳、居、横、崀、峡、辇、郡、堆、泰、贤、宅、畲、华、福、集、锦、聚、民、环、蒙、黄、秀、京、兰、仙、古、团、官、佛、良、明、胜、葵、刀、群、瑞、裕、灵、均、泰、祥、斜、侨、顺、兆、庆、云、茂、分、康、仓、格、共、文、简、书、伯、隍、隔、盐、直、富、沐、武、英、羌、锅、庵、香、陶、望、建、饶、客、洪、秋、笏、吉、德、碗、罟、奎、旱、唪、冷、热、振、留、耕、咸、亚、带、旗、浸、旺、迈、博、禄、渌、浦、宾、涵、腾、调、仕、弄、曲、强、渔、雄、汶、乾、荣、母、宝、宜、春、稔、伏、碌、崩、佃、洒、栋、灌、粉、信、萃、靖、清、仁、太、恩、盛、段、昌、雅、烂、耙、笔、辣、妈、娘、化、王、眼、姑、结、档、黎、飞、保、沃、冠、儒、舟、丽、宏、扣、际、连、芳、汉、学、担、生、章、篁、景、员、份、卫、岑、盘、怡、农、亨、赖、礼、达、船、练、荀、跌、殿、祖、嵩、企、兜、俚、粮、饭、榜、温、对、苏、昆、脑、遥、烧、苦、形、勿、盆、铺、塘、田、垌、溪、茶、林、松、树、迳、贝、园、星、坡、地、壁、坜、垄、车、坦、咀、布、岐、坭、浦、堡、隆、埠、峒、漕、面、洛、冲、槎、澎、碣、涡、坎、池、岸、陵、林、屯、僚、渚、凌、沿、埇、界、源、窝、梓、隔、苑、井、圬、陇、桠、陌、棚、墟、梁、岚、璺、埼、砥、坦、埚、埌、畔、垤、厝、泽、汀、窖、塭、垅、隶、硖、岱、垄、丘、埂、坌、塍、坋、坳、崎、壕、障、歧、棠、礤、涂、崖、瓮、窟、岔、泝、浪、垒、洼、垟、堀、澜、町、潮、湛、竹、鲤、荷、松、莲、马、螺、丹、铜、草、狮、花、莘、杨、银、天、龙、金、牛、风、谷、玉、柑、榕、麦、蔗、鸡、木、钟、茅、霞、安、永、甘、宁、公、神、麻、蛇、鱼、穗、梅、雁、濠、岳、鸭、蕉、芦、鹿、榄、杉、凤、鳌、蝉、猪、棉、铁、锡、桃、鹤、泥、油、桂、土、桐、汤、砚、椹、圆、粟、桔、岌、砂、树、增、豆、葵、枫、泮、羊、雷、象、芋、漳、鹅、柘、瓦、猫、巢、墈、松、月、燕、芒、梨、蜂、鹊、柚、狗、珠、鹰、漠、桑、苍、烟、葛、菜、沧、涩、米、光、熊、炉、姜、板、榔、苗、枧、柳、果、梧、鸽、蓬、蚬、津、泗、堰、豪、楠、瑚、龟、磊、坛、朋、牯、砉、翠、胫、鸟、虾、蛟、蟠、蛤、栗、火、坟、荆、堤、型、樟、秧、荡、鹏、榴、椒、槐、涧、沅、芝、薯、番、荔、鸦、柏、杏、菱、珊、蚕、凰、柯、浈、叶、蟹、荒、葱、鼓、垠、槽、蒲、棕、猴、墩、埔、砾、塝、埂、磡、塝、苒、新村、别墅、小区、行政村等
地理实体通名	山、山地、山脉、山峰、山坡、岭、丈、嶂、岩、岗、冈、崇（嵊）、峰、石、墩、峪、坪、寨（方言指山）、谷、山谷、峦、台、台地、江、涌、河、水道、溪、沥、门、运河、水、滘、支流、圳、水库、瀑布、温泉、天池、湖、泉、潭、海、洋、洲、湾、澳、汕、海峡、港湾、岛、屿、岛屿、列岛、半岛、群岛、诸岛、岩、礁、礁、群礁、滩、沙、沙滩、沙洲、暗沙、三角洲、平原、盆地、涡、坳、凹、径、关、洞、坑、沟、峡、峡谷、隘、隘口等

232

续表

类别	地名字
其他实体通名	堤、围、坝、基、陂、联围、石堤、沙堤、水闸、渠、排洪渠、引水渠、涵洞、排灌站、电站、水电站、水文站、铁路、公路、高速公路、国道、航道、桥、大桥、立交桥、天桥、渡桥、铁桥、港、港口、口岸、渡口、码头、站、车站、火车站、汽车站、客运站、客运总站、立交桥、收费站、服务区、加油站、停车场、机场、街、路、大道、广场、公司、有限公司、厂、大厦、宾馆、饭店、酒楼、大楼、百货大楼、农贸市场、批发市场、商城、购物中心、步行街、中心、山庄、林场、矿、茶场、集团、开发区、庵、宫、学宫、塔、城墙、楼、寺、庙、祖庙、祠、观、碑、亭、碑亭、殿、坊、牌、牌坊、石刻、祠堂、神庙、旧址、故居、旧居、遗址、烈士陵园、烈士墓、纪念碑、纪念堂、纪念馆、书院、炮台、堡、巷、关、图书馆、墓、景点、风景区、保护区、名胜区、旅游区、游览区、游乐园、游乐场、动物园、植物园、大学、学院、学校、小学、中学、研究所、推广站、医院、人民医院、馆、文化宫、少年宫、文化馆、影剧院、训练基地、体育场、体育馆、体育中心、农场、林场、茶场、盐场、示范区、高新区、经济区、文化区、军区、畜牧场、养殖场、矿、矿场、金矿、煤矿、铁矿、铜矿、矿务局、矿山、公园、温泉、度假区、度假村、药店、卫生院、党校、会堂、水位站、出版社、电视台、市场、酒家、渔牧场、果场、变电站、变电所、海关、站场等
附加及方位通名	仔、新、长、高、老、傍、子、左、右、矮、旧、淡、咸、冷、粗、边、东、西、北、头、口、尾、心、背、肚、唇、南、前、下、角、顶、上、阴、阳、脚、中、底、后、内、低、细、大、小、外等
数量	四、九、双、一、二、三、五、七、八、十、万、单、百、独、六、顷、根、亩、丈、古（壮语）、都（壮语）等

资料来源：通过对《新世纪广东省地图集》，各市县地名志、地名录，以及广东省今古地名录等整理所得。

第九章

广东地名文化生态

文化生态是近年来极为火热的一个名词，被各学科相互运用。事实上，文化生态是地理学学科属性名词。从字面意思看，文化是人类创造的物质财富和精神财富的总称，其主体为人类；生态是环境用语，主要指自然环境，其主体是地球。故文化生态本质为人地关系，是地理学特别是人文地理学的核心主题，其与生态文化有着本质上的区别。生态文化是文化的一种类型，是历史发展到一定阶段的产物，它与农业文化、工业文化等是相对应的一组名词，反映的是人类在不同历史时期所创造和发展的文化类型。

作为地域文化的综合体，地名是人类行为在空间地域上的具体表现之一，故地名研究定会涉及历史学、民族学、宗教学、社会学、语言学、人类学、文化学、地理学、测绘学、考古学等多门学科。正如宋代王观国总结古代地名的命名原则，概括为"凡地名必从山、从水、从事迹，除此之外，必取美名"。从地名渊源分析中，可清楚地看出地名与政治、经济、文化、历史、地理、民族、风俗习惯、宗教等方面都有密切联系。可以说地名学是很多学科部门彼此交结和相互融合的"十字路口"。

在前人研究的基础上，本书试图针对具有地域文化特色的广东地名从文化地理学的视角进行系统梳理，并借助量化方法和 GIS 技术进行量化和分区，可以发现：

广东地名文化的多样性是区域地理环境多要素共同作用的结果。人类创造文化的行为是以环境感应为基础的，一方面，环境为人类生存活动提供物质基础；另一方面，人类必须根据自己生理、精神和对事业追求的需要与自然景观、文化景观乃至区域发展相互感应，继而创造出不同层次和风格的物质文化和精神文化。偏居一隅、既封闭又开放的地理区位，使得广东在区域文化发展历程中有着相对独立的文化脉络；全省内部山川分割的地貌形态和丰富的资源条件，在奠定先民创造不同文化类型基础的同时，也为历史时期的小尺度文化空间的保留和延续提供了条件；在长期积淀的古越文化的退缩过程中，唐宋以来大规模的中原移民文化在不同的时期和空间逐渐向广东省内推移和扩散，直接塑造了广东地名文化的多样性和层次性；海外文化的吸收，在一定程度上又丰富了本地区地名文化的内容。

在地域开发过程中，深厚的土著文化和移民文化的交融、整合，以及海外文化的长期吸收，贯穿于广东地名文化演化的整个过程。地名的产生和发展是与人类的经济发展和社会活动紧密相连的。秦汉以降，岭南逐渐得到开发，不同历史时期人口的增加、迁移和分布无疑为广东地名的发展和扩散提供了基础。广东从西向东、由北及南的土地开发进程，在客观上也带动了广东地名在空间上的发展和转移。特别是唐宋以来，大批的北方中原汉人和潮汕人从不同方向进入广东，到了明清时期，广东地名文化景观一分为三的空间格局已基本形成，奠定了今日广东地名文化景观分布的格局。而人口的增加和迁移、土地开发和社会发展及族群文化的形成与扩散也必然成为广东地名文化景观形成的最重要的动力机制。

广东地名文化景观特征与全省地理环境、经济发展和社会文化特征等方面相一致，尤其与全省族群和方言分布呈正相关。在景观特征表现方面，全省地名文化景观空间分布呈现多样化特征，地名密度和地名规模与全省人口、城镇分布呈正相关，表现出明显的空间非均衡性；在地名类型特征表现方面，全省反映自然地理实体特征的地名分布相对较为普遍，且与全省地貌分布特征相一致；族群或方言地名分布相对集中，且与全省历史时期人类活动区相一致；全省政区名称在命名、时空、通名演变等方面既表现出岭南区域文化特质，又反映出深受中原王朝影响的汉文化特征。

广东省地名文化景观是区域自然、社会、民族（族群）、语言等多方面相互作用的结果，并受到中原汉文化扩散的影响和制约，地名层次明显。广东地名文化景观是当地地理环境的综合体，一方面，它反映了广东区域自然地理环境的面貌和特征；另一方面，它又是广东历史上区域开发和社会发展及族群变迁的"活化石"。在自然地理环境特征方面，全省地名文化景观更多地体现在以地表形态特征为通名的地名数量多、规模大、分布广，反映了人类对区域自然地理环境的认知；在区域开发方面，广东地名文化景观与全省的农业、手工业、商业及交通的发展具有共时性特点；在社会文化层面上，全省地名文化景观表现出历史时期本区域民族或族群的变迁与演化，并在一定程度上反映了当地社会文化的发展和变化。

全省地名文化景观总体上呈现片状分布，一分为三，表现出各自的文化特性。本书在量化的基础上，根据文化区的划分原则和空间结构特征，将广东地名文化景观划分为三大景观区，即粤方言地名文化景观区、客家方言地名文化景观区和闽南方言地名文化景观区。粤方言地名文化景观区因其特殊的地理位置和环境条件，呈现岭南特有的水网地貌和粤方言景观，即多见以山、水等地理实体为首尾字地名，并以粤方言呼之。加上历史上民族变迁的影响，本区中西部至今仍遗存大量古越语地名，并与广西壮语地名连成一片。地处粤东北和粤北的客家方言地名文化景观区突出表现为明显带有北方汉人的思维意识、命名模式和山区地貌景观特征，大量"姓+屋"地名的存在，不仅适应了当地的自然地理特征，更是那种离散、流亡人生经历与历史记忆在文化中的积淀与呈现，是族群认同的思想结晶和现实表现。与前两者不同的是闽南方言地名文化景观区则更多地呈现闽南语和海洋文化特征，体现了闽南人迁移和"耕海"的特性。

总之，地名是多学科的交叉研究对象，特别是地名的语言景观更加明显和突出，可以更进一步加强地名语言景观演化的探讨；在环境特征方面，也可以通过地名的具体分布更深入地探讨人类活动与地理环境的关系，深刻揭示本地区的人地关系特征；最后，历史时期广东政区的演化，特别是香港和澳门被殖民统治后，出现不同制度地名文化景观发展的同源不同流现象，本书在此方面还有拓展的空间。

参考文献

古籍

[1]《周礼》，北京：中华书局，2014。

[2]《论语》，北京：中华书局，2005。

[3]《史记》，北京：中华书局，1982。

[4]《汉书》，长沙：岳麓书社，1997。

[5]《旧唐书》，北京：中华书局，2000。

[6]《新唐书》，北京：中华书局，2003。

[7]《宋会要》，上海：上海古籍出版社，1984。

[8]《宋史》，北京：中华书局，2004。

[9]《元史》，北京：中华书局，1976。

[10]《清史稿》，北京：中华书局，1976。

[11]（晋）郭璞注《山海经》，上海：上海古籍出版社，1989。

[12]（唐）杜佑：《通典》，杭州：浙江古籍出版社，1988。

[13]（唐）李吉甫：《元和郡县图志》，北京：中华书局，1983。

[14]（宋）乐史：《天平寰宇记》，北京：中华书局，2000。

[15]（宋）马端临：《文献通考》，北京：中华书局，1986。

[16]（宋）王象之：《舆地纪胜》，北京：中华书局，1992。

[17]（宋）李昉：《太平广记》，北京：中华书局，1981。

[18]（宋）王存：《元丰九域志》，北京：中华书局，1984。

[19]（宋）周去非：《岭外代答》，北京：中华书局，1999。

［20］（唐）刘恂：《岭表录异》，广州：广东人民出版社，1983。

［21］（元）陈大震：《南海志》，广州：广州市地方志编纂委员会办公室，2008。

［22］（明）王士性：《广志绎》，北京：中华书局，1981。

［23］（明）王祯：《农书》，北京：中国农业出版社，1981。

［24］（清）吴震方：《岭南杂记》，北京：商务印书馆，1936。

［25］（清）仇巨川：《羊城古钞》，广州：广东人民出版社，1993。

［26］（清）顾炎武：《天下郡国利病书》，上海：上海古籍出版社，2002。

［27］（清）屈大均：《广东新语》，广州：广东人民出版社，1991。

［28］（清）顾祖禹：《读史方舆纪要》，上海：上海书店出版社，1998。

［29］（清）《文渊阁四库全书》，上海：上海古籍出版社影印，1987～1989。

［30］（康熙）《惠州府志》，北京：中国书店，1992。

［31］（康熙）《新会县志》，北京：中国书店，1992。

［32］（康熙）《香山县志》，北京：中国书店，1992。

［33］（康熙）《罗定直隶州志》，北京：中国书店，1992。

［34］（康熙）《新修翁源县志》，北京：中国书店，1992。

［35］（雍正）《揭阳县志》，广州：岭南美术出版社，2009。

［36］（嘉靖）《广州志》，北京：书目文献出版社，1998。

［37］（明）戴璟主修《广东通志初稿》，广州：广东省地方史志办公室，2003。

［38］（清）阮元修，陈昌齐、刘彬化等纂《广东通志》，上海：上海古籍出版社，1990。

［39］（民国）《大埔县志》，广州：岭南美术出版社，2006。

著作

［1］〔苏〕B. A. 朱奇戈维奇：《普通地名学》，崔志升译，北京：高等教育出版社，1983。

［2］百越民族史研究会编《百越民族史论集》，北京：中国社会科学出版社，1982。

［3］蔡人群：《富饶的珠江三角洲》，广州：广东人民出版社，1986。

[4] 陈桥驿:《论地名学及其发展》,载史念海主编《中国历史地理论丛》(第1辑),西安:陕西人民出版社,1981。

[5] 陈桥驿:《〈水经注〉研究》,天津:天津古籍出版社,1985。

[6] (北魏)郦道元撰,陈桥驿点校《水经注》,上海:上海古籍出版社,1990。

[7] 陈正祥:《中国文化地理》,北京:生活·读书·新知三联书店,1983。

[8] 程浩:《广州港史》,北京:海洋出版社,1986。

[9] 程明点校《岭海见闻》,广州:广东高等教育出版社,1992。

[10] 〔日〕池上嘉彦:《符号学入门》,北京:国际文化出版公司,1985。

[11] 褚亚平、尹钧科、孙冬虎:《地名学基础教程》,北京:中国地图出版社,1994。

[12] 佛山地区革命委员会《珠江三角洲农业志》编写组:《珠江三角洲农业志(初稿)》,1976。

[13] 苟志效、陈创生:《从符号的观点看——一种关于社会文化现象的符号学阐释》,广州:广东人民出版社,2003。

[14] 广东省博物馆、香港中文大学文物馆:《广东出土晋至唐文物》,广州:广东省博物馆,1985。

[15] 广东省地方史志编纂委员会:《广东省志·地名志》,广州:广东人民出版社,1999。

[16] 广东省地方史志志编纂委员会:《广东省志·水利志》,广州:广东人民出版社,1995。

[17] 广东省地名学研究会编《地名蕴涵新编》,广州:广东省地图出版社,2003。

[18] 华林甫:《中国地名学源流》,长沙:湖南人民出版社,2002。

[19] 蒋祖缘、方志钦:《简明广东史》,广州:广东人民出版社,1995。

[20] 靳尔刚、张文范主编《行政区划与地名管理》,北京:中国社会科学出版社,1996。

[21] 李如龙:《地名与语言学论集》,福州:福建省地图出版社,1993。

[22] 李新魁:《广东的方言》,广州:广东人民出版社,1994。

[23] 梁方仲:《中国历代户口田地田赋统计》,上海:上海人民出版社,1980。

［24］邱洪章主编《地名学研究》（第 1 集），沈阳：辽宁人民出版社，1984。

［25］林伦伦：《地名学与潮汕地名》，广州：艺苑出版社，2001。

［26］刘君德等：《中国政区地理》，北京：科学出版社，1999。

［27］刘南威：《广东省今古地名词典》，上海：上海辞书出版社，1991。

［28］刘琦、魏清泉：《广东省地理》，广州：广东人民出版社，1988。

［29］刘盛佳编著《地理学思想史》，武汉：华中师范大学出版社，1990。

［30］刘佐泉：《观澜溯源话客家》，桂林：广西师范大学出版社，2005。

［31］罗常培：《语言与文化》，北京：语文出版社，1997。

［32］罗香林：《客家源流考》，上海：上海文艺出版社，1992。

［33］钱冠连：《语言——人类最后的家园》，北京：商务印书馆，2005。

［34］沈光耀：《中国古代对外贸易史》，广州：广东人民出版社，1985。

［35］石林：《侗台语比较研究》，天津：天津古籍出版社，1997。

［36］史念海：《中国历史地理论丛》（第 2 辑），西安：陕西人民出版社，1985。

［37］史为乐：《中国地名考证文集》，广州：广东省地图出版社，1994。

［38］司徒尚纪：《广东文化地理》，广州：广东人民出版社，2001。

［39］司徒尚纪：《广东政区体系——历史·现实·改革》，广州：中山大学出版社，1998。

［40］司徒尚纪：《岭南历史人文地理——广府、客家、福佬民系比较研究》，广州：中山大学出版社，2001。

［41］司徒尚纪：《岭南史地论集》，广州：广东省地图出版社，1994。

［42］司徒尚纪主编《肇庆市地名志》，广州：广东省地图出版社，1999。

［43］谭其骧主编《清人文集地理类汇编》（第 1 册），杭州：浙江人民出版社，1986。

［44］王恩涌等编著《文化地理学》，南京：江苏教育出版社，1995。

［45］王国维校，袁英光、刘寅生整理标点《水经注校》，上海：上海人民出版社，1984。

［46］王雷鸣：《历代食货志注释》（第二册），北京：中国农业出版社，1985。

［47］王维屏：《中国地名语源》，南京：江苏科学技术出版社，1986。

［48］温昌衍编著《客家方言》，广州：华南理工大学出版社，2006。

［49］吴郁文：《广东经济地理》，广州：广东人民出版社，1999。

［50］徐德志等：《广东对外经济贸易史》，广州：广东人民出版社，1994。

［51］徐松石：《徐松石民族学研究著作五种》，广州：广东人民出版社，1993。

［52］颜泽贤、黄世瑞：《岭南科学技术史》，广州：广东人民出版社，2002。

［53］曾世英：《曾世英论文选》，北京：中国地图出版社，1989。

［54］曾昭璇：《岭南史地与民俗》，广州：广东人民出版社，1994。

［55］张荣芳、黄淼章：《南越国史》，广东人民出版社，1995。

［56］张哲郎：《乡遂遗规——村社的结构》，载刘岱《吾土与吾民》，北京：生活·读书·新知三联书店，1992。

［57］周尚意、朱翔、朱竑编著《文化地理学》，北京：高等教育出版社，2004。

［58］周振鹤：《中华文化通志·地方行政制度志》，上海：上海人民出版社，1998。

［59］周振鹤、游汝杰：《方言与中国文化》，上海：上海人民出版社，1986。

［60］周振鹤、游汝杰：《方言与中国文化》，上海：上海人民出版社，2006。

论文

［1］蔡淑玲：《台湾闽南语地名的语言层次与文化层次》，《台湾语言与语文教育》2003 年第 5 期，第 115～128 页。

［2］陈代光：《岭南历史地理特征略述》，《岭南文史》1994 年第 1 期，第 8～14、33 页。

［3］陈桥驿：《〈水经注〉与地名学》，《地名知识》1979 年第 3 期。

［4］傅贵九：《〈郡县释名〉的学科价值》，《地名知识》1992 年第 2 期，第 3～6 页。

［5］顾颉刚：《春秋时代的县》，《禹贡》1937 年第 6、7 期。

［6］郭培忠：《古代潮州人文地理初探》，《岭南文史》1992 年第 1 期，第 12～18 页。

［7］韩光辉：《论中国地名学发展的三个阶段》，《北京社会科学》1995 年第 4 期，第 95～100 页。

［8］ 镜味明克、哈丹朝鲁：《日本地名研究的历程》，《中国地名》2011 年第 1 期，第 73～78 页。

［9］ 李铎：《历代中原移民在揭阳定居概况》，《岭南文史》1994 年第 4 期，第 5～9 页。

［10］ 李锦芳：《图腾崇拜在岭南地名中的遗迹》，《地名知识》1989 年第 3 期，第 38～39 页。

［11］ 李蕾蕾：《当代西方"新文化地理学"知识谱系引论》，《人文地理》2005 年第 2 期，第 77～83 页。

［12］ 李如龙：《通名丛议》，《地名知识》1990 年第 2 期，第 6～9 页。

［13］ 梁钊韬：《西瓯族源初探》，《学术研究》1978 年第 1 期，第 129～135 页。

［14］ 廖晋雄：《从出土文物看始兴古代的历史》，《韶关大学韶关师专学报》（社会科学版）1991 年第 3 期，第 15～17 页。

［15］ 刘盛佳：《我国古代地名学的杰作——〈水经注〉》，《华中师院学报》（自然科学版）1983 年第 1 期，第 106～115 页。

［16］ 刘正刚：《明清时期广东虎患考》，《广东史志》2001 年第 3 期，第 25～27 页。

［17］ 楼云：《试探行政区划与地名》，《地名知识》1991 年第 6 期，第 11～13 页。

［18］ 卢忠、甘华蓉：《中国地名区划初探》，《西南师范大学学报》（哲学社会科学版）1995 年第 1 期，第 80～85 页。

［19］ 牛汝辰：《国外地名学的历史回顾》（下），《地名丛刊》1988 年第 2 期，第 6～7、40 页。

［20］ 潘燕萍、谢天祯：《明代广东的粮食生产与运销》，《广东史志》1990 年第 1 期，第 39、156～160 页。

［21］ 容观琼：《唐代广东民族文化初析》，《中央民族学院学报》1983 年第 4 期，第 63～65 页。

［22］ 史为乐：《谈谈我国县名的命名》，《中国方域——行政区划与地名》1993 年第 2 期，第 11～14 页。

［23］ 司徒尚纪、许桂灵：《广东发展史略》，《岭南文史》2005 年第 2 期，

第 1～10 页。

[24] 宋长栋:《从封开地名看岭南文化源流》,《西江大学学报》1998 年第 2 期, 第 36～43 页。

[25] 覃乃昌:《"那"文化圈论》,《广西民族研究》1999 年第 4 期, 第 40～47 页。

[26] 汤茂林、汪涛、金其铭:《文化景观的研究内容》,《南京师大学报》 (自然科学版) 2000 年第 1 期, 第 111～115 页。

[27] 唐晓峰:《文化转向与地理学》,《读书》2005 年第 6 期, 第 72～79 页。

[28] 吴必虎:《分析聚落地名, 研究地理环境》,《地名知识》1988 年第 5 期, 第 34 页。

[29] 吴必虎:《中国文化区的形成与划分》,《学术月刊》1996 年第 3 期, 第 10～15 页。

[30] 徐俊鸣等:《试论唐代广东人文地理概况》,《岭南文史》1985 年第 1 期, 第 113～119 页。

[31] 尹钧科:《浅谈区域地名研究》,《中国历史地理论丛》2003 年第 3 期, 第 68～72 页。

[32] 尹钧科:《要注重地名群的研究》,《地名知识》1989 年第 2 期, 第 3～5 页。

[33] 游汝杰:《从语言地理学和历史语言学试论亚洲栽培稻的起源和传布》,《中央民族学院学报》1980 年第 3 期, 第 6～17 页。

[34] 曾新等:《从族谱看宋元时期珠江三角洲的开发》,《岭南文史》 2000 年第 2 期, 第 13～15 页。

[35] 赵家旺:《瑶族文化研究之我见》,《广东民族学院学报》(社会科学 版) 1991 年第 1 期, 第 5～10 页。

[36] 周佳泉:《地名的文化感悟作用》,《中国地名》1999 年第 3 期, 第 38～39 页。

[37] 周尚意、朱明:《地名景观与北京旧水系——浅析以地名景观反推历史原貌的方法》,《中国方域》2002 年第 5 期, 第 33～35 页。

[38] 周尚意:《英美文化研究与新文化地理学》,《地理学报》2004 年第

S1 期，第 162～166 页。

[39] 朱竑:《从地名看开疆文化在海南岛的传播扩散》，《地理科学》2001 年第 1 期，第 89～93 页。

[40] Karen M. Booder, Charles M. Hudson, Robert L. Rankin, "Place Name Identification and Multilingualism in the Sixteenth – Century Southeast," *Ethnohistory*, 1992 (39): 399 – 451.

[41] Meredith F. Burrill, "Toponymic Generics," *Names*, 1956 (4): 129 – 137, 226 – 240.

[42] Raven I. McDavid, "Linguistic Geography and Toponymic Research," *Names*, 1958 (6): 65 – 73.

后　记

在众多亲朋好友和老师的关心、支持下，拙作终于付梓了。本书是在博士学位论文基础上修改而成的。自论文完成后的数年时间里，导师司徒尚纪先生一直鼓励和关心后续工作。终因各种"借口"，论文出版一拖再拖，直至今日与大家见面。

论文选题和写作正处于中国大发展、大开发和大建设时期，随之而来的社会经济和文化转型使人们对自身生存环境的认识有了新的变化，各种嘉名、寓名和番名皆出现在人们生产和生活的地名命名中，随之也出现了地名与地理环境相脱离的现象。从学理上分析，地名命名失去学理，不仅会给地名命名带来混乱，更可能偏离人类对地理环境认识的辩证统一思想。这不仅是地名学的损失，即地名研究失去方向，更是颠覆人地关系理论的"突袭"，失去环境依托，地名文化成了无本之木。地名是人们赋予某一特定空间位置上自然或人文地理实体的专有名称。其意义通常被认为是地名的字面所表达的含义，是人们命名时的着眼点。它由专名和通名组成，专名定位，通名定性。多少年来地名命名一直如此。同时，地名又是一种文化现象，是一种语言景观，它是不同时期人们思想文化的体现。虽然时代在变迁，人们的思想在改变，但人地关系如故。因此，人们可以通过研究历史地名的演变过程，认知其变化规律，继而推进建构具有时代背景和意义的文化地名，而不是忽视传统，丢掉历史，使地名变成无本之木。广东作为我国改革开放的前沿和经济社会文化发展最快速的地区之一，其在地名命名方面也是变化最早和程度最大的空间。地名命名如何既遵循学理又体现时代要求，成为当下不可忽视的学术和社会问题。这也是论文选题的依据之一。

　　地名是多学科交叉研究的对象，涉及历史学、社会学、文化学、地理学、语言学、民族学、人类学、宗教学、哲学等多门学科。虽然本人在硕士期间曾涉猎过地名考据，但依然有初入地名学研究的感觉，只能怪自己才识疏浅，而司徒尚纪先生以其敏锐的洞察力和独特的思考视角，让学生茅塞顿开。在写作过程中，虽然先生给我以宽松的成长环境，但先生渊博的知识、务实的学术精神、因材施教的指导方式使我受益匪浅。特别是先生对区域开发进程了如指掌，对文献指南如数家珍，对各种理论融汇贯通，而且拥有完善的知识结构、大尺度的空间思维和海量数据，这些都让学生健全了对广东地名研究的构思，扩大了学科视野。在此过程中，先生还提醒我时刻要"敏于思、慎于行"，可以说每一步的跨越都凝聚着先生的教导。自己在先生面前更像一名小学生，特别是他那种勤勉治学的精神，更值得我学习和效仿。

　　本人从中山大学城市与区域中心离开已有数年，但其良好的学习条件和学术研究氛围，至今让人难以忘怀，并获益良多。在校期间，本人有幸聆听了保继刚教授、魏清泉教授、李立勋教授、朱竑教授、李志刚博士等的课程或讲座，拓宽了自己的知识结构，拓展了学术研究领域和范围。特别是在写作过程中，本人还得到薛德升教授、朱竑教授、李郇教授、曹小曙教授、刘云刚教授、李志刚教授等的指教和帮助。而老师们放弃双休挑灯伏案的情景时常浮现在脑海。中山大学地理科学与规划学院及中心办公室、资料室等的老师们默默地奉献，都为拙文的顺利写作、资料查阅和收集等提供了便利。在此向老师们表示衷心感谢！拙作的写作看似是一人的成就，其实背后蕴含着众人的智慧。在此还要感谢中山大学地理科学与规划学院 2004 级的学友和同门。地名作为一种景观，包含着地理实体和人文实体。研究地名离不开地理学的实地考察和海量数据的收集。在写作过程中，本人多次到广东多地实地调查，重新认识已经变化的地理和人文环境地名，并得到广东省、广州市、梅州市、汕头市、惠州市、肇庆市、湛江市、中山市等地名办单位的协助和支持。在此亦表达由衷的感谢。

　　拙作是在博士学位论文基础上修改而成的，在答辩过程中，本人有幸得到许学强教授、魏清泉教授、周春山教授、吕拉昌教授、闫小培教授等老师的宝贵意见。这次出版，拙作中部分内容作了修改。同时，为了保持结构的完整性，书中已修改和整理公开发表的论文也一并罗列其中，并在文中一一注明。其他未周到之处，亦请批评指正。此外，还要感谢社会科学文献出版社的各位同志，特别是编辑易卉老师，感谢她孜孜不倦的辛勤付出，才使得拙作与大家见面。

　　虽然经过多轮整理和修改、审校，但拙作错误之处在所难免，敬请批评指正！

王彬

2020 年秋于榕城奥志舍

图书在版编目（CIP）数据

地名里的广东：文化景观的区域分析 / 王彬著. --
北京：社会科学文献出版社，2021.5
ISBN 978 - 7 - 5201 - 8288 - 1

Ⅰ. ①地…　Ⅱ. ①王…　Ⅲ. ①地名 - 研究 - 广东
Ⅳ. ①K926.5

中国版本图书馆 CIP 数据核字（2021）第 076245 号

地名里的广东：文化景观的区域分析

著　　者 / 王　彬

出 版 人 / 王利民
责任编辑 / 易　卉
文稿编辑 / 王明慧

出　　版 / 社会科学文献出版社 · 集刊分社 （010）59366422
　　　　　　地址：北京市北三环中路甲 29 号院华龙大厦　邮编：100029
　　　　　　网址：www. ssap. com. cn
发　　行 / 市场营销中心 （010）59367081　59367083
印　　装 / 三河市龙林印务有限公司

规　　格 / 开　本：787mm × 1092mm　1/16
　　　　　　印　张：16　字　数：254 千字
版　　次 / 2021 年 5 月第 1 版　2021 年 5 月第 1 次印刷
书　　号 / ISBN 978 - 7 - 5201 - 8288 - 1
定　　价 / 98.00 元

本书如有印装质量问题，请与读者服务中心（010 - 59367028）联系